이효석 문학의 재인식

문학과사상연구회

김양선(金良宣, Kim Yang-sun) 한림대학교 기초교육대학 교수
김재영(金宰瑩, Kim Jae-yeong) 연세대학교 BK연구교수
김재용(金在湧, Kim Jae-Yong) 원광대학교 국어국문학과 교수
양문규(梁文奎, Yang Mun-kyu) 강릉원주대학교 국어국문학과 교수
이현식(李賢植, Yi Hyun-shik) 인천문화재단 기획경영본부장 · 문학평론가
한수영(韓壽永, Han Soo-yeong) 동아대학교 국어국문학과 부교수

이효석 문학의 재인식

초판 인쇄 2012년 10월 1일 **초판 발행** 2012년 10월 10일
지은이 문학과사상연구회 **펴낸이** 박성모 **펴낸곳** 소명출판 **출판등록** 제13-522호
주소 서울시 서초구 서초동 1621-18 란빌딩 1층
전화 02-585-7840 **팩스** 02-585-7848 **전자우편** somyong@korea.com **홈페이지** www.somyong.co.kr

값 17,000원

ISBN 978-89-5626-763-0 93810

이효석 문학의 재인식

A New Understanding of Lee Hyo-Seok's Literature

문학과사상연구회

소명출판

● 책머리에 ●

문학과사상연구회는 그동안 공동연구로 '재인식' 시리즈를 펴내왔다. 지금까지 염상섭을 비롯하여 채만식, 한설야, 임화, 이태준, 이광수 등의 작가 및 근대계몽기 문학에 대한 연구가 있었는데, 이번에 출간하는 『이효석 문학의 재인식』은 횟수로 치자면 여덟 번째이다. 이효석 문학은 그것이 가진 세간의 명성에 비해서 실제 전문 연구가들의 평가는 그다지 호의적이지 않아 왔다. 그러나 그 평가가 어떠한 것이든 상관없이 이효석 문학은 연구자들의 꾸준한 관심의 대상이 되어 왔고, 이 책을 살펴보면 알게 되겠지만 최근 탈식민주의 문학연구의 흐름 속에서 좀 더 새로운 주목의 대상이 되고 있다. 이 책은 이러한 새로운 학문적 동향을 반영하면서 우리 문학사에서 이효석 문학이 제기하고 있는 문제적 성격을 다시 한 번 새로운 시각으로 재조명해 보고자 했다.

양문규의 「이효석 문학 연구사 개관」은 이효석 문학에 대한 그동안의 연구를 다시금 정리하고 있다. 연구사의 흐름을 시기별로 살피되, 해당 시기마다 이효석 문학을 연구하는 주요한 방법론을 상정하여 이를 중심으로 살펴보고자 했다. 따라서 이 글은 이효석 문학의 연구사이기도 하지만 그동안 한국문학계에서 이뤄진 다양한 문학연구방법론들이 이효석 문학에 어떻게 적용되었는지를 살펴보는 계기도 마련한다.

이 책의 서두 격인 이현식의 「이효석을 다시 보자—식민지 조선에서 태어난 자유로운 예술지상주의자」는 그동안의 연구들이 이효석 소설의 특정 측면, 특정 시기의 작품에만 초점이 맞춰져 연구되었음을 지적하면서 그의 문학세계 전반에 대한 해석을 꾀하고자 했다. 특히 이효석 문학을 시기 별로 나눠 그가 동반자 작가였다가 이후 자신의 입장을 선회하여 순수문학 세계로 전향한 작가라는 기존의 통설에 반하여 이효석은 근본적으로 그리고 일관되게 예술지상주의적 면모를 보인 작가임을 전제하고 이 글의 논지를 전개한다. 그리고 이러한 이효석의 예술지상주의적 태도는 특정 정치적 이념에 암묵적으로 결탁하거나 또는 현실로부터 도피하기 위한 것이 아니라 오히려 현실과의 긴장 관계 안에서 이뤄진 결과로 보아, 비슷한 시기 김동리의 예술지상주의적 태도와는 근본적으로 다른 것임을 강조한다.

김재영의 「'구라파주의'의 형식으로서의 소설—이효석 작품에 나타난 서양문화의 인유에 대하여」는 이효석 문학에 나타나는 주요한 특성 중의 하나인 '구라파주의' 또는 '서구주의'에 대한 적극적 평가를 하고자 했다. 이 글은 이효석 문학의 서양문화 인유가 그동안의 평가와 같이 서구중심주의에서 벗어나지 못했다는 사실을 인정하기는 한다. 단 이 글이 강조하는 것은 이러한 서양 문화 인유가 결국은 이효석의 보편주의를 문학적으로 실현하는 과정이라는 점이다. 가령 이효석이 생각하기를 서구는 곧 보편이어야 했기에 자신이 생각하는 근본적인(radical) 상황에 언제든 그것을 마주 세우고자 했다. 따라서 이효석의 '구라파주의'를 한갓 철지난 서구중심주의로만 치부될 수는 없다고 본다.

김재영의 「이효석 소설에 나타난 '성'의 특성 연구」와 함께 한수영의 「정치적 인간과 성적(性的) 인간—이효석 소설에 나타난 '성(性)'의 재해석」은, 이효석 문학의 중요한 특성 중의 하나인 '성'의 문제를 새롭게 조명하고자 한다. 김재영은 이효석의 자연스러운 성욕에 대한 추구가 배타적 성 독점에 기초한 근대적 결혼제도의 틀을 쉽게 넘어서며, 그러한 욕망 역시 대부분 근대적 성 담론이나 성윤리를 넘어서는 모습을 보여준다고 본다. 이와 더불어 이 글은 기존의 평가와 달리 이효석 문학의 성 담론이 결코 기존의 성 모럴이나 인습, 제도 따위로 돌아가는 것으로 보지 않는다. 물론 이효석 소설의 성욕에 대한 긍정이 도달해야 할 새 윤리를 전망할 수 없기에, 종종 그것은 단지 하나의 장면이 되기는 하지만 그 문제적 장면들이 가장 현실적인 삶의 문제의 해결을 요구하는 것으로 평가한다.

한수영의 글 역시 이효석의 '성'에 관한 관심과 지향은 이미 초기부터 이효석 문학의 중요한 구성요건이며, 동시에 그것은 마르크스주의가 내세운 '해방담론'의 결여지점에 대한 문제제기의 성격을 지닌다고 본다. 이효석 문학에서 가장 중요한 사실은, '정치적 인간'으로부터 '성적 인간'으로 그의 사상적 향배가 이동한다는 점이며, 이 과정에서 성에 관련된 다양한 문학적 실험을 시도한다. 물론 그것이 일관되고 통일된 '성'관념에 의해 구현되기보다는, 전통사회로부터 근대사회로 이행하는 과도기의 남성 작가가, 스스로에게 각인된 '남성성'에 대한 자각과 성찰, 그리고 여성의 섹슈얼리티에 관한 오해와 환상, 배려와 이해가 복잡하게 뒤얽힌 양태로 나타난다. 그리고 이러한 성 의식은 기존의 통설로 굳어진, '자연'이나 '원시'와 매개되는 성적 본능의 문제이기보다는, 성정치나 젠더 문제와 훨씬 더 밀접한 연관성을 지닌다고 본다.

김재용의 「일제 말 이효석 문학의 우회적 저항과 오리엔탈리즘적 향토성」과 김양선의 「이효석의 국민문학론—저항과 공모의 착종 양상을 중심으로」는 근자에 다시 주목의 대상으로 떠오르는 이효석의 일제 말 소설들을 중심으로 살펴본다. 김재용의 글은 이효석 문학의 유럽중심주의를 한국문학사에서 고유한 것으로 보고 이를 근거로 일제 말 이효석 문학을 친일문학으로 규정하려는 단선적이고 일방적 평가에 반대한다. 이 글은 일제 말 이효석 문학은 사용 언어에 따라 그 지향이 달랐다고 본다. 조선어 창작의 경우 유럽적 가치로서 개인주의를 강조하며 서양에 맞선 동양을 일방적으로 강조하는 전체주의라는 당대의 지배 이념에 우회적으로 저항한다. 이에 비해 일본어로 창작될 때에는 항상 재조일본인 및 일본의 일본인을 염두에 두고 조선적 특성이 가득한 소재를 골라 창작하며 구미인의 시선을 염두에 둔다. 요컨대 일제 말 이효석 문학은 기본적으로 유럽중심주의에 입각하여, 일제 말 일본이 근대의 초극과 동양주의라는 이름으로 식민주의를 강화하면서 근대와 서구를 일방적으로 배척하던 당대의 지배 이념을 고려할 때 이효석의 이러한 태도는 일제에 대항하는 비협력의 중요한 역사적 의의를 갖는다고 평가한다.

김양선의 글 역시 일제 말기 이효석의 일본어 소설들이 친일문학의 범주에 들어가지는 않는다고 본다. 그러나 그것을 당대의 이념에 대항하는 우회적 저항으로 보는 것에는 주저한다. 예컨대 일제 말기 이효석 소설들이 공통적으로 보여주는 조선미의 발견으로 요약되는 전도된 오리엔탈리즘과 세계주의의 공존은 이효석이 일본식의 '국민문학'의 범주를 벗어나기 위해 기획했던 독자적인 국민문학의 미래로 본다. 다시 말해 이효석은 자기 식의 국민문학의 기획을 통해 세계문학에 편입되기를 욕망했으며, 또 이를 통해 일본의 식민주의 담론이 강제한 국민문학을 넘어서려고도 했다. 그러나 이러한 그의 시도는 그가 그토록 경계했던 '협착한 아량'의 범주를 벗어나지 못했기에 또 다른 동일성의 논리를 낳는다고 본다. 따라서 적극적인 협력은 아니지만 그렇다고 세계문학의 단계로까지 나아가지 못한 채 일본의 신체제론이나 동양문화론과 어느 정도 비슷한 노선을 취하는 듯한 포즈에서 공모와 저항 사이의 경계에서 유동하는 식민지 지식인의 불안한 내면을 읽을 수 있다고 본다.

이와 같이 이 책에 실린 글들은 새롭고 다양한 시각을 갖고 이효석 문학을 재인식하고자 했다. 그러한 뜻과 노력이 얼마만큼의 결실을 얻은 것인지는 모르겠지만 이 점에 대해서는 학계의 엄정한 평가를 기대해본다. 아무쪼록 이효석 문학에 대한 이러한 새로운 재인식이 한국문학사 연구의 또 다른 진전을 마련할 수 있는 계기가 되었으면 하는 바람이고 이것이 우리 연구회가 가장 큰 보람으로 여기는 바이기도 하다.

지은이들 적음

● 차례 ●

제1부
이효석 문학에 대한 새로운 접근

이효석 문학 연구사 개관

양문규

1. 머리말

이효석 문학을 논의한 기존의 연구들을 정리해 보면서 새삼 확인할 수 있었던 점은 그에 대한 연구가 현재에 이르기까지 의외로 지속적이며 아주 다양한 방식으로 이뤄져 오고 있다는 사실이다. 아니 이효석 연구는 현 시점에서 오히려 더욱 활발해지고 있다는 인상조차 받는다. 물론 과거의 어떤 문학사 저술은 이효석을 아예 제외시키기도 했고,[1] 막상 그에 대한 전문가들의 연구가 세간의 명성[2]과 비교해볼 때 그다지 호의

1 김윤식 · 김현, 『한국문학사』(민음사, 1973), 김재용 외, 『한국근대민족문학사』(한길사, 1993) 등이 그 예이다.

2 이효석의 「메밀꽃 필 무렵」은 교과서적 인습에 따른 것이기는 하지만, 고등국어 교과서에서만이 아니라, 한때 대학국어 교과서의 총아이기도 했다.

적이지 않지만, 그가 어찌했든 오랫동안 지속적이고 다양한 방법으로 연구대상이 되어 왔다는 사실은 한국문학사에서 이효석 문학이 그만큼 문제적이구나 하는 생각이 들게 한다. 이 글은 여러 가지 다양한 방식으로 이뤄진 이효석 문학의 연구사를 시기별로 또는 연구방법론에 따라 정리하면서 이효석 문학이 현재 한국문학 연구에서 제기하는 문제점들이 무엇인지를 새롭게 정리해볼 기회를 갖고자 한다.

2. 초기의 평가

채만식은 1930년대 말 이효석 문학 세계를, "일찍이 『노령근해』를 떠나서 「산」과 「들」로 소요를 하면서 「메밀꽃 필 무렵」이나 즐기던 시절"에서, "「막」으로 「부록」으로 「해바라기」로 (…중략…) 그가 일단 나갔던 세계로 다시 돌아"[3]왔다고 말했다. 석산인 역시 이 시기 이효석 문학을 "『노령근해』를 다녀와서 「산」과 「들」을 거쳐 다시 시정"[4]으로 돌아왔다고 비유했다. 이들은 모두 이효석 문학을 경향문학에서 자연을 그린 순수문학으로, 그리고 30년대 말에는 시정을 소설의 무대로 삼은 작가로 변모해왔음을 지적했다. 백철과 유진오 등은 이러한 변모 과정을 통해 이효석이 추구한 문학적 본질과 의의를 다음과 같이 정리한다.

백철은 이효석 문학의 최종적인 테마는 결국 자연과 본능—성적인 것이며, 이를 통해 "인간의 건전"과 "현 사회의 일면에 비판"을 내리고자

3 채만식, 「이효석씨 저 「해바라기」」, 『동아일보』, 1939.2.21.
4 석산인, 「이효석 저 「聖畵」를 읽고」, 『비판』, 1939.7.

했음을 지적한다.[5] 이효석이 죽고 난 이후 그의 문학적 동료 격이었던 유진오는 이효석 문학을 정리하면서, 이효석은 애초 이데올로기와는 무관한 '스타일리스트'였다는 점을 강조한다. 따라서 초기 동반자 문학 성향의 작품에서 지적되는 이효석 문학이 보여준 일련의 결함은 당연한 결과라고 말한다. 그리고 이효석 문학의 성이나 자연에서 어떤 의미를 찾기보다는, 그것들은 단지 근대 지식인의 피로감에서 비롯된 '모럴'의 문제이며 일종의 휴식처였을 뿐임을 밝힌다. 이효석은 시작부터 순수문학을 추구했던 자이며 이효석의 모더니즘이라는 것도 교양 또는 '세련'과 관련된 일종의 취향 같은 것이다.[6]

유진오 관점에서 보자면 이효석은 사회성과는 무관한 스타일리스트였다. 그럼에도 당시 카프 쪽 작가들은 그의 문학세계를 그다지 부정적으로 보지는 않았다. 프로 측의 비평가들은 같은 시기 김유정 같은 이는 '구인회'와 관련한 스타일리스트로 보고 그의 언어를 '극악한 언어의 마술성' 또는 '형상의 신비화'로 깎아내리며, 이를 예술지상주의로 간주하여 대단히 부정적으로 평가한다.[7] 안함광은 김유정의 「산골」의 문체를 "각설이패 식의 비속한 문장"[8]으로, 김남천은 "언어의 완롱과 문장 상 곡예"[9]을 보여준다고 비판한다. 현재 리얼리즘 진영에서 김유정을 이효석과 달리 긍정적으로 평가하는 분위기와는 사뭇 다르다. 물론 프로 쪽 역시 이효석에 대해서 반드시 긍정적이지만은 아니었다.

이원조 같은 이는 이효석의 작품집 『해바라기』(1939)를 논하면서 그의 작품들이 과거 운동가가 현재 타락한 모습을 그리는데, 그 과거가 줄거

5 백철, 「현역 작가 총평 — 작가 이효석론 — 최근 경향과 성의 문학」, 『동아일보』, 1938.2.25~2.27.

6 유진오, 「작가 이효석」, 『국민문학』 8, 1942.7.

7 한효, 「신진작가론 — 김유정론」, 『풍림』 2, 1937.1, 45면.

8 안함광, 「작금 문예진 總檢 — 김유정 씨의 「산골」」, 『비판』, 1935.12.

9 김남천, 「최근의 창작 — 2. 사회적 반영의 거부와 춘향전의 哀話적 재현, 김유정 「산골」」, 『조선중앙일보』, 1935.7.23.

리나 사건이 아닌 몇 마디 작가의 '요약어'로 기술된다는 소설적 결함을 지적한다. 그리고 이는 「豚」(1933)과 비교할 때 묘사력의 감퇴를 가져 온다고 본다.[10] 그러나 이러한 발언조차, 「豚」이라는 문학세계의 독자적 성과는 일단 인정하고 있는 것처럼 보인다. 김남천 역시 이효석에 호의적이다. 그는 이효석 문학의 본질을 백철과 같이 '성'으로 보며, 이효석이 이를 통해 '질서와 도덕 이전의 세상, 혹은 그 배후에 숨은 세상'을 그리려고 했다고 본다.[11] 물론 그는 이효석 문학이 성을 통하여 기성 모럴을 부정하지만 결국은 다시 그것을 재생하는 것으로 끝나는 한계를 지적한다. 그러나 김남천을 비롯해 대부분의 이들에게 이 시기 이효석 문학의 성 담론은 낯설고 신선하며 이를 통해 그의 문학이 마치 기성의 사회체제에 반항하는 것으로 평가된다.[12]

해방 직후 이효석에 대한 비판은 예상치 않게 순수문학을 주장했던 김동리가 한다. 그는 이효석 소설의 '자연'이 소설의 본령인 산문정신을 결여시킨다고 본다. 다시 말해 이효석은 자연으로부터 연역된 인간의 야성과 성욕을 미화하는데 이것이 시적 범주 안에서 이뤄지며, 이에 따른 필연적 귀결로 플롯이 빈곤해진다고 평가한다.[13] 그러나 김동리 역시 근대가 만든 문명, 문화 제도로부터 벗어나 인간 순수의 세계를 꿈꾸고 이를 민속, 토속의 신화적 시공간에서 찾고자 한다는 점에서 이효석과 비슷한 경향을 갖는다. 김동리 작품의 운명적인 정조 역시 그의 소설의 산문의 성격을 약화시킨다. 김동리의 이효석 비판은 아무래도 서구취

10 이원조, 「이효석론－『해바라기』 著者에게 부치는 書翰－」, 『인문평론』 1, 1939.10.

11 김남천, 「이효석 저 『화분』의 '성(性)' 모랄」, 『동아일보』, 1939.11.30.

12 현재의 연구자의 관점에서조차 이효석 소설의 성 담론은 파격적으로 보인다. 그의 소설에 나타난 '성' 이야기가 배타적 독점관계에 기반 한 근대적 가족제도에 이미 갇혀있지 않은 현실, 그리고 그 바깥에서 이뤄지는 성적 행동에 적용되는 이중적인 성윤리의 문제성을 끊임없이 드러낸다고 보기 때문이다. 김재영, 「이효석 소설에 나타난 '성'의 특성 연구」, 『현대문학의연구』 43, 한국문학연구학회, 2011, 219면.

13 김동리, 「산문과 반산문－이효석론」, 『민성』 4 7~8호, 1948.8.

향의 이효석 소설에 대한 거부감 때문이 아니었나 싶은 생각이다. 김동리의 비판도 있기는 하지만 1960년대 말 정명환의 이효석에 대한 본격적인 비판이 나오기 전까지 이효석은, 해방 이후 순수문학을 배타적으로 옹호하고 비교문학의 관점에서 서구문학의 영향관계를 중시하던 남한 문단에서 백철, 정한모, 조연현 등에 의해 긍정적으로 평가된다.

3. 사회 · 윤리적 관점의 연구

이효석에 대한 본격적 비판은 1960년대 말부터 시작된다. 정명환은 그동안 이효석 문학의 본질이자 덕목으로 얘기되어 온 자연이나 성의 세계가 하나의 가치로서의 적극적 중요성을 띠고 있는 것이 아님을 지적한다.[14] 그것은 단순히 "사회적 자아로 하여금 잠시 상황을 잊게 하는" 것이다.[15] 이효석은 자연, 성뿐만 아니라 현실과의 대면을 가로막아 주는 모든 것을 반기는데 가령 자연과는 대조적인 이미지임에도 불구하고 그의 문학에 자주 등장하는 서양적 풍물도 그러한 점에서 마찬가지이다. 이효석이라는 한 인간 속에 그토록 동양적인 것과 서양적인 것이 혼돈 상태로 뒤섞여 있는 까닭은 바로 그의 모든 노력의 초점이 사회적 현실로부터의 도피에 있기 때문이다. 그런데 이효석 문학에서 현실도피 또는 반(反)사회적 지향이 진정으로 문제가 되는 것은, 그것이 하나의

---

14 정명환, 「위장된 순응주의－이효석론」, 『창작과비평』 1968 겨울~1969 봄.

15 김종철의 논의 역시 이효석 소설의 인물들이 갖는 행복은 구체적인 역사 현실과의 긴장된 대립을 면제 받은 대가로 얻어진 행복이라고 지적한다. 「교외 거주인의 행복한 의식－이효석의 작품세계」, 『문학사상』 17호, 문학사상사, 1974.2, 301면.

'위장된 제스처'에 불과한 것이기 때문이다. 이효석은 필요에 따라 도피도 시도하고 또 자진해서 인습의 세계를 수용하기도 하는 이중성을 아무 문제 제기도 없이 실현해나간다. 그는 어떻게 보면 "가면을 쓴 순응주의자"로, 그의 초기의 동반자 작가로서의 모습 역시 내적 필연성에 의해서보다도 시대사조에 영합하기 위해서 좌익 사상으로 자신을 분장한 것으로 본다.

유진오는 이효석이 애시 당초 사회 현실에는 관심이 없던 순수한 스타일리스트였으니 그의 문학을 현실문제와 관련 지어 시시비비를 논하는 것이 부질없음을 주장했다. 그러나 정명환은 그의 문학의 현실도피, 반사회성 그 자체가 하나의 위장된 제스처였다는 사실을 문제의 핵심으로 지적한다. 문학에 대한 사회 · 윤리(이데올로기)적 연구는, 생명력 있는 문학 작품은 그것을 나오게 한 문화나 독자와의 관계에서 윤리적, 미학적 정직성을 가져야 한다고 본다. 이러한 점에서 정명환은 이효석 문학을, 작가로서의 윤리적 성실성에 초점을 맞춰 비판한다.[16] 그러나 이효석 문학의 반사회성 또는 현실도피의 성격은 이효석 개인의 문제로만 그치는 것은 아니다. 이효석이라는 식민지 지식인이 위치한 사회, 역사적 기반 등에 대한 고찰이 요구된다고 보는데 이는 향후 페미니즘과 탈식민주의 연구 등에서 보완된다.

이효석 문학은, 스타일리스트로서 명성과는 달리 사회 윤리적 연구 말고도 형식주의 관점의 연구에서조차 비판을 받는다.[17] 예컨대 이효석

---

16 정면환의 이러한 이효석 비판에 효석의 심미주의적 창작태도는 기왕에 그가 추종하던 이념이나 행동 노선으로부터의 도피가 아니라 그의 몸에 밴 취향, 즉 일종의 생리적 욕구에서 나온 것이며, 그의 이국취향의 탐미는 실향민의 망향과 같은 향수의 정신이라고 옹호한다(이상옥, 「이효석의 심미주의」, 『문학과 지성』, 문학과지성사, 1977 봄호 참조). 이러한 주장은 이효석은 애초부터 스타일리스트였다는 해방 전 유진오 의 발언의 연장선상에 놓인다.

17 이하 박철희, 「엑조티시즘의 수사학—이효석의 문체」, 『문학사상』 17호, 문학사상사, 1974.2.

소설의 문체는 현실대결로서의 구어체를 구사하기보다는, 기성 형식으로서 후천적 교양과 생활체험에서 훈련된 수사적 장식, 즉 알레고리칼 이미지를 구사한다. 그리고 이러한 문체를 중심으로 이효석의 '미문(美文)'이 거론되는데, 실제 이 미문은 구어체와 절연된 '서구'적 미학과 친밀성을 갖는 것들, 또는 '순문학' 취향의 지식인들 사이 즐겨 사용하는 '사회적 방언'의 혐의가 강하다.[18] 유종호는 이효석 소설을 효석 스스로 애호했던 체호프의 소설 기법과 비교한다.[19] 뉴크리티시즘의 방법을 빌려 단편소설에서는 '극적 제시'의 기법이 중요한데, 「메밀 꽃 필 무렵」은 작가가 수시로 편집자적 논평을 기해 이를 실현시키지 못한다고 본다. 그리고 이는 대표작인 「메밀꽃 필 무렵」에만 국한되지 않고 작가 이효석의 모든 작품이 극적 제시의 방법과는 절연되어 있음을 지적한다. 그리고 극적제시의 문제는 작가가 작중인물에 대해 냉혹한 비정의 거리를 유지하지 못하고 감상(感傷)화 되는 것과도 관련된다.

4. 신화 또는 작가심리학의 관점의 연구

해방 이후 이효석에 대한 평단의 흐름은 50·60년대의 긍정적인 견해로부터 70년대에 들면서는 비판적이고 부정적인 추세로 기울어졌다.

---

18 이와 관련되어 김윤식은 이효석 문학에 끼친 영향으로 맨스필드, 체홉 등 서구 문학에서 찾고자 했다(「모더니즘의 정신사적 기반—이효석의 경우」, 『문학과 지성』 겨울, 문학과 지성사, 1977, 참조). 근자의 연구로 최익현의 「이효석의 미적 자의식에 관한 연구」(중앙대 박사논문, 1998)는 제국대학의 교양과 학문으로서의 영문학이 이효석 문학의 분위기 형성에 어떠한 영향을 미쳤는지에 대하여 구체적으로 분석한다.

19 유종호, 「서구소설과 한국소설의 기법」, 『한국인과 문학사상』, 일조각, 1977.

이후 이효석 문학을 가치평가보다는 해석을 우선시하는 신화연구의 관점에서 고찰하여 긍정적으로 보고자 한 논의도 있다.[20] 이 논의는 이효석 문학 전반을 대상으로 삼은 것은 아니고, 그가 죽기 바로 일 년 전인 1941년에 발표되어 '원숙기적인 면모'를 보여준다고 평가한 「산협」을 중심으로 논의한다.[21] 「산협」에는 신화 등에서 볼 수 있는 여러 상징들이 나타난다. 신화연구자들은 신화적 문학작품은 원형들의 백과사전이며, 신화의 원형은 대체로 동일 또는 유사하므로 세계문학의 원형은 동일 콘텍스트를 이룬다고 본다.

「산협」의 플롯은 '소금받이'가 매년 되풀이되는 것을 필두로 동일한 유형의 사건과 모티브의 반복으로 짜여있다. 더불어 작품 속에 전개되는 인간사의 희비의 리듬은 사계절 자연신화의 패턴을 좇아 진행된다. 작품 말미 봄이 되어 지난 가을 추수한 콩을 소에 싣고 다시 '소금받이' 길을 떠나는 주인공을 통해, 자연은 순리에 따라 아무런 욕심 없이 순환하지만, 인간은 끊임없는 욕망 속에서 결국 허무한 파멸을 겪게 되는 것을 보여 준다. 물론 이러한 파멸이 역사적 필연성에서 나온다는 삶의 통찰보다는 오히려 한편의 소란스러움이 일어났다가 사라지는 듯한 느낌이 더 강하여, 작가 이효석이 인간을 어떤 식으로 이해하고 있는가 하는 것을 짐작하게 해준다는 비판도 있다.[22]

그러나 인간은 원초적으로 유한한 존재이고 자식을 낳아 대를 이으려는 욕망과 그 욕망이 가져오는 죄의 비극성을 보여주면서도 소금받이의 집단적 제의의 형태를 갖추고 있는 이 소설의 구조는 죽음과 부활의

---

20 이혜경, 「「산협」의 연구—이효석 문학의 재평가를 위하여」, 『현상과 인식』 5(1), 한국인문사회과학회, 1981.

21 이상섭은 「메밀꽃 필 무렵」이 아닌 「산협」을 이효석의 대표작으로 삼아야 한다는 주장을 제시하기도 했다. 「애욕문학으로서의 특질」, 『문학과 사상』, 세계문학사, 1974.2.

22 김재용, 「프로소설의 확대와 동반자 작가의 변모」, 『한국현대대표소설선』 4, 창작과비평사, 1996, 483면.

주제―비극적 파국 뒤에 도래할 재생의 사이클에 대한 낙관적 견해를 보여준다. 더불어 이효석 문학에 나타난 자연은 단순히 도피처가 아닌, 인간 본연의 원초적 에너지를 충전시키고, 이미지를 팽창, 확산시키는 재생의 장소라는 긍정적 측면을 강조한다. 신화적 연구는 원형, 단일신화(기본신화), 또는 문학의 '대원리'를 추구하다 보면, 어느 일정한 동일성이나 예상성에 빠질 수 있다. 그런데 자연을 대상으로 하는 이효석의 소설 중에서도 「메밀꽃 필 무렵」 이후 그의 고향을 무대로 한 '영서 삼부작'[23]은 그 이전의 소설에서 다뤄진 자연과는 달리 비교적 추상성에서 벗어나 구체성을 띤다. 식민지 제국대학에서 외국문학을 전공한 엘리트의 비(非)토착적 생활기반을 강조하여 해석하면 이효석의 고향감각은 우스갯소리로 보일지 모르나, 신화연구 입장에서 본다면 고향은 자연적 의미를 초월한 생명의 근원지로서의 원형심상을 지니며 고향을 다룬 이효석의 문학도 이와 무관하지 않다.

이효석 문학을 강원도 지역과 관련지어 연구해 온 서준섭은 이효석의 생애에 대한 기존 연구[24]와 자신의 답사 등을 통해 얻어낸 전기적 자료들을 토대로 작가심리학의 방법으로 이효석의 삶과 문학의 상호관련성을 재구성한다.[25] 이 연구는 도시적 세계에 지속적인 관심을 기울여 온 이효석이 그것과는 이질적인 세계라 할 수 있는 강원도 산골을 다룬 영서 삼부작에 역시 주목한다. 이들의 작품세계는 이전의 그의 소설 세계의 전체에서 보면 방계적인 세계이지만, 이 세계에는 '아버지'가 등장한다는 점을 주목한다.

---

23 「메밀 꽃 필 무렵」(1936), 「개살구」(1937), 「산협」(1941)을 이렇게 일컫는다. 유종호 편, 『이효석』, 지학사, 1985, 201면.

24 이상옥, 『이효석』, 건국대 출판부, 1997.

25 서준섭, 「이효석 소설과 강원도―'영서 삼부작'을 중심으로」, 『제1회 이효석 문학 심포지엄 자료집』, 1999.

「메밀꽃 필 무렵」은 동이의 입장에서 보면 아비 없는 고아의 아비 찾기의 꿈을 그린다. 이 작품에서 허생원은 떠돌이이고, 동이의 어머니만이 작가 이효석의 고향인 '봉평'에 속해 있다. 그리고 허생원과 동이는 '충주집'을 두고 실랑이를 벌이며 한때 갈등관계에 빠진다. 이 대목에서 이효석의 실제 죽은 어머니의 고향이 '충주'라는 전기적 사실을 주목한다. 그리고 라캉의 얘기를 빌려 작가의 언어 속에 깃든 무의식은 아버지(허생원)라는 존재에 대한 무의식적 폄하('얼금뱅이', 사랑하는 여자도 책임지지 못하고 비겁하게 도망친 남자, 못난 장돌뱅이 등)의 형태로 나타난다고 본다. 이효석이 다섯 살 때 어머니를 잃고, 아버지는 곧 재혼했다는 사실 역시 작가 이효석의 내면세계를 이해하는데 중요한 단서가 된다. 영서 삼부작 등에 자주 나타나는 불륜 등은 이러한 전기적 사실이 작가의 무의식 속에 외상으로 남아 어른들은 불륜의 세계에 속해 있다고 생각한데서 비롯된 것이라는 조심스러운 추측을 한다.

그리고 그의 영서 삼부작에는 그의 유년기의 상흔(모친의 사별)이 투영되어 있을 뿐 아니라, 산골 사람과 그들의 생활 풍속에 대한 그의 각별한 애정이 드러난다. 그러나 작가는 이 방면의 소설을 자주는 쓰지는 않았다. 이효석은 오히려 도시적 · 이국적 · 서구적 취향의 소설에 더 전념하였는데, 그 이유를 효석에게 '큰 꿈'이자 '영원한 고향'인 어머니가 없었기 때문으로 본다. 「메밀꽃 필 무렵」은 그 어머니가 작가에게 '고향(봉평)'과 같은 의미를 지니고 있음을 암시하는 작품이다. 그 '꿈, 영원한 고향'이 없는 이효석에게 그의 고향은 고향으로서의 의미를 상실한다. '어머니'가 떠난 고향은 불륜과 불임의 공간(「산협」), 윤리가 부재하는 공간으로 인식된다. 여기에는 고향 땅에 애정을 갖고 있으나 한편으로는 벗어나고자 하는 작가의 심리가 투영되어 있다. 이효석이 고향을 한동안 잊어버리고 이방인 의식(고향 상실감) 속에 방황한 것은 이러한 작가의 태도와 긴밀히 관련된다. 그는 도시 속에 살면서 그 속의 여성 · 영화 · 음악 · 이국적인 꽃 등과 함께 새로운 기억을 만들어간다. 소설을 쓰는 일도 그 중의 하나이다. 도시적 세계는 그에게 결핍된 모성을 대리 충족시킬 수 있는 새로운 여성이 있고, 감각적인 것을 충족시킬 수 있는 공간이다. 이것은 고향에서의 도피를 의미한다.

근대(도시)와 고향, 도시적 세계와 가부장적 세계는 이효석 후기 소설을 이루는 두 개의 축이다. 이 두 세계의 동시적 추구와 그 작품 속에서의 공존은 그 자체로는 하나의 모순이다. 실제 야만과 문명, 도시와 자연 등 정반대되는 것이 동시에 같은 값어치로 나타나는 '양가(ambivalence)'의 심리현상은 이효석 문학에서 빈번히 작동한다. 그런데 영서 삼부작 읽기를 통해 이끌어낼 수 있는 의미는 이효석 내부에 존재하는 이 두 세계의 모순과 갈등이다. 이 모순과 갈등은 시골 태생의 근대 작가들이 경험할 수 있는 보편적인 것이기도 하다. 그가 이 모순을 어떻게 해결하고 있는가 하는 점은 그의 문학 연구에서 새로운 과제로 떠오르고 있다고 본다. 심리학적 연구 또는 해석에는 추리소설적인 흥미가 따르게 마련이라 그 논의를 일반화하기는 어렵다. 단 이효석 문학에 나타난 양가의 심리현상은 탈식민주의 연구에서 사회적 · 정치적으로 다시 해석될 여지를 제공한다.

5. 페미니즘 관점의 연구

굳이 페미니즘의 시각을 빌리지 않더라도 이효석 문학은 전반에 걸쳐 남성 중심의 시각으로 여성을 대상화 한다는 인상을 어렵지 않게 받는다. 경향소설부터 말년에 이르기까지 이효석 문학에서 일관되고 과도하게 나타나는 장면들 중의 하나가 바로 여성의 육체를 관음증적 볼거리로 삼는 남성 중심의 시선이다. 이러한 특징들은, 정신분석학적 측면에서 남성의 거세 불안과 그에 대한 심리적 방어기제로 나타나는 페티시즘, 관음증적 응시로 해석되기도 한다. 그런데 이러한 이효석의 응시들이 결코 긍정적으로 비치지 않는 것은 그 응시 자체에도 문제가 있지만 그것이 생산적이지 못한 방식으로 항시 소모된다는 인상을 받기 때문이다. 페미니즘 연구는 이러한 문제를 포함하여 이로부터 나름의 방식으로 이효석 문학의 현실순응성과 보수적 태도를 구체적으로 논증해낸다.

심진경은 이효석 문학에서 '성'의 진수를 가장 잘 드러낸다는 『화분』(1939)을 분석한다.[26] 『화분』은 이야기가 시작하면서부터 여주인공 미란의 처녀성과 그 처녀성의 운명을 중심으로 서사가 전개될 것임을 암시한다. 처녀인 미란에게 성적인 체험은 성에 대한 불안감과 죄의식을 불러일으킨다. 그리고 순결한 육체의 소유자인 미란은 처녀성을 상실하면서 무구한 세계에서 이탈한다. 초반부에서 이러한 미란의 성과 육체를 재현하는 방식은 완고하고 전통적인 통념들을 비껴가는 다소 파격적인 것으로 나타난다.[27] 이효석 소설의 여인들은 대체로 초반부에는 남성을 유혹하는 팜파탈적 여인으로 등장한다. 그런데 그렇게 재현되는 여인들의 섹슈얼리티와 육체는 예의 남성들의 관음증적 시선에 노출되면서 하나의 볼거리로 전락한다. 『화분』에서도 미란 역시 시종일관 남성들의 성적 타자로서 수동적으로 존재한다.

그런데 미란은 정조를 잃고 난 다음에는 심각한 죄의식에 빠지며, 동시에 그녀의 수동성은 다른 방향으로 강화된다. 그 계기는 그녀가 바로

---

26 심진경, 「남성주체의 예술적 욕망과 승화된 여성 – 『화분』」, 『한국문학과 섹슈얼리티』, 소명출판, 2006.

27 이선희는 이효석의 『화분』에 그려진 대담한 성행위와 나체 등이 유사 이전의 신화적이고 에덴적인 차원에서 그려지고 있기 때문에 명화를 보는듯한 사치한 감상을 느낄 수 있다고 보며, 이러한 사치는 우리의 삶을 더 아름답고 윤기 있게 해준다고 주장하기도 한다. 이선희, 「사치의 미 – 효석의 장편 『화분』을 읽고」, 『동아일보』, 1939.10.23.

예술가 영훈을 만나면서 실현된다. 미란은 영훈에게 성적 타자이면서 동시에 그의 예술적 파트너로서 적합한 수동적인 대상으로 전화된다. 더불어 미란이 종래의 자신의 성적 죄의식에서 벗어나 예술(영훈)을 통해 구원되는 것은 바로 그녀 자신의 자발적인 섹슈얼리티를 억압하고 조정하면서부터이다. 미란과 대조적으로 작가 이효석의 분신인 듯싶은 예술 중심적 태도를 지닌 영훈이 쏟아 붓는 미 그 자체에 대한 과도한 애정은 성적 욕망의 또 다른 표현, 혹은 억압된 성적 욕망의 순치된 표현이다. 영훈은 미란을 심미화하면서 그녀를 예술적 차원에서 관조하는 태도는 표면적으로는 감각적 육체로부터의 거리두기인 것처럼 보이지만, 기실 영훈 자신의 억압된 성적 욕망을 승화시키는 것과 관련된다.

필자는 이런 점에서 이효석의 영훈과 이광수 대중소설의 남자주인공이 비슷하다고 생각한다. 각각은 성적 욕망을 억제하는 예술주의자 또는 계몽주의자로 현상하지만 본질적으로 남성중심의 시각에서 여성을 타자화 하여 여성을 굴복시키는 권력자로 군림한다. 심진경의 논의를 다시 살펴보자면, 『화분』에서 작가 또는 영훈이 추구하는 '예술'은 성적 · 계급적 위계질서를 초월하는 가치를 지니면서, 역설적이게도 양자 모두를 획득할 수 있는 조건으로 작용한다. 영훈은 자신의 성적 욕망을 억압함으로써 모든 것을 얻는다. 여기에서 징후적으로 드러나는 것은 영훈의 예술이라는 것도 결국에는 세속의 가치(여자와 돈)와 긴밀하게 결탁된다는 점이다. 복잡한 애욕의 이야기를 거쳐 도달하게 되는 이러한 결론은 실은 예술의 고귀함에 대한 주장의 이면에 존재하는 작가의 현실순응의 태도를 보여주는 또 하나의 징후이다. 그런 점에서 미란과 영훈이 지향하는 예술이란 결국 세속의 '행복'과 '성공'에서 그리 먼 것이 아니다.

이혜령의 논의도 이러한 논의의 연장선상에 놓인다.[28] 이 논의 역시 『화분』이 주조해내는 '성'의 세계를 들여다보면, 이효석의 문학세계가 얼마나 현실의 견고한 산문성에 긴박되어 있는지를 확인하게 된다. 여주인공 미란의 '처녀성'에 관련된 서사들을 좇아가보면, 결국 그녀의 처녀성의 파란만장한 항해가 닻을 내리는 지점은 바로 합법적인 결혼이다. 이는 『화분』에서 허락되고 보호받아야 할 성은 결국 합법적 부부의 성이라는 모럴을 웅변한다. 이에 반해 이효석의 성을 소재로 한 「들」(1936)의 '옥분'과 「분녀」(1936)의 '분녀'는 사회적으로 하층민이라는 사실에 주목한다. 이들은 『화분』의 미란과 달리 '쉽게' 남성에게 성적 굴복을 하고 마는 여성들로 그려진다. 심지어 그녀들의 가치관 자체가 성적 무규범 상태를 낳는다. 하층민 여성은 사회적으로나 성적으로 나아가 도덕적 위계질서에서도 최하위에 놓인다.

필자는 이와 관련되어 이효석이 김동인의 여성관과 아주 유사하다고 생각한다. 어느 설문조사에서 이효석은 자신이 존경하는 조선의 작가로 김동인을 들었다.[29] 양자는 순수예술의 포즈를 취한다는 면에서도 유사한데,[30] 섹슈얼리티와 관련된 그들의 여성관에서도 아주 비슷하다. 김동인은 여성의 성 욕망을 무분별한 감정의 소비로 인식하며, 자신의 소설에서 성 욕망이 발견되면 그녀를 죽음이라는 결말로 끌고 가서 가부장적 이데올로기로 처단하는 모양을 보여준다.[31] 이효석의 '분녀'가 여러 남자와 관계를 맺고 결국 중국인 '왕서방'에게 강제로 겁탈을 당하는 장면은 「감자」의 복녀를 연상시킨다. 물론 분녀는 우여곡절 끝에 자신의 첫사랑으로 돌아오는 결말을 갖지만, 김동인이나 이효석이나 모두

---

28 이혜령, 「두 개의 성적 위계질서—이효석의 『화분』론」, 『한국소설과 골상학적 타자들』, 소명출판, 2007.

29 「설문」, 『삼천리』, 1941.12, 『이효석 전집』 6, 창미사, 2003, 321면에서 재인용.

30 이효석의 「라오코왼의 후예」(『문장』, 1941.2)에서 주인공인 화가가 뱀에 물린 땅꾼의 괴로운 표정에서 예술적 영감을 얻는다는 설정은 김동인의 「광염소나타」 등을 조금 점잖게 변형한 것이라 할 수 있다.

31 박숙자, 「여성의 육체에 대한 남성의 시선과 환상」, 한국여성연구소, 『여성의 몸—1920년대 소설을 중심으로』, 창작과비평사, 2005.

여성의 정체성으로서 성적 욕망을 부정적으로 볼 뿐만 아니라, 그러한 욕망은 특히 하층민 여성에서 조야한 형태로 드러난다. 따라서 하층민이 아닌 주로 상류층 여성의 성을 그린 이효석의 『화분』은 처녀성을 전제로 한 합법적인 결혼만을 허락하며, 결국 『화분』이 용인하는 세계는, 사회경제적 지위가 성적 위계질서, 나아가 도덕적 위계질서까지 규정하는 세계임을 보여준다.

6. 탈식민주의 관점의 연구

이효석에 대한 가장 최근의 연구 방식으로 탈식민주의의 방법론이 부각되고 있다. 따라서 그동안 별로 주목의 대상이 되지 못했던 일제 말 이효석 문학 또는 일본어로 된 이효석의 수필, 소설들이 논의의 중심으로 떠오르게 된다.[32] 탈식민주의 방법론은 기존의 친일문학론과 관련을 맺어 실천적 차원에서 식민주의에 대한 비판을 보여주기도 하고, 한편으론 피식민지 주민들이 자신도 모르게 식민지 지배자들에게 입은 정신적 외상을 성찰하는 내용을 갖는다. 이러한 관점의 연구들을 통해 일제 말의 이효석 문학은 다양한 평가를 받게 되는데 우선 이효석 문학에 대한 비판적인 관점의 연구를 중심으로 살펴보자.

이효석 문학의 친일적인 문제는 이전에는 그다지 중요하게 논의되어 오지 않았다. 그것은 순수문학으로 평가되어 온 이효석 문학의 특성 때

---

32 일본어로 된 이효석의 작품들은 1959년 춘조사와 2003년 창미사에서 간행된 각각의 전집에 이미 수록되어 있다. 여기서 빠진 작품들 일부가 『은빛송어』(김남극 편, 송태욱 역, 해토, 2005)에 수록되어 있다.

문이기도 하다. 실제 이효석 문학에서는 설사 친일적인 내용이 나타나더라도 황민으로서의 철저한 각오를 다진다든지 하는 등의 정치적인 논리를 내세우지는 않는다. 오히려 그의 일어 소설은 그답지 않게 민족주의적 인상을 띠기도 하고, 때론 일본제국주의에 대하여 회의적인 포즈를 드러내기도 한다. 따라서 일찍이 임종국은 『친일문학론』(1966)에서 이효석의 작품이 일어로 쓰이기는 하지만 "알쏭달쏭하고도 이상한 문학"이 되었다고 지적했다.[33]

이경훈은, 이효석의 대표적 장편 『벽공무한』(1940)을 분석하면서 결국은 그의 문학이 식민주의적 성격을 가졌음을 밝힌다.[34] 『벽공무한』은 한마디로 당시 일본이 외쳤던 '동양'과 '탈구입아(脫歐入亞)'를 통한 대륙의 '왕도낙토 건설'이라는 대동아공영의 논리를 거꾸로 전용한 작품으로 본다. 다시 말하자면 『벽공무한』은 일본적으로 재구성된 오리엔탈리즘의 전형이다. 효석은 이 작품에서 일제에 의해 조장된 '만주의 이상'과 '동양'에 편승해 조선인 스스로를 '문명'의 주체로 긍정한다. 『벽공무한』에 나타나는 작가의 대륙적 상상력과 수사는 결국은 '만철(滿鐵)'의 운행이라는 물적 토대와 결부된다. 『벽공무한』의 주인공 '일마'의 만주행의 주된 목적이자 서사의 출발점은 하얼빈 교향악단의 조선 초청인데, 이 하얼빈 교향악단은 다름 아닌 만철의 '철도총국'에 소속되어 있다. 하얼빈을 출발해 신경, 봉천, 신의주를 거쳐 조선에 온 하얼빈 교향악단이 경성의 일정을 끝내고 동경으로 연주 여행을 이어갈 때, 이는 일본 제국주의의 길을 되짚어 달려 대동아공영권의 실체와 중심을 확인하는 것이기도 하다. 이 여행 자체가 '대일본제국'의 '팔굉일우'적 교향악을 은유한다.

그리고 작가 이효석 혹은 주인공 '일마'가 설사 근대적 '구라파주의자'

33 임종국, 『친일문학론』, 평화출판사, 1966, 332면.

34 이경훈, 「하르빈의 푸른 하늘―『벽공무한』과 대동아공영」, 김철 · 신형기 외, 『문학 속의 파시즘』, 삼인, 2001.

이자 '서양숭배'에 물든 사람으로 일본 제국주의에 대한 일말의 회의는 보낼지라도 궁극적으로 그들의 생각과 행동은 시종일관 일본 제국의 하늘 밑을 한 발자국도 벗어나지 못한다. 물론 『벽공무한』에서 나타난 작가의 '서양숭배' 등이, 대동아공영의 '동양'과는 또 다른 시점을 획득하며, 일본 제국주의에 대한 회의적 모습을 내비친다. 예컨대 식민지 지식인인 '일마'는 그 자신이나, 하얼빈의 카바레 댄서를 하는 러시아 여인이나 제국의 주변부에 위치한 '쭉정이'에 불과한 소외된 존재라고 생각한다. 그리고 이러한 처지 때문에 둘은 결합할 수 있다고 생각한다.[35] 그러나 소련을 버리고 일제 치하의 만주국으로 망명한 백계 러시아인과 내선일체의 이등국민인 조선인 일마가 만나는 것 그 자체가 의미심장한 것으로 본다. 하얼빈은 바로 일본제국주의가 강조하는 '오족협화'의 땅이기 때문이다.

탈식민주의의 방법론과 그와 여러 면에서 맞닿아 있는 페미니즘론의 방식을 함께 활용하여 이효석 문학을 비판적으로 분석한 김양선의 논의가 있다.[36] 이 논의는 이효석이 토속적인 향토를 재현하는 과정에서 발현된 탈식민주의의 이론적 논거 중의 하나인 식민지 무의식의 양가성에 주목한다. 식민지 무의식이란 피식민자가 식민화될 지도 모른다는 위기감을 느끼고 그것을 은폐하기 위해 식민 제국을 모방하는 과정에서 또 다른 타자와 야만을 발견하면서 형성된다. 이 과정은 대단히 분열적이고 양가적인 양상을 띤다. 이효석 소설에서 향토는 획일화된 근대의 논리, 중심의 논리에 포획되지 않는 반동적 기운(향토적 서정성, 에로틱한 성

35 하얼빈이라는 도시의 국제성의 이면에는 절대다수의 고단한 삶이 그림자처럼 드리워져 있었다. 지배민족인 일본인 치하에서 생활을 영위해야 했던 중국인들, 특히 소수민족인 백계 러시아인과 조선인의 경우 환락과 욕망의 거리 하얼빈은 장밋빛으로만 그려질 수 없다(김경일 외, 『동아시아의 민족이산과 도시 – 20세기 전반 만주의 조선인』, 역사비평사, 2004, 279면). 이효석이 서구의 일부로 선망하는 백계 러시아인 여자와 조선인남자의 몽상적 결합을 생각했던 것은 이러한 처지의 비슷함에서 더 강하게 비롯될 수 있었던 것 같다.

36 김양선, 「이효석 소설에 나타난 식민지 무의식의 양상 – 향토와 조선적인 것의 발견을 중심으로」, 『현대소설연구』 27, 한국현대소설학회, 2005.

적 자질의 발산)이 가득한 곳으로 기호화된다. 그러나 심층적인 차원에서 보면 이것은 역시 근대의 논리에 포섭된 것이다. 이효석 소설의 향토는 발견되고 발명된 것으로, 향토와 그 속의 원주민을 바라보는 작가의 시선은 내부자의 것이 아니라 국외자의 것에 가깝다.[37] 예컨대 이효석 소설에 나타난 영서 지방의 자연은 당시 궁핍한 식민지 농촌의 현실과는 관계없이 풍성하고 아름답다. 그런데 한편으론 영서지방의 향토적 서정성의 이면에는 미개한 풍속, 원시성, 성적 욕망과 자본주의적 근대의 산물들이 혼종적으로 섞여 특유의 매혹과 파괴력을 발휘한다.

서정성과 야만성이 공존하는 이 향토에는 식민지 지식인의 무의식이 투영되어 있다. 식민지에 의해 발견된 피식민지의 향토는 본능과 야만이 있고, 윤리의식이 부재하는 곳이다. 하지만 향토는 근대화에 지친 지식인들에게 본향으로의 회귀감을 촉발하는 충만하고 서정적인 장소이기도 하다. 식민지 지식인은 마치 식민지배자처럼 향토를 때로는 매혹의 장소로, 또 때로는 미개하고 위험한 곳으로 의미화 한다. 하지만 이와 같이 향토를 포섭 / 배제하는 식민지 지식인의 양가성은 향토를 타자화하는 태도라는 점에서는 동일하다. 그리고 이들의 분열적인 양가성은 바로 피식민자인 자신이 타자화되어 있는 의식에서 벗어나기 위해 만든 일종의 내적 방어기제이다. 이러한 주장은 이효석 문학이 현실도피의 기제로 선택한 향토, 성 등을 이효석 개인이 아닌, 식민지 지식인의 정신적, 사회적 기반에서 묻는다는 점에서 오래 전 정명환의 논의를 발전적으로 넘어선다.

이러한 탈식민론은 페미니즘론과 연결된다. 이효석의 일어 소설 「은

---

37 여기까지의 논의는 이미 신형기의 「이효석과 '발견된' 향토」(『민족 이야기를 넘어서』, 삼인, 2003)에서도 비슷하게 얘기된 바 있다. 예컨대 「메밀꽃 필 무렵」의 향토는 버터 맛이나 커피 향을 즐긴 입장에서 새롭게 '발견' 된 것이다. 「메밀꽃 필 무렵」은 서구를 향해 있던 시선이 찾아낸 토산품의 세계였다.

은한 빛」(1940), 「소복과 청자」(미상)를 분석하면서, 이들 작품에서 남성/지식인들은 근대에 대한 환멸을 대체할 미적 자질을 조선 내부에서 찾는다고 본다. 하지만 그 이면에는 다양한 위계가 존재하는데, 조선옷을 입은 이국여성 혹은 일본여성, 지방에 내려와 조선미를 발견하는 서울 여성과 같이 인종, 지역에 따른 위계가 그것이다. 한복을 입은 조선 여인을 통해 조선적인 것, 향토적인을 내세움으로써 식민지 담론에 대항하는 것 같지만, 그 이면에는 식민주의자가 피식민지 백성을 타자화하듯이, 남성/지식인이 여성을 대상화하고 있음을 보여주는 것으로, 결국 이효석 문학은 여성, 토착민을 타자화함으로써 식민지인으로서의 열등감을 봉합하고자 했다고 본다.

탈식민주의 관점에서 이뤄진 이러한 비판적인 평가와 다르게, 일제 말 이효석 소설, 평론들을 친일문학 또는 이 시기 국민문학론을 실천한 것으로 평가하는 것을 일면적인 이해로 보고 실은 그것들이 효석 자신의 비정치주의적 예술관을 일관되게 지켜나가려 한 것으로 보고자 하는 논의가 있다.[38] 이러한 논의는 이효석의 일본어 소설들이 일선통혼이나 조선미에 대한 탐구 등 국민문학론의 담론에 연결되는 양상을 보이기는 하지만, 그러나 조선어로 창작한 작품들은 그가 국민문학론이라는 정치주의적 담론 및 일본적 오리엔탈리즘론과 거리를 유지한다고 본다. 그리고 『화분』, 『벽공무한』 같은 장편소설과 함께 「합이빈」(1940)은 세계문명의 위기와 함께 일본의 동아시아 진출에 비판적인 안목을 보여준다. '하얼빈'을 묘사하고 담론화해 나가는 이효석 소설의 국면들은 효석이 당대의 국민문학론이나 일본적 오리엔탈리즘에 순응하기만 한 작가가 아니었으며, 오히려 그에 대한 강렬한 비판의식을 바탕으로 그 자신의 문학적 이상을 실험해 나갔다고 본다.

38 방민호, 「이효석과 하얼빈」, 『일제 말기 한국문학의 담론과 텍스트』, 예옥, 2011.

이를 좀 더 체계화하는 입장에서 이효석 문학의 유럽중심주의를 한국문학사에서 고유한 것으로 보고 이를 근거로 일제 말 이효석 문학을 친일문학으로 규정하려는 단선적이고 일방적 평가에 반대하는 김재용의 연구가 있다.[39] 이 연구는 일제 말 이효석 문학은 조선어와 일본어의 사용의 작품에 따라 그 지향이 달랐다고 본다. 조선어 창작의 경우 유럽적 가치로서 개인주의를 강조하며 서양에 맞선 동양을 일방적으로 강조하는 전체주의라는 당대의 지배 이념에 우회적으로 저항한다. 『화분』, 『벽공무한』은 동양론 혹은 아시아주의가 고개를 내밀기 시작하던 무렵에도 유럽의 개인주의에 대한 확신을 갖고 이러한 시대적 흐름에 강하게 거슬러 간다. 일본어 창작의 경우에는 서양인들의 시선에는 독특한 것으로 간주될 수 있는 조선적 향토를 두드러지게 내세웠다. 이는 조선적인 것을 강조하는 것이 세계적인 것이라고 생각했기 때문이다. 일본어로 창작될 때에는 항상 재조 일본인 및 일본의 일본인을 염두에 두고 조선적 특성이 가득한 소재를 골라 창작했던 것이며 이는 구미인들의 시선까지 염두에 둔 것이다. 이효석의 오리엔탈리즘적 향토색은 조선문학의 세계성을 의미하기도 한다.

이러한 두 가지의 지향 즉 유럽추종주의자로서의 이효석의 지향과 조선적 향토색을 강조하는 이효석의 지향은 양립 불가능한 것으로 보이기도 한다. 그러나 양자가 긴밀히 연결된 것이 조선적 향토색을 동양주의나 대동아 차원에서 볼 경우 충돌의 여지는 많지만 오리엔탈리즘에 입각한 조선적 향토색으로 볼 경우 충돌은 사라진다. 요컨대 일제 말 이효석 문학은 기본적으로 유럽중심주의에 입각하고 있는데, 일제 말 일본이 근대의 초극과 동양주의라는 이름으로 식민주의를 강화하면서 근

39 김재용, 「일제 말 이효석 문학의 재인식」, 『이효석 문학의 재인식』, 제28회 근대한국학연구소 심포지엄, 2011.7.21.

대와 서구를 일방적으로 배척하고 있던 당대의 지배 이념을 고려할 때 이효석의 이러한 태도는 일제에 대항하는 비협력의 중요한 역사적 의의를 갖는다고 평가한다. 이들과 비슷한 논의선상에서 이효석은 당시 사회 · 문화적 현실과 끊임없이 교섭하면서도 예의 '미적인 비순응의 공간'을 만들어낸다고 본다.[40] 그러나 이효석은 사회 · 문화적 현실과 끊임없이 교섭했다기보다는 늘 그것에 관심이 있지만 거기에 실천적으로(카프 시기) 때로는 비판적으로(일제 말) '교섭'하지 못하는 식민지 지식인의 패배감과 열등감이 미적인 비순응의 공간으로 도피하거나, 비국민적인 개체를 욕망하고 또는 자율성을 옹호하게 한 것은 아닐까?

이러한 최근의 논의들에 부쳐 일제 말 이효석 문학에 대한 필자의 생각 몇 가지를 말해보고자 한다. 첫째는 일어로 된 그의 문학에서 나타나는 민족주의적 색채의 문제이다. 민족을 환기하는 이효석 소설의 풍물 · 전통은, 이 시기 '아리랑' 등이 일본에서 발행된 사진엽서나 그림엽서를 통해 제국의 시선과 지배에 맞춤한 형식으로 타자화되고 재전유되는[41] 것과 비슷한 사례가 아닌지 하는 생각이다. 이효석은 1938년 10월 〈춘향전〉을 공연하기 위해 평양을 들른 일본 신협극단 일행의 동정을 소개하면서, 일본인들이 조선의 명물인 불고기와 소주 대접을 받으면서 '향토색을 만끽'했다며 대단히 흐뭇해한다.[42] 이 시기 '춘향전', '아리랑' 등은 제국에 의해 새롭게 부각된 식민지 향토의 문화상품들이다. 그리고 이효석 소설에 등장하는 골동, 민속 등은 '민족'이 아니라, 대동아공영의 입장에서 서양, 특히 '귀축영미'의 '미국' 등과 대조되는 '동양'의 시

---

40 이현주, 「이효석 문학의 배경에 대한 주석적 연구」, 연세대 박사논문, 2009, 270면.

41 최현식, 「제국의 취향, 전시되는 아리랑―식민지 "아리랑 엽서"의 성격과 의미」, 『대동문화연구』 75호, 성균관대 대동문화연구원, 2011 참조.

42 「춘향전 내연 무렵」, 『금융조합』, 1939.1, 김남극 편, 송태욱 역, 『은빛송어』, 해토, 2005에 재수록.

니피앙으로 해석해야 할 듯싶다. 「은은한 빛」(『문예』, 1940.7)에서 옛 것, 우리 것에 몰두하는 주인공과 논쟁하는 자는 일본인이 아니라, '백빙서'라는 인물로 그는 미션계 중학교에 근무하며 안식년의 휴가를 얻어 일 년간 미국을 유람하고 오기로 된 친미주의자이다.

둘째, 이효석의 일본 제국주의에 대한 회의적 포즈와 관련된 필자의 생각이다. 이효석의 서구에 대한 짝사랑은 심정적으로나마 일본 제국주의와 자주 충돌한다. 『벽공무한』에서 하얼빈은 소위 '유럽으로 열린 창'이다. 이곳은 이효석이 공상 속에 그리워하는 서구를 대리충족 시킬 수 있는 곳이다.[43] 그런데 그곳서 일본과 조선의 동양인들은 "원숭이의 서투른 꼴들"로 서구를 흉내 낸다. 「합이빈」(『문장』, 1940.10)은, 세계대전에 접어들며 하얼빈 도시에서 서구 영사관들이 폐쇄되는 것을 보고 점차 그곳서 서구가 사라져 가는 것을 착잡해 한다. '송화강'의 '덱 팔라(deck parlor)'에서 울리는 차이코프스키의 실내악조차 하얼빈에게는 "개발에 편자"와도 같다. 「대륙의 껍질」(『경성일보』, 1939.9.15~17, 19)은, 전쟁에 접어들며 만주 땅에서 "우르르 무리지어 거리를 제집인 양 활보하면서 술에 취해 노래를 불러대"는 "전형적인 몽골리안 형"의 "국방복 여행객"들을 역겨워한다. 그들은 돈으로 위세를 부리며 백계 러시아 여인들을 희롱한다. 대동아공영주의가 동양을 내세우고 '탈구입아(脫歐入亞)'를 주창하지만, 이효석은 이것이 우스워 보인다.

그러나 대동아공영주의에 회의하는 이효석의 서구주의적 취향이 실체가 있는 것은 아니다. 그것은 일종의 서구문화에 입각하여 자기 정체성을 형성하는 상상계적 동일시의 현상이다.[44] 「가을」(『조선화보』, 1940.1

---

43 하얼빈에 대한 공상은 이미 1920년대 초기소설부터 나타난다. 「奇遇」(조선지광, 1929.6)에서 주인공은 방랑의 거처로 해삼위, 하얼빈을 삼는다. "로서아 사람 만히 사는 유명한 키타야스카야 거리의 마굴도 엿보앗다. 웟카에 취하야도 보고 아름다운 눈을 가진 로서아 계집 소니아도 알엇다. 밤의 합이빈은 더 한층 아름다운 도회엿다. (…중략…) 취흥에 끌린 나는 긋칠 바를 몰으고 거리에서 거리로 몽유병자가티 작구 걸어들어갓다." (17~18면)

0)의 주인공은 고향을 떠나 만주에서 산다. 그런데 그는 만주 땅서 들리는 "징이나 호궁(胡弓), 북" 등의 "기묘한" 음들은 몇 년이고 들어와 익숙한데도 이상하며, 가는 곳마다 "청색 일색인 색채와 거무스름함 그리고 떠들썩함"이 싫다고 한다. 하얼빈의 '서구'는 선망의 대상이지만 거기 사는 중국(만주)인들은 혐오의 대상이다. 게다가 만주인들이 "아름다운 조선의 옷"을 입은 여인을 이해하기는커녕 경멸하는 태도를 보고 이곳을 떠나 고향으로 돌아가자는 생각을 굳힌다.[45]

주인공 화자는 중국인들이 조선인을 무시하는 것을 혐오한다. 그러나 조선인인 자신이 중국인들에 대해 편견을 가지고 있다는 점에 대해서는 자의식조차 없다. 이는 만주 안 조선인의 복잡한 성격과 위치를 반영한다. 서구에 의해 타자화된 동양, 일본에 의해 타자화된 조선, 여기서는 조선이 타자화하고 싶은 만주인들의 모습이 나타난다. 이효석의 서구숭배나 거꾸로 만주 또는 중국 문화에 대한 경멸은 실체가 있기보다는, 현실적 힘의 질서가 서구—일본—조선—만주(중국)의 순서로 위계화 되어 있다고 생각하는 작가의 판단을 반영한다. 흥미롭게도 거의 비슷한 시기에 발표된 「새로운 것과 낡은 것—만주 여행의 단상」(『만주일일신문』, 1940.11.26)은 '만주'에 대해서 「가을」과는 정반대의 태도를 드러낸다.

> 이르는 데마다 단청으로 채색된 그늘진 거리, 끊임없이 이상하게 울리는 음향, 하루 내내 어수선하게 되돌아오는 저 독창적 분위기 쪽이 훨씬 마음에 든다. (…중략…) 모든 만주의 창조는 단지 외계의 것의 이식에 끝내지 말고 그 옛 것을 살리는 선상에서 진행되지 않으면 안 된다. (…중략…) 신경에서 하얼빈으로 가

---

44 김주리, 「이효석 문학의 서구지향성이 갖는 의미 고찰」, 『민족문학사연구』 24, 민족문학사연구소, 2004, 393면.

45 당시 『만선일보』 등의 기사를 보면 신경에서 조선인의 처지는 중국인(만주복), 일본인(和服)과 달리 조선 옷을 입고 다니지 못한 데서 잘 드러난다. 김경일 외, 『동아시아의 민족이산과 도시—20세기 전반 만주의 조선인』, 역사비평사, 2004, 262면.

는 이등차 속에서 그날 제일 기품 있는 사람이란 아마도 차를 팔기 위해 걷고 있는 늙은 만주인 보이이리라. (…중략…) 그가 지나간 뒤면 그윽한 차향기와 같이 그 기품이 고상하게 떠도는 느낌이었다. (…중략…) 모키레프스키가 만주에서 연주회를 마치고 돌아가는 길에 자기의 바이올린도 만주인의 켜는 胡弓의 기법 앞에서는 면목 없다고 말한 모양인데 (…중략…) 하얼빈의 음악을 사랑함은 물론이지만 '만주'는 이런 호궁조차 더욱 소중해야 할 터이다. 이것은 진짜로 '만주'를 키우는 근거인 까닭에.[46]

「가을」에서 주인공이 경멸하던 만주의 거리, 소리, 색채, 호궁(胡弓)들이, 이 수필에서는 백팔십도 바뀌어 칭송의 대상이 된다. 무슨 이유에서일까? 「가을」은 일본인 또는 조선인 독자를 대상으로 한 『조선화보』에, 만주인들을 칭송하는 이 수필은 만주에서 발행되는 『만주일일신문』[47]에 게재된 글이어서가 아닐까? 이효석은 동일한 대상에 대하여 해당국 대상 독자에 따라 정반대로 반응하고 발언한다. 이효석 스스로 순수한 영역이라 생각한 문화, 예술과 관련된 자신의 취향이 실은 얼마나 현실의 힘에 눈치를 보며 좌우되는지를 확인케 하는 일화이다.

끝으로 「은빛송어」(『외지평론』, 1939.2), 「푸른 탑」(『국민신보』, 1940.1.7~8), 「엉겅퀴의 장」(『국민문학』, 1941.11) 등 이른바 내선일체를 환기하는 애정소설이다. 이러한 소설들 역시 이효석은 현실의 논리—인종 및 신분과 계급에 따른 위계질서에 기초하여 서사 구조를 짜는 것을 알게 한다. 「은빛송어」와 「엉겅퀴의 장」의 남자 주인공들은 대개가 과거 '운동'을 하다가 지금은 퇴락해버린 조선의 지식인들이다. 그들이 상대할 수 있는 일본 여인들은 고작해야 조선에 와서 일하는 일본인 여급들이다. 그러나 조선

46 『이효석 문학전집』 7, 창미사, 2003, 316~320면.
47 『만주일일신문』이 만철의 기관지인지, 아니면 재만 조선인들이 대련과 봉천에서 각각 발행하던 신문인지는 잘 알 수 없다.

의 남성들은 그들에게조차 열등감을 갖는다. 소설 속 일본인 여급들은, 정열의 '새빨간 서양 엉겅퀴(아자미)', 또는 예이츠 시의 '은빛송어'로 묘사된다. 이는 식민지 조선의 남성 지식인이 식민지 모국의 일본 여성들을 향해 갖는 일종의 '로망'이다. 결국 그들과의 사랑은 좌절되고 일본 여인들은 결국 자신들의 고향인 일본으로 돌아가 소설 속 조선의 남자들은 그 여인들에 대한 아련한 동경만을 갖는다. 그리고 결국엔 그녀들과의 사랑에 좌절하여 낙담한다. 조선을 떠나 여급이 가버린 일본 — 그곳이 '구마모토'든, 동경(東京)이든 조선 지식인들에겐 엄청난 동경(憧憬)의 대상이다.

> 문이 그녀로부터 그림엽서를 받은 것이다. '구마모토에서'라고 흘린 글씨로 쓰여 있는 뒷면에는 구사센리가하마[草千里ケ濱] 평원의 여름 목장 정경을 찍은 사진판이었는데, 멀리 건너편에 아주 새까만 에보시타케[烏帽子岳]가 올려다 보이는 완만한 경사의 언덕 아래로 물을 찾아온 소떼가 점점이 쉬고 있는 풍경이었다. (…중략…) 일주일이나 지나자 문 들이 받은 그 그림엽서가 여행지에서 왔고, 그녀는 동경행을 알려온 것이다. 동경 여자가 결국 동경으로 돌아갔다고 생각하면 남의 일이지만 얼마간 마음을 놓을 수 있었는데, 그녀가 없는 쓸쓸함은 뭐라고 해도 컸고 그 공허함이 엄청나게 큰 것을 알고 (…중략…) 동경행의 희망을 진지하게 꺼낸 것이었다.[48]

이에 비해 「푸른 탑」의 조선인 청년 '영민'은 앞의 룸펜 인텔리와는 다르게 식민지 제국대학서 영문학을 전공하고 전문학교의 교수가 된 출세한 식민지 엘리트이다. 그는 조선인 귀족 집안 '소희'의 청혼조차 거절하고 일본 여인 '요코'와 결혼하는 데 성공한다. 조선의 상류층 집안의 여인과 혼삿말이 있을 정도의 '스펙'을 갖춘 조선인 청년이기에 일본 여인

---

48 김남극 편, 송태욱 역, 「은빛송어」, 『은빛송어』, 해토, 2005, 14 · 36면.

요코와의 결합이 이뤄지는 것은 아닐까? 요코는 평민 출신이지만(그녀의 집안은 '만철'에 근무하다 죽은 가장의 수당과 은급으로 생활한다) 당당한 일본인이고, 소희는 비록 열등한 조선인이지만 상층 귀족집안 출신이기에 영민에게 요코와 소희는 배우자의 조건으로 대등한 위계를 갖는다.

7. 맺음말

이효석은 1950~60년대는 순문학 또는 비교문학의 관점에서 긍정적으로 평가되었지만, 1970년대는 사회윤리(이데올로기) 관점의 연구에서 대단히 부정적으로 평가된다. 1980~90년대는 이효석 연구가 상대적으로 소강상태에 놓이는데 이 시기 신화연구, 전기 연구 또는 작가심리연구 관점의 연구에서 긍정적인 평가를 다소 회복한다. 2000년대 이후부터 최근에 이르러서는 이전의 사회·이데올로기적 연구를 보완하고 일층 이를 발전시킨 페미니즘과 탈식민주의의 연구가 유행하면서 일제 말 그의 작품들이 새로운 논의 대상으로 추가되고 그에 대한 평가들이 다시 활발하게 이뤄지고 있다. 초기의 이효석 연구는 전문성을 띤 것도 아니고 개론적인 성격을 가졌고, 그리고 이효석에 대한 신화연구, 작가심리 연구는 흥미로운 논의임에도 불구하고 일회적이고 다소 주관적 성격을 띠어 이효석 논의의 중심이 되기는 어렵다.

이에 비해 이효석 문학에 대한 사회·윤리적 연구와 최근 이와 관계가 되는 페미니즘과 탈식민주의 연구는 현재의 시점에서도 지속적이며 생산적인 논의를 이끌어내고 있다. 특히 이들 연구는 이효석 문학이 성과 자연, 서구주의 등을 매개로 몽상의 또는 환상의 순수문학을 지향한다고 하나, 그러한 순수문학이라는 것이 실제로는 얼마나 정치적 현실 또는 작가 나름의 현실 정치의 논리에 긴박되어 있는지를 다양한 방법론을 통해 밝힌다. 필자는 개인적으로 이효석 문학에서 한국문학사의 문제 작가였던 이광수 또는 김동인 등을 자꾸 환기하게 된다. 이는 이효석 문학이 순문학이라는 치장에 가려졌을 뿐, 실은 한국 근대문학사가 보여준 여러 가지 약점들을 '문제적'으로 가졌던 것이 아닌가 하는 판단을 하게 된다.

이효석을 다시 보자

식민지 조선에서 태어난 자유로운 예술지상주의자

이현식

1. 문제제기

이효석(李孝石, 1907~1942)은 「모밀꽃 필 무렵」으로 한국 근대문인 가운데에서도 일반인들에게 가장 널리 알려진 소설가이다. 심지어 스마트폰에는 그의 단편 작품을 모아 놓은 어플리케이션이 개발되어 있기도 하다. 그리고 이효석을 인터넷 포털사이트에서 검색해 보면 여러 백과사전에 그의 문학세계에 대한 설명이 비교적 친절하게 소개되어 있다. 이효석의 문학세계를 설명하는 핵심어는 동반자 작가, 순수문학, 자연과의 교감, 성적 본능과 개방, 이국 취향 등으로 요약된다. 대부분의 백과사전에서는 이효석의 문학세계를 이런 핵심어를 중심으로 대동소이하게 설명하고 있다. 기존의 문학사에서 설명하는 방식을 백과사전도 따르고 있는 것으로 보인다.

요컨대 이효석은 일제 강점기에 카프(KAPF)와 정치적 입장을 함께 하는 동반자 작가의 길을 걷다가 순수문학으로 전향하여 자연과 교감하는 토속적인 서정 소설이나 성적 본능에 개방적인 태도를 보이는 작품들, 나아가 이국 취향의 도시적 감수성을 풍기는 소설을 쓴 작가로 설명되고 있는 것이다. 이런 식의 설명은 아마도 백철의 『조선신문학사조사』를 비롯해 조연현의 『한국현대문학사』, 이재선의 『한국현대소설사』 등에서 유래된 것으로 보인다. 소설가 이효석이 문학 교육 현장이나 대중적 교양의 영역에서 어떻게 인식되고 향유되며 혹은 소비되고 있는지는 그것대로의 분석이 필요할 것이다.[1]

그런데 여기에서 주목해 볼 것은 이효석이 동반자 작가의 길을 걷다가 그런 입장을 철회하거나 생각을 바꿔서 순수문학으로 전향했다는 언급들이다. 이것은 이효석 연구의 고전이라 할 수 있는 정명환의 「위장된 순응주의」, 이상옥의 『이효석—문학과 생애』 등에서도 크게 바뀌지 않고 이어지고 있다. 이효석의 문학 세계가 동반자 작가 이전과 이후로 크게 달라지고 있다는 점에 대해서는 백철이 『조선신문학사조사』에서 지적한 이후 얼마 전까지 학계에서 받아들여지고 있는 통념으로 보인다.

그런데 최근 연구에서는 이효석 소설에 대한 조금 더 심층적인 검토가 이루어지면서 이효석의 다채로운 면모에 대한 새로운 해석들이 이루어지고 있다. 강진호가 이효석 소설의 다양한 면모를 전반적으로 조망한[2] 이후 허병식은 이효석 소설의 엑조티시즘(exoticism)과 서양 숭배주의가 경성제국대학 교양주의로부터 유래하고 있음을 밝히고 있고,[3] 정여

---

1 이효석이 문학교육 시장에서 어떻게 활용되고 있는지, 아울러 이효석 문학관과 '봉평 메밀꽃 축제'에서 이효석이 어떻게 대중들에게 소비되고 있는가는 이효석 연구와 관련해서 관심 갖고 분석할 만한 과제이다. 그것은 한국 근대문학이 오늘날 한국 사회에서 어떻게 존재하고 있는가와도 연관된 문제이기 때문이다.

2 강진호, 「환멸의 현실과 심미적 상상력」, 『겨레어문학』 40, 겨레어문학회, 2008.

3 허병식, 「식민지 지식인과 그로테스크한 교양주의」, 『한국어문학연구』 52, 한국어문학연

울은 이효석의 미에 대한 지향이 다층적임을 지적하며 이효석의 소설 텍스트 이외에도 시나리오 등 다른 텍스트에 대한 종합적 연구가 필요함을 주장한 바 있다.[4] 한편 최익현은 이효석의 예술주의는 일본 다이쇼 교양주의에 바탕을 둔 성찰적 자의식이 결여된 것이라 비판하였다.[5] 최근 이효석의 일제 말기 소설을 두고 김양선은 이효석의 세계문학에 대한 지향과 옥시덴탈리즘 지향을 밝히면서 그의 소설에 내포된 혼종성을 분석한 바 있으며,[6] 김재용은 그의 이중어 글쓰기를 검토하면서 이효석이 일제 말기 우회적인 저항을 한 것이라는 평가를 내리기도 하였다.[7] 김윤식 역시 이효석의 일제 말 소설에서 나타난 이중어 글쓰기를 분석하는 과정에서 이효석의 유미주의, 탈이데올로기적 특성을 부각시킨 바 있다.[8]

이렇듯 최근 이효석 연구를 보면 기존의 연구와는 다르게 이효석 소설을 다양한 각도에서 조명하면서 새로운 해석을 시도하고 있는 경향이 뚜렷하게 나타나고 있다. 특히 일제 말기 이효석 소설에 대한 연구가 그런 경향을 드러내주는 단적인 사례이다. 그렇지만 이런 연구들은 이효석 소설의 특정 측면, 특정 시기의 작품에 초점이 놓여있는 것이어서 아쉬운 점이 없지 않다. 이효석의 문학 세계 전반에 대한 해석이 동반될 때 더욱 설득력을 얻는 것인데 최근 연구들의 새로운 해석들은 분명 값진 문제의식에서 출발한 것이면서도 이효석의 문학 세계 전반을 해명하기에는 부족한 것으로 보인다.

구학회, 2009.

4 정여울, 「이효석 텍스트의 노스텔지아와 유토피아」, 『한국현대문학연구』 33, 한국현대문학회, 2011.

5 최익현, 「이효석의 문화주의와 모더니즘의 파산」, 『오늘의 문예비평』 29, 오늘의문예비평, 1998.

6 김양선, 「이효석 소설에 나타난 식민지 무의식의 양상」, 『현대소설연구』 27, 한국현대소설학회, 2005.

7 김재용, 「일제 말 이효석 문학과 우회적 저항」, 『한국근대문학연구』 24, 한국근대문학회, 2011.

8 김윤식, 『일제 말기 한국 작가의 일본어 글쓰기론』, 서울대 출판부, 2003.

본 연구는 이효석 소설에 대한 기존의 전통적 해석에 대해 강한 의문을 갖고 시작된다. 즉, 그가 정녕 동반자 작가의 길을 걷다가 '전향'하여 순수 자연이나 토속적 세계로 '귀의'한 것인지에 대해 근본적 의문을 제기하고자 한다. 동시에 최근 이효석 연구에서 새롭게 해석되고 있는 부분에 대해 일정하게 동의하면서도 그것의 미진한 부분에 대한 아쉬움으로부터 연구를 시작하고자 한다. 이효석 소설 전반의 합리적 핵심이 무엇인가에 대한 전체적 밑그림이 뒷받침되지 못한 채로 이효석의 몇몇 특징들만이 부각되고 있다는 문제의식을 본 연구는 갖고 있는 것이다.

결론을 미리 언급하자면 이효석은 동반자작가였다가 전향한 것이 아니라는 것이 연구자의 핵심적 생각이고 이효석은 오히려 예술지상주의적 면모를 보이는 소설가였다는 것이다. 다만 여기에서 말하는 예술지상주의는 그것이 어떤 선험적인 완결태로 고정된 실체로 이해하기보다는 다양한 굴곡을 거치면서 형성되어간 것이라고 본다는 점, 아울러 이효석의 예술지상주의는 식민지적 환경에서 사회나 역사, 민족 등과 절연되거나 그에 대한 대타항으로 형성된 것이 아니라 그것과의 긴장 관계 속에서 이효석이 일궈낸 나름의 미적 태도이자 지향이라는 점이다. 그리고 그런 이효석의 미적 태도와 지향은 한국근대문학사에서 이효석의 위치를 독특하게 드러내주는 핵심 항목이라는 것이 본고의 주장이다.

따라서 본 연구는 이효석의 단편 소설 전반을 검토하되 그 소설의 합리적 핵심을 담고 있다고 보이는 작품들을 분석하고 그를 통해 이효석이 한국근대문학사에서 어떤 위치를 차지하고 있는 지를 드러내도록 하겠다.[9] 당연한 말이지만 이글은 그간 이효석에 대한 대중적 인식을 만들어낸 기존 해석들과는 일정하게 거리를 두면서 최근 연구들에서 시도하

9 『주리야』, 『화분』, 『벽공무한』, 그리고 일본어로 발표된 『녹색 탑』과 같은 장편은 이효석 문학을 이해할 때 매우 중요한 것이기는 하지만 일단 이 글의 주된 분석 대상에서는 제외하기로 한다.

고 있는 새로운 해석을 충분히 수용하는 입장에 서있다는 점을 미리 밝히고자 한다. 과거의 연구는 다분히 이효석의 소설 세계를 이념적인 잣대로 재단하거나 의도적으로 이효석의 전향, 혹은 이른바 순수문학적 특성을 과도하게 평가하고 있기 때문이다. 과거의 연구들은 이효석을 옹호하건 비판하건 냉전적 틀과 진영론에 빠져있다는 것이 본고의 생각이다. 그렇게 해서는 이효석 소설의 특성을 제대로 규명하기는 어렵다.

2. 이효석의 원체험－식민지 현실과 지식인으로서의 삶

이효석의 고향은 강원도 평창이다. 그렇지만 그는 소년기만 평창에서 보냈을 뿐 13살 되던 해부터는 고향을 떠나 서울에서 청년기를 보낸다. 그는 당대 최고의 명문이라는 경성제일고보와 경성제국대학 예과를 거쳐 법문학부 영문과를 졸업하였다. 이효석의 문학을 이해할 때 우선 주목해 볼 것은 그가 경성제국대학 2회 졸업생이면서 영문과에서 수학했다는 점이다. 당시 경성제국대학은 일제 당국이 설립한 조선의 유일한 4년제 대학으로 효율적인 식민지 경영을 위해 고급 인재를 양성하는 기관이었다.[10] 대부분 입학생은 조선과 일본에 거주하던 일본인들이었고 입학생의 약 30%를 넘는 정도가 조선인 학생들이었다.[11] 일부 외

---

10 경성제국대학 1회 졸업식 식사에서 마쓰우라 총장은 경성제국대학의 설립 목적이 학술의 진보발달에 공헌하는 것과 유능한 인재 양성에 있음을 밝히고 있다. 조금 더 구체적으로는 동양문화의 사명, 기타 조선에 특수한 사회상, 경제상에 대한 연구와 사회의 지도자로서 부끄럽지 않은 인재 양성임을 강조하고 있다. 정근식 외, 『식민권력과 근대지식－경성제국대학 연구』, 서울대 출판문화원, 2011, 91～92면 참조.

11 1924년부터 1943년까지 경성제국대학 예과 입학자의 민족적 구성을 보면 조선인이

국 유학생들이 있었다고는 해도 경성제국대학은 조선 학생들이 그에 못지않은 실력을 갖추어야 들어갈 수 있는 곳이었다.

그래서 경성제국대학에 진학한다는 것은 당시로서는 식민지 조선에서 출세를 보장받는 지름길이었다. 조선의 최고 엘리트들만이 들어갈 수 있었던 조선 유일의 대학이었기 때문이다. 그렇지만 다른 한편으로는 그렇기에 더욱 민족적 차별을 몸으로 겪는 현장이기도 했다. 이는 식민 모국인 일본인 학생들과 조선인 학생들의 사회 진출이 보여주고 있는 바다.[12] 즉 일본인 학생들은 비교적 안정되고 지위가 보장된 직위를 얻을 수 있었지만 조선인 졸업생들이 갈 수 있는 자리는 똑같은 졸업생이면서도 많지 않았다. 따라서 대부분의 조선인 학생들은 학창생활 내내 스스로 엘리트로서의 자부심을 강하게 가지면서도 다른 한편으로는 민족적 차별 속에서 현실에 대한 저항의식을 키우는 정서를 자연스레 갖게 되었다. 조선인 학생들의 내부 결속력은 차별받는 만큼 강한 것이었다. 경성제국대학 조선인 학생들의 처지는 그런 점에서 당시 새로운 사상적 조류인 마르크시즘을 쉽게 받아들이는 계기로 작용했고 마르크시즘은 이들의 교양이자 정서적 유대를 이루는 지적 공유재로 작동하였다.

그러므로 이효석이 학창 시절 마르크시즘에 경도되었을 것으로 짐작하는 것은 충분히 타당한 추론이다. 아울러 이효석이 법학과가 아닌 영문학을 전공으로 선택하고 있다는 점 또한 그를 이해할 때 무시해서는 안 되는 대목이다. 고등문관 시험 등을 통해 권력에 더욱 가까이 갈 수 있는 길을 마다하고 식민지 조선의 청년으로 영문학을 선택한다는 것은 그의 정신세계나 지향점의 일단을 추측하게 한다. 그는 영문학을 공부

33.46%, 일본인이 66.45%였다. 정근식 외, 앞의 책, 469면.

12 1929년부터 1941년까지 파악 가능한 취업자 중에 일본인은 관공서, 학교, 은행과 회사 등 비교적 안정된 일자리를 얻은 경우가 406명이고 조선인은 223명이었다. 이에 비해 기타 직종이 일본인 18명, 조선인 27명, 취직자 이외의 기타 숫자가 일본인 19명, 조선인 56명이었다. 정근식 외, 앞의 책, 562면.

하면서 서구의 문화적 교양이나 문학의 서구적 전범에 대한 지식을 축적할 수 있었다. 또한 서구의 자유주의적 전통에 대해서도 영향 받았을 것임은 쉽게 짐작할 수 있는 일이다. 경성제국대학 영문과의 학풍은 서양의 자유주의적 전통에 대해서도 열려있는 분위기였고 민족문화보다는 서구 중심의 이른바 '문화적 보편성'에 더 친숙할 수 있었다. 가장 감수성이 예민한 시절 이효석은 한편으로는 조선인 학생 동료들과 마르크시즘을 토론하고 수업 시간에는 서구의 고전이나 영문학의 정전들을 배우면서 문학에 대한 꿈을 키우고 자유주의의 세례를 받으면서 커나갔을 것이다.

이효석의 소년 시절과 청년 시절의 이력을 보면 그가 어떤 정신세계를 갖게 되는지를 미루어 짐작할 수 있다. 그는 여러모로 어느 한 곳으로 치우친 존재는 아니었다. 완전한 도시인이 되기에 그는 평창의 산골을 잊을 수 없었고 서구적 교양의 세계를 동경했을 법하나 스스로 동양인임을 벗어날 수 없었다. 일제 당국이 세운 최고 학부를 나옴으로써 당대 최고의 엘리트 반열에 들을 수 있었지만 본인은 어쩔 수 없는 식민지 지식인일 따름이었다. 마르크시즘을 사숙하고 계급투쟁의 정당성에 대해 알고 있었으나 스스로의 처지는 일개 서생을 넘어서기 힘들었다. 그는 어느 한 쪽에 완전히 소속되기는 어려운 존재였고 스스로도 그렇게 되기를 원했던 것 같지는 않다. 지식인이라는 존재가 원래 그렇기도 하지만 그는 어느 한 곳에 자신을 내던지는 일을 하지 못했다. 특정한 집단이나 계급, 공동체에 소속되어 스스로를 규정짓는 것에 익숙하지 않았고 오히려 그것을 의식적으로 거부하려는 모습마저 보인다. 대상으로부터 거리를 두는 것, 이것이 어쩌면 이효석에게는 생존의 논리였을지도 모른다.

그가 동반자 작가라고 동시대에도 지칭되곤 하였지만 스스로 그것을 탐탁하게 생각하지 않았던 것으로 짐작된다.[13] 경성제국대학 엘리트에게는 카프가 그렇게 대단해 보이지도 않았을 터였다. 게다가 애초에 동반자 작가라는 규정부터가 따지고 보면 문제가 많은 것이기도 하다. 동반자 작가는 두루 아는 바와 같이 혁명이 성공한 이후 러시아의 상황에서 나온 말로 혁명 이후 재건의 과정을 걷던 러시아의 문화적 조건을 전제하고 이해될 수는 있어도 식민지 조선에서 동반자를 운위하기에는 무리가 많았다. 요컨대 일종의 문예 정책적 용어로 사용된 개념을 식민지 조선에 그대로 적용하기에는 상황 자체가 맞지 않았고, 오히려 조선에서 동반자 작가의 의미는 카프의 이념에 동조 여부를 가리는 지표적(指標的) 용어로 더 많이 사용된 것으로 보는 것이 사실에 부합할 것이다.

이효석은 그런 점에서 동반자 작가로서 스스로 의식하거나 그런 목적이나 의도 역시 갖고 있지는 않았던 것으로 판단된다. 이효석이 자기 창작의 세계를 일궈가면서 카프의 이념과 유사하기 때문에 그런 평가를 받는 것이었지 그것이 어떤 조직적 움직임으로 나아간 것으로 보기는 힘들다. 그렇기에 그가 동반자였다가 전향을 했다거나 순수문학에 귀의했다는 주장은 엄밀한 의미에서 맞는다고 보기는 힘들다. 동반자 작가 여부를 떠나 그는 식민지 조선인으로서 차별받는 현실, 계급적 모순에 대해 싸워나가야 하는 것의 정당성을 스스로 인식하고 있었고 또한 그런 가치 지향을 자신의 작품 세계에 구현하고 있던 것일 뿐이다. 요컨대 전향 프레임으로 이효석을 연구하는 것은 이효석 문학을 해명하는 데에 그다지 도움이 되지 못한다는 것이다. 다만 마르크시즘에 공감하면서 그런 입장에서 현실의 문제를 발견하면서도 그에게는 그렇지 않은 다른 세계도 보였던 것일 뿐이다. 이효석은 애초부터 순정한 마르크시스트나 혁명적 문학운동가가 아니었다. 식민지 조선에서 영문학을 전

13 유진오의 회고를 보면 그는 동반자 작가를 둘러싼 당대의 문단 분위기에 대해 "효석과 나는 만나면, 당시의 우리 작가들의 문학적 치졸을 이야기하고는 하였다"라고 해서 유쾌하지 않았음을 내비치고 있다. 이런 언급에서도 경성제국대학 출신으로서의 엘리트 의식이 엿보인다. 유진오, 『젊음이 깃칠 때』, 휘문출판사, 1978, 130면; 이상옥, 『이효석—문학과 생애』, 민음사, 1992, 238 · 239면에서 재인용.

공한 지식인이었고 시대 현실에 민감한 양심적인 문인이었다. 그런 그가 작품을 창작할 때 식민지 현실이 눈에 보이지 않을 리 없었지만 그렇다고 해서 식민지 현실만이 눈에 보였을 리도 없었다. 이효석의 문학 세계가 다채로울 수 있는 것은 바로 그 때문이다. 이제 그의 작품을 분석해 보기로 한다.

3. 현실의 실체와 미적 대상화 –「마작철학」,「오리온과 능금」

「마작철학」은 이효석이 대학을 졸업하던 1930년 8월 『조선일보』에 발표된 작품이다. 같은 해에 발표된 작품으로 송영의 「교대시간」, 이기영의 「홍수」 등이 있다. 한 해 전인 1929년에는 한설야의 「과도기」가 발표되었고, 한 해 뒤인 1931년에는 김남천의 「공장신문」, 권환의 「목화와 콩」 등이 발표되고 있다. 그만큼 이 시기는 우리 소설계에서 카프 작가들이 두각을 보이던 때이고 계급투쟁을 주요 내용으로 하는 소설들이 문단의 흐름을 주도하던 시기였다.

이들 소설들 가운데에서도 이효석의 「마작철학」은 매우 독특한 작품이다. 공장에 자본을 댄 정주사와 아들인 공장주 정구태, 그리고 정구태의 공장에서 일을 하는 노동자들의 시선이 상호 교차되도록 작품을 구성하였다. 노동자와 자본가의 대립을 다룬 작품이면서도 특이하게 자본가와 노동자의 배타적 대립, 혹은 노동자 주인공만을 내세우지 않고 이들 세 계층의 입장이 다층적으로 드러나도록 서사 구조를 짜 놓고 있는 것이다. 이 세 그룹은 각각 지주로 대변되는 구 지배 계급, 양심적인 민족 자본을 토대로 한 중소기업가, 노동자 계층을 대변하고 있다. 이 작품에서 작가는 정주사와 같은 부류가 이미 스러져 갈 계급임을 강하게 암시하면서 이들은 결국 마작 놀이로 소일하며 현실의 변화로부터 멀리 떨어진 존재들임을 드러낸다. 반면 정구태는 새로운 지식의 세례를 받은 존재들로 한편으로는 자신의 영달과 이윤 창출을 통한 부의 축적을 꿈꾸지만 그 또한 대자본에 의해 항상 위협받는 존재로 그려내고 있다. 강선생을 비롯한 노동자들은 가진 것이 육신밖에 없어 노동으로 생활을 영위할 수밖에 없는 사람들이고 그런 까닭에 정구태와도 대립적인 관계를 형성하는 존재들임을 보여주고 있다.

그런데 이 작품의 독특함은 바로 정구태의 존재에서 뚜렷하게 드러난다. 오늘날의 시각에서 보자면 정주사 같은 존재들이야 채만식의 『태평천하』나 염상섭의 『삼대』가 만들어낸 인물들이고, 강선생을 비롯한 노동자들 역시 그렇게 낯선 존재들이 아니다. 그러나 정구태는 배울 만큼 배운 지식 계층이자 지주인 아버지 덕에 자기 사업을 하게 되는 새로운 유형의 자본가이다. 요컨대 정구태는 자본주의 사회의 문제점을 인식하는 진보적 지식의 소유자이면서도 존재 기반은 자본가인 것이다. 그러므로 정구태 같은 존재는 분열적일 수밖에 없다. 물론 그는 물적 토대가 자본가이므로 자본가로서 충실한 삶을 살아갈 가능성이 크다. 그러나 작가는 이런 존재조차 식민지 조선에서는 그 운명이 간단치 않음을 인식하고 있다.

「마작철학」이 우리의 주목을 끄는 것은 이런 정구태와 같은 존재들에게 눈을 돌림으로써 바로 식민지 소자본의 위태로운 처지와 식민 모국의 대자본 앞에서 결국 몰락의 길을 걸을 수밖에 없는 민족자본의 운명을 드러내고 있다는 점에 있다. 게다가 대학을 졸업한 정구태는 진보적 지식의 소유자로서 자본을 운영하는 기업가이면서도 이런 현실의 모순을 간과하지 않는다.

> 불같이 닥쳐온 어유(魚油) 시가의 대중없는 폭락은 서구 '노르웨이' 근해에서만 잡히는 고래 기름의 풍족한 산액이 조선 정어리 기름의 수출을 압도하는 자연적 대세라느니보다 실로 일본에 있는 대자본의 회사 합동유지(合同油脂) 글리세린 회사의 임의의 책동인 것을 그는 알았던 것이다. 이 폭락 대책을 강구하기 위하여 도(道) 당국과 총독부 수산과에서는 각각 기술자를 보내어 실정을 조사시키고 정어리업 대표들을 참가시켜 어비 제조 간담회니 폭락방지 대책협의회니 등을 열었으나 결국 정어리업자들에게는 그럴듯한 유리한 결과는 지어주지 못하였던 것이다. 대재벌의 힘, 무도한 것은 이것이라고 그는 생각하였다. 노동자에게서 미움을 산 그는 실상인즉 대재벌의 손에 매어 있고 꿀려 있는 셈이었다.[14]

이런 현실 인식을 갖고 있는 정구태는 사업을 접고 강선생을 만나 자신의 새로운 미래를 논의하러 가는 것으로 작품은 끝나고 있다. 작품의 결말은 지나치게 단순해서 여전히 습작기를 벗지 못한 구태를 보이고 있는 것은 사실이다. 아울러 이 시기 카프 소설들이 보여주고 있는 조급한 낙관주의의 틀로부터 그 역시 자유롭지 못하다는 문제점을 그대로 보여준다. 과연 소자본가라고 하더라도 그렇게 쉽게 노동자로 존재이전을 할 수 있을 것인지는 간단한 문제가 아니다. 물질적 토대와 삶의 기초가 송두리 째 뒤엎어지는 국면에서 자기의 미래를 어쩔 수 없이 선택하는 것이 아니라 진보적 지식과 의식에 기초한 이런 선택은 여전히 그가 진보적 열정에 들떠 있는 상태임을 보여준다.

그렇기는 하지만 주목해 볼 것은 이효석이 이렇게 정구태라는 존재를 통해 단순히 자본과 노동의 대립이나 투쟁을 전면화하기보다 현실의

14 「마작철학」, 『새롭게 완성한 이효석 전집』 1, 창미사, 2003, 180면. 이하 본 전집에서 인용은 서지사항은 생략하되 『전집』으로 약칭하고 권수와 면수만 밝히기로 한다.

복잡한 실체를 드러내고자 했다는 점이다. 현실의 모순을 단순한 계급적 대립 관계에 근거해 즉자적으로 투쟁의 현장으로 치환하지 않고 일종의 매개적 인물이라 할 수 있는 정구태를 통해 현실이라는 복잡한 실체를 제한적이나마 드러내려고 하고 있는 것이다. 정구태는 그런 점에서 문제적인 인물로 자신의 존재 기반과 의식 사이에서 분열을 일으키는 존재이다. 이효석이 이런 정구태를 제대로 형상화하지 못한 것이 「마작철학」의 결정적 한계이겠지만 정구태라는 존재를 통해 근대적 지식에 토대를 둔 소자본가의 문제점과, 강선생과 정주사로 대표되는 계급의 실체를 드러내려는 노력 자체는 주목할 만한 것이다. 이런 서사 구조는 정구태라는 인물 때문에 가능했던 것인데 정구태는 그런 점에서 이효석의 가능성과 한계를 그대로 보여주고 있는 인물이다. 진보적 의식을 소유한 지식인이자 성공한 자본가가 되고픈 열망을 갖고 있으면서 아내의 육체를 그리워하는 성적 욕망이 충만한 남성인데, 유감스럽게도 그는 이들 중 어느 한 곳에서도 진경을 보여주지는 못하고 있는 것이다.

「오리온과 능금」 역시 매우 문제적인 작품이다.[15] 이 작품은 1932년 3월 『삼천리』에 발표된 것으로 그가 총독부 총무국 검열계에 잠시 취직했다가 그만 두고 나온 뒤, 함경북도 경성의 경성농업학교 영어교사로 취직되기 전에 창작된 작품으로 보인다. 검열계의 취직은 경성고보 은사가 그의 곤궁한 생활을 딱하게 여겨 소개시켜 취직한 곳이었으나 자신이 갈 길이 아니라는 것을 깨닫고 곧바로 퇴직한다. 그러나 이런 행적은 주변으로부터 오해를 사 마음고생을 한다. 그가 서울을 떠나 부인의 고향인 함경북도 경성으로 이주하는 것도 그런 이유가 얼마간 작용하였을 것이라 한다.[16]

---

15 발표 당시 제목은 「오리온과 임금(林檎)」이다. 여기에서는 『전집』의 제목을 따른다. 참고로 임금은 능금의 다른 이름이다.

16 이에 대해서는 이상옥, 『이효석－문학과 생애』, 민음사, 1992, 243～255면 참조.

「오리온과 능금」에 대해 이상옥은 “작가적 경향이 변화하기 시작했음을 알리는 최초의 주목할 만한 작품”이라고 했으나 이에 대해 동의하기는 어렵다. 이효석 문학의 다양성이 표출되는 것으로는 읽을 수 있어도 경향이 변화하는 것으로 해석되어서는 곤란하다. 경향이 변화한다는 언급 속에는 마치 이효석의 입장 선회를 나타내는 의미가 담겨있는데 이효석은 이후 작품에서 자신의 입장이 뚜렷하게 변화한 모습을 보이지 않는 것이다. 예컨대 「들」이나 「부록」, 혹은 「장미 병들다」 같은 작품들조차 입장이 변화한 사람이 쓸 수 있는 것으로 보이지는 않는다. 더구나 「오리온과 능금」 정도의 작품은 김남천의 「물!」처럼 정통 카프 계열에서 보면 비판 받을 소지는 있어도 이 작품을 두고 이효석이 이제 자신의 생각이나 가치관을 바꾸었다고 보기는 어렵다. 오히려 이 작품을 통해 이효석의 미적 지향과 태도가 보다 구체화되고 있다고 보는 것이 더 정확한 해석일 듯싶다.

그런 점에서 「오리온과 능금」이 문제적인 작품인 것만큼은 분명하다. 이 작품은 당시 노동운동이 구체적으로 어떤 일상적 조직 운영과 활동을 하고 있었는가를 알 수 있는 흥미로운 내용을 담고 있으면서도 다른 한편으로 조직 내에서 벌어지는 남녀 간의 은밀하고도 미묘한 심리적 흐름을 포착하여 드러내고 있기 때문이다. 그리고 그것을 포착하는 방식이나 태도로부터 이효석 특유의 미적 태도가 나타나기 시작한다.

「오리온과 능금」은 운동 조직을 이끌고 있는 일종의 세포 지도자와 조직원 사이에서 벌어지는 관계를 주 내용으로 하고 있는데 문제적이게도 백화점 종업원인 조직원이 일본인 여성이다. 한국 근대문학에서 이효석 만큼 혈연이 다른 이민족(異民族)을 별다른 거부감 없이 자주 등장시키는 작가도 그리 많지는 않을 듯하다. 그의 작품에는 러시아인들도 심심치 않게 등장하고 있으며 『벽공무한』에서는 주인공으로 등장하기도 한다. 「오리온과 능금」에서도 이효석은 나오미라는 일본인 여성을 운동의 조직원으로 자연스럽게 등장시키고 있다. 그런 일본인 조직원과 조직의 지도선인 '나'와의 관계를 운동적 관점이 아닌 남녀의 관점에서 드러내고 있어서 문제적인 것이다. 민족을 넘어선 동지적 연대를 그릴 수도 있었을 텐데 「오리온과 능금」의 관심은 그런 데에 있지 않다. 오히려 나오미의 고혹적인 자태를 바라보는 '나'의 시선이 부각되고 있고 조직 운동은 배경으로 처리되고 있다. 나오미를 바라보는 '나'의 시선은 예컨대 이런 것이다.

> 두어 오리 흐트러진 머리카락과 옆얼굴의 윤곽과 부드러운 다리와 손에 든 능금에 찬란한 석양이 반사되어 완연 그의 전신에서 황금빛 햇발이 발사되는 듯도 하여 그의 자태는 마치 능금을 든 이브와도 같이 성스럽고 신비로운 한 폭의 그림같이 보였다.[17]

'내'가 나오미를 바라보는 것은 그런데 사랑의 감정은 아니다. 그것은 아름답고 고혹적인 여성을 바라보는 남성의 시선일 따름이다. 그런 시선이 사랑의 감정으로 발전할 가능성이 없는 것은 아니나 이 작품에서는 거기까지 그려지지 않는다. 나오미라는 여성은 나에 의해 대상화되어 있고 남성인 '나'의 내면에서 감상되는 존재이다. 그런 까닭에 이 작품을 여성주의적 관점에서 읽는다면 논란의 대상이 될 요소가 없지 않다. 그렇다고 「오리온과 능금」이 남성우월주의에 입각해서 여성을 차별적 시선으로 바라보거나, 혹은 성적 욕망의 대상으로만 고정화시키고 있는 것은 아니다. 중요한 것은 '나'는 나오미로부터 일정한 거리를 유지하고 있다는 점이다. 대상을 감상하는 미적 향유자의 입장인 것이다. 대상에 대한 어떠한 이해관계로부터 벗어나 있을 때 미적 감정이 싹튼다

---

17 「오리온과 능금」, 『전집』 1, 273면.

는 관점에서 볼 때 '나오미'에 대한 태도는 그와 유사하다. '나'는 나오미를 미적 대상인 존재로 바라보고 있는 것이다. 물론 여기에서 '내'가 '나오미'를 순정한 미의 대상으로만 바라본다는 것은 아니다. 그것은 남성인 '나'에 의해 포착된 아름다움이다. 미라는 것은 아름다움을 느끼는 주체의 입장과의 관계에서 배태되는 것이라고 할 때 절대 객관적인 미적 대상이나 순정한 미적 주체가 존재한다는 것은 비현실적 관념론이다.

그런데 이렇게 이성을 바라보는 '나'의 태도는 이효석에게 낯선 것은 아니다. 「프레류드」에서는 혁명운동에 종사하는 여성의 아름다움에 대해 집착하는 주인공의 모습도 등장하고 있다. 「오리온과 능금」에 와서 그 점이 더욱 전면화되었다는 것이 이전과 다른 점일 뿐이다. 요는 이효석의 이런 태도를 어떻게 해석하고 평가할 것인가의 문제일 터이다. 대상과의 거리두기, 혹은 대상에 대한 미적 대상화를 통해 소설을 써나가는 것이 이효석 소설 미학의 특징일 수 있다는 점이다. 이효석의 소설을 읽다 보면 이데올로기나 현실 문제에 대한 강박이 다른 작가에 비해 현저하게 적다. 요컨대 자유로운 상상력을 갖고 있는 것이 이효석 소설이다. 그는 계급이나 민족 같은 현실의 문제를 결코 외면하지 않으면서 그렇다고 거기에만 속박되지 않는다. 마르크스주의에 대한 우호적 관심은 여전하면서 그렇다고 마르크스주의자라고 보기도 어렵다. 이런 그를 두고 그가 전향을 했니 안 했니가 중요한 것은 아니다. 동반자 작가 여부에 대해서도 마찬가지이다. 이효석 소설 미학의 합리적 핵심은 거기에 있는 것으로 보이지 않는다. 조금 더 그의 작품을 살펴보기로 한다.

4. 풍경의 발견과 미적 관조(觀照)—「들」, 「산」, 「모밀꽃 필 무렵」

「들」은 1936년 3월 『신동아』에 발표된 작품이다. 이 작품은 이효석이 서정적 자연으로 회귀하는 작품, 그래서 본격적으로 순수문학의 길을 선택하는 표징으로 평가받고 있다. 같은 해에 발표된 「산」(『삼천리』, 1936.1)이나 「모밀꽃 필 무렵」(『조광』, 1936.10)도 「들」과 유사한 부류에 드는 작품들로 평가받는다. 전원적 삶이나 토속적 자연을 그린 작품으로 이효석이이제 동반자 작가로서의 삶을 완전히 청산하고 자연에 귀의한 대표적 사례로 거론되곤 하는 작품들인 것이다. 공교롭게도 이들 작품은 같은 시기에 앞서거니 뒤서거니 하며 발표되고 있기도 하다. 그러나 정작 이효석의 작품들을 시대 순으로 읽어나가다 보면 「산」이나 「모밀꽃 필 무렵」도 어느 날 갑자기 등장하거나 과거의 자기 입장을 철회하면서 얻은 성과라고만 평가하기엔 석연치 않은 구석이 있다.

그 비밀은 「들」에 담겨 있다. 물론 「들」에는 자연에 대한 예찬이 심심치 않게 등장한다. 그러나 그런 자연을 예찬하는 서사적 주체가 서울에서 모종의 사건에 연루되어 학교를 퇴학 맞고 고향으로 돌아온 사람이라는 데에 문제성이 있다. 자연이 발견되는 계기부터 심상치 않은 것이다. 주인공은 귀향하여 소일거리삼아 들을 돌아다니며 자연의 모습을 발견하고 기쁨을 얻는다. 그러나 그것이 과연 자신의 생각을 접고 자연에 귀의하는 것으로 읽어야 할 것인가에 대해서는 의문을 갖게 한다. 초점 화자인 '나'의 서술을 통해서도 자신이 이제 현실을 버리고 자연에 귀의하고 있다는 언급은 찾아보기 어렵다.

> 자연과 벗하게 됨은 생활에서의 퇴각을 의미하는 것일까. 식물적 애정은 반드시 동물적 열정이 진한 곳에 오는 것일까. 학교를 쫓기우고 서울을 물러오게

된 까닭으로 자연을 사랑하게 된 것일까. 그러나 동무들과 골방에서 만나고 눈을 기여 거리를 돌아치다 붙들리고 뛰다 잡히우고 쫓기우고— 하였을 때의 열정이나 지금에 들을 사랑하는 열정이나 일반이다. 지금의 이 기쁨은 그때의 그 기쁨과도 흡사한 것이다. 신념에 목숨을 바치는 영웅이라고 인간 이상이 아닐 것과 같이 들을 사랑하는 졸부라고 인간 이하는 아닐 것이다.[18]

위 인용문을 보면 작중 인물이 자연에서 발견하는 아름다움이나 자연에 대한 열정이 적어도 진보적 운동과 병치되고 있을 따름이지 진보적 운동을 접고 자연에 귀의한 것이라고 해석하기는 어렵다. 상식적으로 생각해 보아도 조직 운동에서 잠시 퇴각하여 도시가 아닌 시골의 고향에 머물게 되면 이런 생각을 가지는 것이 이상한 일은 아니다. 작가는 오히려 도시의 열정 못지않게 자연에서도 다른 종류의 아름다움이 있을 수 있음을 발견하는 것이고 그것은 인간적 성숙의 한 과정으로 이해할 일이다.

예전에는 몰랐던 자연의 아름다움을 새로 발견하거나 옥분과 갑작스런 정사를 나누게 되는 에피소드는 조직운동에서 퇴각하여 고향으로 돌아온 나에게 예외적으로 일어날 수 있는 사건이거나 사물에 대한 새로운 발견이라고 이해할 수 있는 일인 것이다. 이와 더불어 「들」에서는 고향 친구인 문수와 사상적 교감을 나누는 일도 중요한 서사적 축으로 작동하고 있으며 작품 말미에 그런 문수가 결국 당국에게 체포되고 나 역시 그에 연관되어 취조 받고 풀려나오는 내용도 있다. 자연의 아름다움은 아름다움대로 있으면서도 현실의 엄혹함은 변화하지 않는 채 여전히 고향인 시골에도 암운을 드리우고 있음을 「들」은 보여주고 있는 것이다.

다만 우리가 주목해 보아야 할 것은 자연을 발견하는 계기가 조직 운동으로부터 스스로 한 걸음 후퇴하고 난 뒤라는 사실과 연관되어 있다

18 「들」, 『전집』 2, 48~49면.

는 점이다. 또한 이효석 소설에서 자연이 미적 향유의 대상으로 인지되는 것이 자연을 대상화시켜 바라봄으로써 비로소 가능해지고 있다는 것은 주목할 만 한 일이다. 아름다움은 그 대상에 이런 저런 이해관계로 긴박되어 있을 때에는 잘 형성되지 않는다. 오히려 순간적으로라도 대상으로부터 이격되고 이해관계로부터 자유로울 때 미적 정서가 잘 형성되는 성질을 갖고 있다. 더구나 이효석 식의 관조적 아름다움은 더욱 그렇다. 공교롭게도 자연을 관조할 때 느끼는 아름다움은 「오리온과 능금」에서 여성을 바라보는 태도와도 유사하다. 이효석의 아름다움은 대상으로부터 한 걸음 벗어났을 때 발견되는 것이다. 주체와 대상이 긴장된 거리를 유지할 때 대상은 비로소 아름다운 존재로 인식된다. 대상에 주체가 긴박되거나 질기게 관여될 때 그것은 미적 요소로 작동하지 못한다. 이효석 소설 미학의 합리적 핵심은 이렇게 대상을 미적으로 전유하는 과정에서 거리를 두고 이념과 이해관계로부터 자유롭고자 하는 데에 있다. 고향이 내 생활의 근거지로서가 아니라 휴식처가 될 때 비로소 그것은 아름다운 전원이고 고유한 토속적 아름다움으로 전화되는 것이다.

「산」은 이런 사례를 명징하게 드러내주는 작품에 속한다. 사경(私耕)을 제대로 받지 못해 김영감으로부터 벗어나 무작정 산속으로 들어왔을 때 「산」의 주인공 '중실'에게 자연은 온전히 아름다운 존재로 전화된다. 산이라는 존재가 생활에 속박된 곳이 아닌 것으로 인지되면서 '중실'은 산이 갖고 있는 아름다움을 발견한다. 「산」은 서정적 소설이라고 평가될 만큼 산 속에서의 삶, 자연에 귀의한 생활의 안온함을 이효석 특유의 수필적 문체로 유감없이 드러낸 단편이다. 격정적인 사건이 전면화 되지 않고 머슴 생활을 청산하고 산에 귀의한 '중실'에게 발견된 자연의 고요한 아름다움이 수채화처럼 묘사되어 있다.

하늘의 별이 와르르 얼굴 위에 쏟아질 듯싶게 가까웠다 멀어졌다 한다.

별 하나 나 하나, 별 둘 나 둘, 별 셋 나 셋 …….

어느 결엔지 별을 세이고 있었다. 눈이 아물아물하고 입이 뒤바뀌어 수효가 틀려지면 다시 목소리를 높여 처음부터 고쳐 세이곤 하였다.

별 하나 나 하나, 별 둘 나 둘, 별 셋 나 셋 …….

세이는 동안에 중실은 제 몸이 스스로 별이 됨을 느꼈다.[19]

그런데 이런 인식은 과연 어디에서 가능해진 것일까? 그것은 「들」에서 내가 자연을 바라보는 태도와 본질적으로 다르지 않다. 중실이 머슴의 생활로부터 스스로 벗어났을 때 자연이 아름다운 대상으로 보이기 시작하는 것이다. 요컨대 관조할 수 있는 여유와 미적 향유를 가능케 하는 심리적 거리가 생기기에 가능해진 것이다. 물론 그것만으로는 설명이 부족할 수 있다. 그것은 소외되고 억압적인 노동으로부터 해방된 존재가 느끼는 기쁨이자 아름다움일 수도 있다. '중실'이 머슴 생활을 청산하고 산에서 온전히 자신만을 위한 삶을 살면서 장에 나가 나무를 팔고 물건을 살 때의 심정을 그리는 대목에서 그런 해방된 존재의 희열을 잠시 눈치 챌 수는 있다. 그런 까닭에 중실에게 자연의 발견, 곧 자연의 풍경화(風景化)는 억압된 노동에서 해방된 존재, 온전한 인간 주체가 발견하는 자연의 모습이라고 볼 수 도 있을 것이다.

「모밀꽃 필 무렵」은, 비유하자면 「들」의 주인공에게 발견된 고향의 풍경이다. 「산」과 「들」이 자연의 모습만 있다면 「모밀꽃 필 무렵」에는 그런 자연과 더불어 사람이 있다. 그것도 고향이라는 곳에서 삶을 영위해가는 사람들의 목가적인 풍경이다. 나날의 삶을 이어가는 것 자체가 고통이고 신산스러운 일이지만 그런 고통이 작품 속에 전면화 되어 있기보다는 추억과 인정으로 얽혀있는 인간들 사이의 인연의 끈이 서정적

19 「산」, 『전집』 2, 16면.

으로 표현되어 있다.

> 길은 지금 산허리에 걸려 있다. 밤중을 지난 무렵인지 죽은 듯이 고요한 속에서 짐승 같은 달의 숨소리가 손에 잡힐 듯이 들리며 콩포기와 옥수수 잎 새가 한층 달에 푸르게 젖었다. 산허리는 온통 모밀밭이어서 피기 시작한 꽃이 소금을 뿌린 듯이 흐뭇한 달빛에 숨이 막혀 하얗었다. 붉은 대궁이 향기같이 애잔하고 나귀들의 걸음도 시원하다. 길이 좁은 까닭에 세 사람은 나귀를 타고 외줄로 늘어섰다. 방울소리가 시원스럽게 딸랑딸랑 메밀밭께로 흘러간다.[20]

허생원과 동이, 그리고 조선달은 장돌뱅이인데 「모밀꽃 필 무렵」에서 그려지는 이들의 삶은 애잔하면서도 정겹다. 특히 장돌뱅이 허생원의 삶이 적절히 축약되고 세부가 확대되면서 그가 살아갈 수밖에 없는 팍팍한 생활이 간과되지 않는 가운데에 과거의 추억이 아름답게 회상된다. 그런 과거의 추억이 동이와의 인연으로 연결되면서 세상살이의 인연과 핏줄에 대한 정겨움은 강원도 산골 초가을 밤의 정경과 결부되어 묘한 감동을 자아낸다.[21] 이 작품이 한국인의 보편적 정서에 호소하는 바가 많은 것은 토속적인 자연 풍경과 혈연으로 얽힌 인연의 실타래가 서사적 흥미를 이끌고 있기 때문일 것이다.

그런데 이렇게 「모밀꽃 필 무렵」만 놓고 본다면 목가적인 전원을 그린 내용만 부각되는데 이효석의 문학 세계에서 이 작품은 그가 자신의 고향을, 말 그대로 고향으로 인식할 때 가능한 것이었다. 자신이 유년 시절을 보낸 곳이면서도 현재 살고 있지 않은 곳이기에 고향을 고향으로 발견할 수 있었던 것이다. 목가적 서정은 이효석이 고향으로부터 오히려 거리를

20 「모밀꽃 필 무렵」, 『전집』 2, 122면.

21 메밀꽃은 해마다 9월경에 만개한다고 한다.

둘 때에 미적 대상으로 전화될 수 있었던 것이다. 그런 점에서 그것은 「들」이나 「산」의 세계와 본질적으로 다른 것이 아니다. 자연이 풍경으로 바뀔 수 있는 것, 그런 풍경 속에 존재하는 사람조차 미적 대상으로 관조될 수 있었기에 「모밀꽃 필 무렵」이 탄생될 수 있었던 것이다.

이 정도까지 살펴본 것을 토대로 보자면 이효석 소설은 특정 이데올로기에 대한 편향과 그에 대한 반작용이 아니라 오히려 대상에 대한 미적 관조, 혹은 미적 대상화로부터 비롯되는 것이라고 요약될 수 있다. 그는 어떤 정치적 강박에 사로잡히거나 특정의 문학적 이념에 대해 신념을 갖기보다는 그런 곳으로부터 벗어나 대상을 자유롭게 자신의 소설적 영토로 삼음으로써 문학적 성취를 거둘 수 있었다. 오히려 그가 가장 관심을 쏟은 것은 그런 점에서 예술로서의 문학이고 대상을 미적으로 표현하는 것이었다. 그것이 어느 때는 여성이기도 하고 자연이기도 하고 고향 사람들이었던 것이다. 그런 점에서 이효석 소설은 식민지 조선을 토양으로 자라난 예술지상주의적 면모를 갖고 있다고 해도 과언은 아닐 것 같다. 그렇지만 여기에서 예술지상주의라 함은 특정 정치적 이념과 결탁하거나 거기에 저항하기 위한 수단으로서의 예술지상주의가 아니다. 요컨대 30년대 말로 가면 나타나는 김동리류의 예술지상주의와는 궤가 다르다는 것이다. 김동리 문학은 냉전 체제 이후 남한 보수주의 미학에 원류와 같은 존재이고 그런 점에서 그것은 특정 이념에 대해 적대적이었다. 그에 따라 상상력 역시 제한되는 면이 있으나 이효석의 예술지상주의는 식민지 조선이라는 상황을 토양으로 자라난 것인 동시에 자유주의적 미학에 뿌리를 두고 있다. 식민지 현실을 토양으로 하고 있다는 점에서 현실에 의도적으로 눈감고 있지 않으며 특정 사상이나 이념에 대해 폐쇄적이거나 적대적이지 않다. 그렇기에 이효석의 예술지상주의를 두고 자유주의에 토대를 두고 있다는 평가가 가능한 것이다.

5. 파시즘 체제에 대한 저항–「附錄」, 「一票의 功能」

1930년대 후반은 일본 제국주의가 본격적인 군국주의체제로 빠르게 재편되어가는 시기였다. 따라서 자신들에게 반하는 일체의 저항운동이나 이른바 불온사상의 유포를 뿌리째 뽑기 위해 더욱 강력한 경찰 국가 체제로 전환하고 사상의 통제, 표현의 자유 억압, 인신의 부당한 구속, 민족 감정의 억제 등 파쇼적 탄압을 강화하던 시기였다. 세계적으로는 경제 공황에 따른 위기가 점증하고 있었고 서구에서는 독일과 이태리를 중심으로 파시즘 체제가 공고해져 가면서 세계적 규모의 전쟁이 그 전조를 드리우고 있었다. 일본도 만주 침략을 시작으로 중국을 본격적으로 침략하여 1937년 북경을 함락시킨다. 1938년 일본은 동아신질서 건설을 선포하고 아시아의 맹주로 나서려는 채비를 서두른다.

식민지 조선 문학계의 상황도 이런 정세의 변화와 무관하지 않아서 카프가 해체되고 많은 문인들도 구속되기에 이른다. 사회적으로는 다양한 진보적 저항운동은 물론이고 비교적 온건한 민족운동 역시 탄압의 대상이 된다. 1937년 6월 150여 명이 투옥되는 수양동우회 사건은 그 대표적 사례이다. 이 시기 우리 문학은 이러한 변화에 맞서서 가능한 영역 내에서 작은 단위의 실천의 거점이나마 확보하려는 노력을 보이는 경향이 있는 한편으로, 현실과 점차 타협해가는 움직임도 나타난다. 그도 아니면 완전히 현실과 절연된 공간으로 퇴각하기에 이른다. 과거와 다른 상황 아래에서 한국근대문학은 위기를 맞게 되는 것인데 이 무렵 문인들의 고민 역시 깊어질 수밖에 없었다. 이럴 때일수록 문인들이 현실에 대해 과연 어떻게 반응하는가를 살펴보는 것은 그가 지향하는 문학적 세계의 진정성을 검증할 수 있는 길이기도 하다.

이효석이 1938년 9월 발표한 「부록(附錄)」은 그런 점에서 충분히 주목할 작품이다. 한때 조직운동을 했던 '운파'라는 친구의 실종 사건을 다룬 이 작품은 탄압이 더욱 강화되는 시대에 자신의 신념을 유지시키며 살아간다는 것의 엄혹함을 잘 보여주고 있다. 무기력하지만 고뇌하면서 살아가는 '운파'와 시류에 편승해가는 신문기자 '윤군'을 대조적으로 그려냄으로써 가치있는 삶이 어떤 것인가를 뚜렷하게 드러내고 있는 것이다.

> 지렁이를 밟아 본 적이 있나. 몸이 두 동강이 나두 세 동강이 나두 동강마다 목숨이 붙어서 다시 꿈틀꿈틀 살아난단 말야. 밟히고 맞으면서 지싯지싯 살아가는 사람의 꼴이 바로 그것이 아니구. 먼저 내 자신부터가 죽지 않으면서 큰소리만 같으나 얻어들 맞거든 좀 사나운 꼴들 보이지 말구 그 자리루 차례차례 죽어 주었으면 하네. 악마 같은 생각인진 몰라두 생명의 행복이 중할까? 사람의 길이라는 게 더 중할까? 그까짓 결머리두 없이 살아선 또 무엇하나.[22]

'운파'의 이런 주장은 극단적 절망 가운데에서 나온 탄식으로 다소 과도한 면이 있지만 그만큼 삶의 가치를 찾지 못하는 시대 현실에 대한 자조 섞인 푸념임을 짐작케 한다. 조직운동으로 오래 옥살이를 하다가 그나마 목숨을 부지하기 위한 생활의 방편을 찾았는가 싶었는데 또 다시 조직 사건에 우연히 연루되어 옥살이를 하고 나온 '운파'의 삶을 보면서 이 소설의 초점 화자는 그런 '운파'의 삶에 강한 공감과 동정을 보인다. 화자가 과거 '운파'의 삶을 "본론"으로, 감옥 생활과 이후의 삶을 "부록"으로 규정하고 과거의 "본론"에 이어 다음 "본론"을 연속해 가기를 원하는 것은 그런 까닭이다. "부록"으로서의 삶은 감옥을 나온 이후 갈피없이 되는대로 살아간 삶을 의미한다. 그것은 가치있는 삶이 아니다. 「부록」을 통해 작가는 인간다운 가치를 지키면서 살아가는 삶의 중요성에

---

22 「부록」, 『전집』 2, 247면.

대해 지지를 보내고 있는 것이다.

의도된 것은 아닐 터인데 「일표의 공능」(『인문평론』, 1939.10)은 「부록」과 정확히 반대편에 있는 작품이다. 학창 시절 사상운동에 투신했다가 기자 생활을 거쳐 변호사 시험에 몇 차례 낙방한 후 부의원 선거에 출마한 친구에 대한 이야기가 「일표의 공능」이다. 이 작품은 식민지 시대 지방 자치의 현장을 볼 수 있는 흥미로운 작품이기도 하다.[23] 「부록」의 '운파'가 고집스럽게 자기 원칙을 지켜가며 살아가는 존재라면 「일표의 공능」에 등장하는 부의원 후보 '건도'는 시세의 흐름을 좇는 인물이다. 그렇다고 완전히 타락한 속물은 아닌데 부의원 출마도 어떻게든 이 사회에서 살아가기 위한 나름의 몸부림이라고 변명을 한다.

> "오늘 이 당장에 내게 그것밖엔 할 일이 무엇이겠나. 돌부처같이 가만히 있을 수 있다면 또 몰라두―."
>
> 변화라는 것이 그에게는 몸에 지닌 철학이자 처세의 원리라는 듯도 하다. 도리어 반문하는 듯이 어세가 높은 그의 태도 속에 그가 지금까지 자기류로 살아온 모든 배포가 들여다보인다.
>
> "그게 이번 출마의 이유란 말인가. ―하긴 자넨 잠시도 가만있지 못하는 활동객이니깐."
>
> "전에는 사상으로 행세했지만 지금에야 행세의 길이 달라지지 않았나."
>
> "거리에서 꼭 행세를 해야 값이 있단 말인가."
>
> "행세를 못하구야 또 산 값이 무어겠나."[24]

23 당시 부회, 혹은 도평의회 선거는 도세나 부세를 당시 화폐가치로 연 5원 이상 납부할 수 있는 사람들에게만 투표권이 주어졌다. 경제적으로 여유가 있는 일본인들의 투표권이 인구 비중에 비해 훨씬 더 많았고 절대적인 숫자도 일본인이 많았다. 1931년 경성부회 선거에서 투표권자는 23,000명이고 이중 조선인 수는 대략 8,000명으로 35% 정도였다. 당연히 부회의원으로 당선되는 의원 역시 일본인이 압도적으로 많았다. 네이버 오픈 백과사전(http://kin.naver.com/open100) 참조.

위 인용에서 친구인 '건도'의 생활 철학이 단적으로 드러나고 있다. 아울러 이를 조롱하는 소설의 화자인 '나'의 생각도 은연중에 드러나고 있다. "행세"가 삶의 이유이고 사상운동도 부의원 출마도 그 연장선 위에서 보면 똑같은 가치를 지닌 셈이다. 화자인 '나'는 이를 은연중에 드러내며 친구인 '건도'를 불편한 마음으로 대한다. '나'는 투표권을 갖고 있는 사람을 확보하여 선거에 이기려는 경쟁에 대해 거부감을 갖고 있음을 숨기지 않고 있다. 더구나 공약으로 내건 여러 약속들에 대해서도 '나'는 "빛 낡은 선전문"으로 치부하고 있다. 초등교육 문제나 인도교 가설, 위생시설 문제 등에 대한 공약이라는 것이 과연 식민지인 조선에서 의미있는 일인지 강하게 의문을 품고 있는 것이다.

소설에서 화자인 '나'는 결국 투표장에 나가 투표용지에 낙서를 함으로써 자기의 권리를 포기하고 그 결과 공교롭게도 친구 '건도'는 한 표 차이로 낙선하게 된다. 투표장에 나가 의도적으로 기권하는 행위는 투표 불참과는 의미가 다르다. 적어도 '나'의 이런 행위는 식민모국에 의해 식민지 지배를 정당화하기 위해 만들어진 제도적 절차에 대한 소극적 거부의 행위이며, 다른 한편으로는 현실성은 없다고 하더라도 친구가 부의원으로 당선되기보다 조금 더 가치있는 다른 길을 택하기를 바라는 소망의 행위이다.

「부록」과 「일표의 공능」은 식민지 조선에서 자유주의 지식인으로서 이효석의 면모를 잘 보여주고 있는 작품이다. 이 작품들의 작중 화자들인 '나'는 비록 적극적인 행위자로 나서지는 않지만 주인공에 대한 '나'의 정서적 가치 판단을 통해 우회적으로 동시대 현실을 비판하고 무엇이 가치있는 삶인지를 명확하게 드러낸다. 이 무렵 이효석은 『화분』 같은 장편을 통해 예술지상주의자와 자유주의적 면모를 유감없이 드러내는

24 「일표의 공능」, 『전집』 3, 55면.

한편으로 시류에 영합하는 부류에 대해 비판하고 자신의 가치관과 세계관을 지켜나가는 삶의 어려움에 대해 공감어린 애정을 보이고 있는 것이다. 이효석의 소설은 예술지상주의가 마치 정치적 보수주의의 다른 이름으로 해석되는 오늘과는 분명히 다른 면모를 보인다. 이는 그런 점에서 자유주의와 예술지상주의에 대한 유연한 해석이 이효석 문학을 통해 가능해진다는 점을 반증하는 것이며 이효석이 한국 근대문학사에서 차지하는 그만의 위치를 보여주는 바라고 할 수 있다.

6. 전도된 오리엔탈리즘과 모순된 미적 효과

—「은은한 빛」, 「소복과 청자」

일제 말기에 들어서면 한국어로 소설을 쓰는 일이 점점 더 어려워지는 상황이 만들어진다. 1940년 『조선일보』와 『동아일보』의 강제 폐간을 시작으로 1941년에는 『문장』과 『인문평론』 역시 폐간되고 같은 해 4월 1일부로 초등학교에서 조선어 학습이 공식적으로 폐지된다. 내선일체가 더욱 강화되고 세계적 규모의 전쟁에 일본이 대동아전쟁이라는 이름으로 뛰어들게 되면서 국민 총동원 체제로 전환되는 것이다.

이럴 때에 문인들은 더 이상 붓을 끊고 칩거하거나 아니면 일제 당국의 정책에 부응하는 행위를 할 수밖에 없었다. 국민총동원 체제 아래에서 적어도 사회적으로 문인으로서의 자기 정체성을 유지하기 위해서는 적극적이든 소극적이든 그런 당국의 지향에 어느 정도라도 부합하는 행동을 하지 않을 수 없었던 것이다. 그렇지 않으면 문인으로서 존재 기반은 사라질 위기에 처하는 상황이 도래하였다. 작가들이 일본어 창작에 나설 수밖에 없었던 것도 그래서이다.

이효석이 일본어 소설 「은은한 빛」과 「소복과 청자」를 발표하는 것은 그런 저간의 배경이 자리 잡고 있었을 것이다. 「은은한 빛」은 일본 잡지 『문예』 1940년 7월에, 「소복과 청자」는 같은 해 12월 『부인화보』에 실려 있다.[25] 이때는 한국어로 소설을 창작하는 것이 가능한 상황이었던 만큼 이효석은 이중어 창작이라는 상황과 맞닥뜨리게 되는 것이다.

그런데 이 두 소설은 모두 일본어로 창작되었다는 것을 제외하고는 조선의 전통적 미에 대한 강한 찬양을 주요한 내용으로 하고 있어서 주목된다. 일제 말기 일본어로 창작된 소설에 대해 흔히 가질 법한 선입견인 친일적 내용은 찾기 어렵다. 이들 소설은 오히려 조선적 전통의 적극적인 옹호를 주요 내용으로 하고 있는 것이다. 어찌 보면 이 소설을 읽을 일본인들에게 조선 고유의 아름다움을 적극적으로 선전할 목적으로 쓰인 것이 아닌가 싶을 정도로 시종일관 한복의 아름다움과 조선 자기(磁器)와 고구려 시대 유물에 대한 애착을 핵심 주제로 하고 있다. 이것은 간단히 해석되지 않는 문제이다.

우선 이효석이 일제의 국민 총동원 정책이나 내선일체의 방향에 대해 동의한 것으로 보이지는 않는다. 그렇다면 그는 이런 작품을 쓰지는 않았을 것이다. 그렇다고 일종의 게릴라 전술로 일본어로 창작할 수 있는 기회를 십분 활용하여 조선의 전통적 미를 통해 민족적인 것을 옹호함으로써 탈식민적 저항의 자세를 유지한 것으로 해석하기에도 석연치 않다. 그런 요소가 전혀 없다고 보기는 어렵겠지만 그렇다고 이효석이 민족적인 것을 옹호하기 위해 이런 작품을 일부러 창작한 것으로 해석하기에는 납득되지 않는 점도 많다.

25 「소복과 청자」의 발표지면과 발표 시기에 대해서는 김재용의 앞의 글을 참조할 것.

「은은한 빛」에는 우연하게 손에 넣은 고구려 도검에 대한 주인공 '욱'의 배타적 집착이 강조되어 표현되고 있다. 그런데 공교롭게도 고구려 유물에 대해 관심을 갖는 것은 평양박물관장으로 재직 중인 일본인 호리[堀]도 마찬가지다. 주인공 '욱'과 일본인 '호리'의 고구려 도검에 대한 애착은 유사하면서도 다르다. 그것은 옛 것, 역사적 자취이면서도 아름다운 유물 일반에 대한 집착이라는 점에서는 비슷하면서 '욱'은 고구려의 도검을 우리의 영혼과 정신으로 여긴다는 점에서 다르다. 동시에 호리가 고구려의 도검을 대하는 시선은 서구인이 종종 동양적인 것을 예찬할 때의 시선과 비슷한 면이 있다. 요컨대 호리에게 조선적인 것은 서양과 동양의 관계에서 거꾸로 선 오리엔탈리즘과 비슷한 옥시덴탈리즘(occidentalism)적 면모가 강하다는 점은 간과할 수 없다. 그런데 '욱'의 고구려 도검에 대한 병적인 집착과 신성화 역시 온전히 탈식민적 저항으로 이해될 수만도 없다. '욱'이 자기의 원칙을 지켜나가려면 나갈수록 세상과의 불화와 갈등은 더욱 커지는 딜레마적 상황에 처하는 것을 보면 그것을 탈식민적 저항의 바른 길로 평가하기에는 무리가 있는 것이다.

"월매두 아버지두 관장두 모두가 한패가 돼 가지구 날 놀림감으로 하려 했지. 누가 넘어갈 줄 아나. 누가 오건 절대루 양보하진 않을 테니깐."

중얼거리는 그의 모양을 그때 지나가다가 눈에 여겨본 사람이 있다면 그를 머리가 돌은 것이라고는 생각지 않았을까.

"이걸 내놓을 판이라면 차라리 내 목숨을 넘겨주고 말지. 밭이구 계집이구 어디 문제가 되느냐."

녹슨 벽록의 고색은 혼연히 어스름 속에 녹아들고 금빛 칼자루가 달빛을 받아 은은히 빛났다. 정녕 욱은 머리가 돌았는지도 모를 일이었다.[26]

26 「은은한 빛」, 『전집』 3, 87면.

이렇게 자기 것에 대한 배타적 집착과 신성화는 전도된 오리엔탈리즘과 다르지 않다. 전도된 오리엔탈리즘이 탈식민의 바른 길이 아님은 당연한 일이다. 그렇지만 다른 한편 이런 자세는 이효석의 예술지상주의와 은밀하게 연결되어 있기도 하다. 지금까지 여러 차례 언급한 바와 같이 이효석은 미적 가치를 최우선으로 여기는 예술지상주의적 태도를 드러내고 있다.[27] 그러나 그가 지향하는 미적 가치는 현실과 절연된 그런 것은 아니다. 현실 속에 있는 아름다움, 그리고 보편적인 아름다움에 대한 지향은 그로 하여금 현실에 대한 관심의 끈을 놓지 않게 한 동시에 미의 보편성에 대한 관심으로 나아가도록 했다. 그가 조선적인 것의 아름다움에 대해 집착했던 것이나 평상시 서양 음악이나 서구 문화에 대한 한없는 동경과 숭앙은, 사실은 미에 대한 집착이라는 점에서 서로 다른 것이 아니었다.

「소복과 청자」는 '은실'이라는 매력적인 여성을 둘러싼 이야기이다. '은실'을 통해 구현된 한복의 아름다움에 대해 시종일관 작가는 그런 '은실'을 찬양하고 동경하는 자세를 버리지 않는다. 그런데 작품을 잘 읽어보면 작가의 찬양은 단순히 한복에만 있는 것은 아니다. 한복을 입어 잘 어울리는 여성, 그것도 서울이라는 도시 여성에 대한 찬미이다.

> 동정이 긴 저고리에 주름을 바투 잡은 짧은 치마, 그 밑으로 살빛 양말을 신은 훠친한 다리, 게다가 까만 에나멜 구두는 간지럽도록 자그마하고 귀여웠다. 배경이야 어떤들 괜찮았다. 거리에 세우거나 카운터에 다소곳이 서 있게 하거나 의자에 앉히거나 어느 곳에 어떤 모습으로 있거나 그 매력에는 추호도 변함이 없었다.[28]

27 예컨대 『화분』에서 영훈의 입을 빌어 예술지상주의와 미에 대한 세계주의적 지향을 분명하게 드러내는 것은 작가의 생각을 직접적으로 표출한 사례 가운데 하나이다.

28 「소복과 청자」, 『전집』 3, 94~95면.

'은실'의 아름다움은 여성적 외모, 한복, 서울이라는 도시 등의 코드와 복합되면서 형성된 것이다. 여성의 "또렷또렷한 서울 말씨", "낭랑하고 탁 트인 세련된 말소리", "서울 지방의 음료"에 대한 찬사가 '은실'의 한복과 어울려 그녀의 아름다움을 증폭시키는 기제로 작동하고 있다. 청자(青磁)는 '은실'에 비하면 단순히 부수적 장치이고 배경일 뿐이다. 그래서 소설의 초점 화자는 '은실'의 그런 아름다움을 별다른 거부감 없이 흠모하고 동경하는 자세를 취한다. 「은은한 빛」의 '욱'에 대해서 정신과 영혼을 소중히 여기는 자세를 옹호하면서도 그 배타성을 비정상적인 것으로 드러내었던 태도와 비교되는 것이다. 그런 점에서 이 작품은 「오리온과 능금」의 그것과 유사하다. 그런 동시에 훨씬 더 남성성이 강하게 드러나 있으며 서울 중심적 시선, 내부의 식민지를 보는 눈과 은밀히 교호하고 있다.

그런데 이런 작품이 내선일체가 강조되던 일제 말기에 일본어로 창작되어 주로 일본인 독자를 상정하고 발표된 것이라면 우리는 이것을 어떻게 해석해야 할 것인가. 「소복과 청자」가 주는 효과는 그런 점에서 이중적이다. 일단 조선적인 것에 대한 고유성과 정체성을 옹호하는 것으로 읽혀질 가능성은 충분하다. 심지어 '은실'의 아름다움을 강조하는 세련된 "서울 말씨"나 식혜나 화채, 보리수단자 등 전통적인 서울 음료조차도 민족적인 맥락에서 이해될 소지가 없는 것은 아니다. 한국어의 존재, 한국적인 것이 소멸될 위기에 처한 시점에서는 그것이 이런 방식으로라도 의미를 얻는 것이라면 굳이 평가절하할 필요는 없는 것이다.

그러나 다른 한편 오히려 그것이 일본인들에게 전도된 오리엔탈리즘적 효과를 불러일으킬 요소도 다분히 있다. 일본은 물론 동양이지만 식민 모국인 일본과 식민지 조선은, 서양과 서양에 의해 식민화된 동양과 유사한 구조 속에 있다는 점을 전제로 한다면 조선적 전통은 일본인들에게 낯선 것, 기이한 것, 대상화된 타자이자 지배해야 할 어떤 것으로 인식될 가능성을 배제할 수는 없다. '은실' 같은 아름다운 여성과 한복이라는 옷을 입은 낭랑한 목소리의 여성이 살고 있는 곳이 조선이라는 환상, 그런 조선을 일본이 지배하고 있다는 비뚤어진 자부심을 심어줄 가능성은 충분히 있는 것이다.

이 작품의 기대효과라는 측면에서만 보자면 실제 작품을 읽는 일본인 독자 입장에서 이 두 가지 효과가 동시에 일어났을 가능성이 더 사실에 부합할 것이다. 문학 작품을 읽는 행위는 오로지 하나의 목적이나 효과만을 염두에 두는 것이 아니라 다양한 교감과 향유, 심리적 작용과 이성적 판단이 복합적으로 작동하는 과정이고 아울러 독자의 취향과 정치적인 식견, 세계관이나 교양의 수준에 따라 달라지는 것이므로 어느 것 하나가 지배적인 영향력을 행사한다고 판단하기는 어려운 일이다.

7. 나가며 – 한국근대문학사와 이효석

이효석은 지금까지 살펴본 바에 따르면 한국 근대문학사에서 매우 독특한 위치를 점하는 작가이다. 그는 과거의 평가와 다르게 동반자 작가의 길을 걷다가 입장을 선회하여 순수문학 세계로 귀의한 작가가 아니다. 그의 작품에서는 예술지상주의와 자유주의적 가치 지향을 느낄 수 있는 동시에 보편적 문화주의자의 면모가 보이기도 한다. 그러나 그는 현실과 절연한 폐쇄적 예술지상주의자나 민족적 정체성에는 관심이 없는 무국적 세계주의자는 아니었다. 대신 그의 문학은 식민지 현실에 토양을 둔 예술지상주의, 정치적 이데올로기에 강박관념을 갖지 않는 자유로운 미학주의자로서의 면모가 뚜렷하다. 오히려 후대의 평가가 냉전적 사고의 틀에 갇혀 그를 동반자 작가이거나 혹은 전향한 순수주의자로 얽매어 놓은 측면이 강하다. 이는 그가 창작한 다양한 작품들이 입증하고 있다. 오히려 그는 현실과 이상, 서구와 동양, 도시와 시골, 저항과 순응, 윤리와 본능, 식민과 탈식민 사이, 그 경계에 존재한 자유로운 문화주의자였다고 보는 것이 온당하다.

그의 소설들에는 그가 이런 경계에 서 있기에 가능했던 세계가 구현되어 있다. 그러므로 한국 근대문학사에서 이효석의 위치는 여전히 문제적이다. 그를 치열한 리얼리스트로서 우리 민족문학의 발전에 중요한 한 축을 담당한 작가로 설정하기에는 여전히 주저되는 바가 있고 그렇다고 탁월한 모더니스트로서의 자의식을 갖는 작가로 평가하기도 어렵다. 그렇다고 이효석이 정치와 절연한 순수주의자나 보수적 자연예찬론자라고 평가하는 것은 더더욱 안 될 말이다. 과거 냉전 체제의 틀에서 특정 진영의 영역으로 그를 끌어들이는 시도는 문제가 있었다. 다시 말해 그를 전향한 순수문학가로 예찬하거나, 반대로 그렇기에 비판하는 자세는 실사구시적 학문 태도가 아니다.

이효석은 한국 근대 문학이 발전하는 과정에서 서구적 교양에 토대를 둔 자유주의적 예술 지상주의자로서의 성과를 거둔 작가였다는 것이 본고가 내린 결론이다. 아울러 이효석을 통해 예술지상주의에 대해서도 조금 더 열린 시각으로 생각할 필요가 있다는 점도 덧붙이고자 한다. 그는 식민지 조선이라는 현실에 의도적으로 눈을 감지 않았으며 예술을 위한 예술을 지향했어도 그것이 사회 속에 존재하고 있음을 알고 있었다. 여전히 예술지상주의를 현실과 담을 쌓고 오로지 예술의 순수성을 자폐적으로 탐닉하는 창백한 얼굴로만 기억한다면, 이효석은 그와 반대로 우리에게 건강한 예술지상주의의 중요한 사례로 기억될 법한 인물이고 또 그만한 성과를 보여준 작가이다.

그러므로 이효석은 한국문학의 근대적 성격을 탐구하는 과정에서 중요한 위치를 점하고 있는 작가임이 새삼 드러난다. 이효석만의 미학적 입장과 그의 문학적 성과는 한국근대문학을 풍성하게 해석하는 데에 중요한 문제의식을 제공하고 있는 것이다. 현실의 문제에 대해 고민하되 그 현실로부터 자유롭고자 한 그의 태도는 식민지 시대에 꿋꿋하면서도 꾸준히 작품을 쓸 수 있는 내적 동력으로 작용했을 터인데 그것이 어쩌면 한국근대문학의 또 다른 가능성일 수도 있는 것이다.

‘구라파주의’* 의 형식으로서의 소설

이효석 작품에 나타난 서양문화의 인유에 대하여

김재영

1. 머리말

작가 이효석의 서구취향이 유달랐음은 익히 알려진 일이다. 그의 경성(鏡城)생활이 드러나는 수필들에서는 “빵 한 근을 사러 십리 길을 타박거릴 때도 있고, 커피 한잔 먹으러 버스에 흔들린 때도 있었다”[1]거나,

* ‘구라파주의’ ‘서구주의’ 등은 『화분』이나 『벽공무한』 등 이효석 작품 속의 인물들이 사용하고 있는 말이다. 체계를 갖춘 이념이라기보다는 서구 문화와 생활에 대한 동경과 추종을 가리키고 있다. 이 때 서구 또는 구라파는 지정학적 개념이라기보다는 서유럽에서 시작된 근대 세계를 가리키고 있다. 그런 점에서 이효석에 있어 ‘구라파주의’의 구라파는 러시아나 아메리카를 배제하지 않는다. 다만 이효석 초기 작품에 나타나는 러시아는 사회주의의 표상이라고 할 수 있는데, 이 글에서 상론하지는 못하지만 자본주의와 대비되는 체제라는 점이 구체화되었다기보다는 ‘건강하고 풍요로운 곳’으로서 이상화됨으로써, 후기 작품들에서 이상화되는 서유럽과 크게 변별되는 것으로는 보이지 않는다.

1 이효석, 「고요한 ‘동’의 밤」, 『조광』, 1936.12. 『새롭게 완성한 이효석 전집』 7, 창미사, 2003,

"서울서 진한 다갈색의 향기 높은 '모카'를 마시는 동무는 얼마나 다행한가"[2]라며 서울 동무를 부러워하다가, "서울 갔던 길에 날 채로 사온 한 파운드의 모카가 아직도 통속에 아니(많이?)[3] 남은 것이 속 든든히 생각된다"[4]며 커피 하나로 이루어지는 생활의 기쁨을 드러내기도 한다. 평양 대동공전 시절 제자의 기억 속에, "선생 테이블의 한구석 서랍에는 반드시 버터를 넣은 조그마한 포트가 놓여 있었고 그 곁에는 버터, 나이프가 항상 놓여 있었다"[5]고 한다. 37년 한 잡지의 설문 중 '지금껏 잊히지 못하는 음식이 있냐'는 질문에는, 경성산 능금 델리셔스, 동해안의 굴과 함께 '수원산 버터'를 들고 있기도 하다.[6]

38년 크리스마스 날 저녁 평양 창전리 자택에서 촬영된 것으로 알려진 한 사진은 그의 생활의 실상을 생생하게 보여주는데, 사람 키만한 크리스마스 트리를 뒤에 놓고 축음기 바로 옆 의자에 앉은 그의 손에 들려 있는 것은 레코드판이다. 뒷 벽면은 책과 수집된 레코드판이 가지런히 놓여 있고, 그 위 벽면에는 아마도 서양 여배우로 보이는 여성의 액자가 걸려 있다. 그의 서양음악 애호 또한 대단했던 듯, 대동공전의 동료 교수였던 한수철은 "석양마다는 쇼팽을 치"[7]던 모습을 전하고 있기도 하며, 『여성』에 보낸 편지 형식의 글에서는 멜스의 「빠아카로올」을 기타로 익혀가는 모습을 드러내기도 한다.[8] 음악 감상과 관련된 이야기들은

113면에서 재인용. 이 전집에 실린 작품일 경우 모두 이 전집에서 인용하는 것을 원칙으로 하며, 원발표문과 대조하여 표기나 띄어쓰기의 차이가 아니라, 의미상의 변화를 초래한 오류가 있을 경우에는 지적해놓는다. 앞으로 이 전집에서 인용할 경우, 원발표 서지를 밝힌 후 (『전집』 권수, 면수)의 형식으로 적는다.

2 이효석, 「3일간(작가일기)」, 『삼천리』, 1933.4(『전집』 7, 21면).

3 『동아일보』의 원문도 상태가 좋지는 않으나, '아니'로 되어 있는 것으로 보인다. 전후 맥락상 '마니'의 오기가 아닌 듯싶다.

4 이효석, 「단상의 가을(秋思)」, 『동아일보』, 1933.9.20(『전집』 7, 28면).

5 이재현, 「이효석 선생 간호기」(『전집』 8, 53면).

6 『조광』, 1937.4(『전집』 6, 315면).

7 한수철, 「희(희) 이효석」(『전집』 8, 60면).

너무 많아서 추려낼 수 없을 정도인데, 서양음악 아닌 엔카나 민요 등의 유행가에 대한 이야기는 찾아볼 수 없다.

경성제국대학에서 영문학을 전공하고 학부를 마친 그의 전문분야인 문학에 대해서는 굳이 거론할 필요가 없을 듯하며, 서양 영화에 대한 애호 또한 곳곳에 드러나 있다. 1938년 『동아일보』에 발표한 「일기 일절」[9]에서는 아내를 병원에 데려다 주고 유유한 심사를 발양하려고 영화관을 찾으며, 1939년 『경성일보』에 발표한 「대륙의 껍질」[10]이란 일종의 기행문에서는 하얼빈 여행 중 영화관에 잠시 들르는 모습을 보여주고 있기도 하다. 1937년 4월 『조광』에서 행한 설문에서, 한 달에 영화구경을 몇 번이나 가냐는 질문에는 "무려 7, 8차 되는 달이 있습니다"[11]라고 대답하고 있는데, 평균적인 횟수를 나타내고 있는 것으로 보이지는 않지만, 이 정도라면 당시에 개봉되는 영화는 거의 다 섭렵하고 있다고 해도 좋을 것이다. 특히 그의 서구취향을 고려할 때,[12] 아마 개봉되는 모든 서양영화를 보고 있었다고 짐작해도 좋을 것이다. 「채롱」이라는 글에서는 "수입제한에서 오는 양화(洋畵) 결핍으로 말미암아 요사이 거의 어느 상설관에서나 한번 상영했던 영화의 재상연을 번번이 본다"[13]고도 하고 있다.

이러한 그의 서구 취향, 서구문화에 대한 교양이 그대로 그의 작품의 뼈와 살이 되고 있을 것은 충분히 예상되는 일이다. 소설 작품들, 특히

---

8 이효석, 「사랑하는 까닭에-XX에게 보내는 글발, 순정의 편지」, 『여성』, 1936.10(『전집』 6, 367면).

9 이효석, 「일기 일절-일기장에서」, 『동아일보』, 1938.9.16(『전집』 7, 21면).

10 이효석, 「大陸の皮」, 『경성일보』, 1939.9.15~17 · 9.19(전4회)(『전집』 7, 258면).

11 『조광』, 1937.4(『전집』 6, 310면).

12 적어도 글을 통해 볼 때, 소설 안에서 일본영화나 조선영화가 언급된 경우는 없는 것으로 생각된다. 수필 등의 글에서도 조선영화로는 「풍년가」(「『풍년가』 보던 날 밤」, 1942), 일본영화로는 「아부일족」(「채롱」, 1938)이 단 한 번씩 언급될 뿐이다. 이곳저곳에서 드러나는 서양영화에 대한 풍부한 언급과 대비한다면 그의 취향을 짐작하는 것은 어렵지 않다.

13 이효석, 「채롱」, 『조선일보』, 1938.4.28~29 · 5.3~5(『전집』 7, 198~199면).

지식인이 등장하는 모든 작품들에서 이러한 서구 문화의 향기가 퍼지고 있고, 음향이 들리고 있다. 다방이나 호텔, 백화점 등의 근대적 생활공간이나 커피나 버터 등의 기호식품을 즐기는 모습이 빈번히 드러나는 것은 굳이 일일이 들어 이야기할 필요가 없을 것이고, 아마도 좀 더 주의를 기울어야 할 것은 그의 작품에 쉴 새 없이 등장하는 서구의 문학작품, 미술, 음악, 영화 등이라고 할 수 있다. 그러한 요소들은 그의 작품의 독서 방식, 또는 소비 또는 향유 방식들과 연관된다. 그것은 자연스럽게 문화나 생활에 대한 공통의 취향을 요청하는 것이기 때문이다.

「해바라기」의 주인공 운해가 약혼자에게 버림받은 후 "이히 바이스 니히트 바스 솔 에스 베도이텐 다아스 이히 소오 틀라우리히 빈!"이라고 "하이네의 시인 듯한 한 구절을 외"[14]일 때, 이것이 하이네의 〈로렐라이〉의 첫 구절임을 떠올릴 수 있는가 없는가가 무의미하지는 않을 것이다. 또 「인간산문」에서 "이윽고 '제 두 아무울'의 노래가 흘렀다. 두 사람의 애인을 가진 여자의 노래가 낭랑하게 흘렀으나 그것은 미례의 현재의 정서와 심경과는 거리가 먼 것이었다. 미례는 꽃같이 잠자코만 앉아서 서글픈 표정으로 노래를 듣고 있다"[15]라는 장면에서, Josephine Baker가 부르는 〈J'ai deux amours〉의 노랫소리를 들을 수 있는 사람에겐 미례의 서글픈 표정이 남다를 것이다.[16] 이러한 것은 「계절」에서 태규가 '드리고의 세레나데'를 연주할 때,[17] 「거리의 목가」에서 다음과 같은 장

14 이효석, 「해바라기」, 『조광』, 1938.10(『전집』 2, 277~278면).

15 이효석, 「인간산문」, 『조광』, 1936.7(『전집』 2, 80면).

16 1930년 조세핀 베이커가 부른, 카지노 드 파리(Casino de Paris)의 르뷔(revue) 'Paris qui remue(꿈틀거리는 파리)'의 주제곡이다. 원래 이 노래의 의미는 나에게는 사랑하는 것이 두 가지 있다는 것이고, 그 하나는 파리이고 다른 하나는 고향을 뜻한다고 한다. 하지만 이 노래는 흔히 〈두 사람의 애인〉으로도 번역되고 있다. 이효석 또한 그러한 의미로 해석하고 있는 것으로 보인다. 이효석은 「C항의 一齣-그때 그 港口의 밤」(『조광』, 1936.8)에서, 청진으로 추측되는 C항에서 있었던 조세핀 베이커의 독창공연을 관람했던 일을 적어놓고 있다.

면과 만났을 때도 마찬가지다.

> 일상 좋아하는 샌티스테반의 〈뱃노래〉의 멜로디가 고요하게 흘렀다. 이어 오펜바흐의 〈아름다운 밤〉과 슈베르트의 〈세레나데〉를 듣고 있는 동안에 설레던 마음도 차차 가라앉았다.[18]

『화분』에서 미란이 동경의 한 음악회에서 듣는 쇼팽의 〈환상즉흥곡〉이나 〈배랫 A플랫 작품 47〉과 같은 것은, 미란을 예술의 세계로 이끄는 결정적인 음악들이라는 점에서 더욱 의미가 깊다고 할 수도 있을 것이다.[19] 「성화」라는 작품에서는 '호프만의 성화'라는 것이 주인공의 심리 상태나 행동과 연관하여 지속적으로 작용하는 하나의 심상으로 등장한다. "크로브의 청년에게 딴 세상을 가르치는 기독의 손길"[20]이 그려져 있다는 이야기를 통해 Heinrich Hofmann(1824~1911)의 〈Christ and the Rich Young Ruler〉[21]라는 그림을 떠올려 볼 수 있는 사람은 얼마 되지 않았을 것이지만, 그렇기에 그것은 더욱 더 마니아적인 감상을 가능케 했을 것이다.

게다가 「성찬」에서 거울에 비친 보배는, "눈이 매섭고 상이 길어 흡사 안보오락 비슷한 인상을"[22] 주며, 이는 "시몬느 시몽 같은 둥글고 납작스름한 민자의 애숭이 얼굴"과 대비된다. 한가한 준보는 "오후만 되면 어느결엔지 아래층 소파에 와 앉아서 로버트 테일러 비슷한 기름한 얼굴

17 이효석, 「계절」, 『중앙』, 1935.7(『전집』 1, 357면).
18 이효석, 「거리의 목가」, 『여성』, 1937.10~1938.4(『전집』 3, 290면).
19 이효석, 『화분』, 인문사, 1939.9(『전집』 4, 121면).
20 이효석, 「성화」, 『조선일보』, 1935.10.11~31(『전집』 3, 245면).
21 특정하기엔 정보가 너무 적다. 추정일 뿐이다.
22 이효석, 「성찬」, 『여성』, 1937.4(『전집』 2, 138면), 잡지 발표문은 "눈이 매이고 상이 길어 안보·오닥 비슷한 인상을 주는(59면)"이다. 안보·오닥이 누군지는 아직 확인하지 못했다.

을 청승맞게 괴이고"[23] 앉아 있다. 「소복과 청자」의 은실은 "'실비아 시드니'와 퍽 닮았었다."[24]

이효석의 소설을 읽는 과정은 이렇듯 끊임없이 서양의 문학, 음악, 미술, 영화 등의 인용이나 인유와 만나나가는 과정이라고 할 수 있다. 어떤 것들은 특정한 순간의 정서와 관계되며, 어떤 것들은 특별한 에피소드들을 이루며, 때로는 작품 전체의 구성이나 주제와 연관되는 것도 있다. 이러한 소설 쓰기의 과정은 그 자체로 이효석식 '구라파주의'의 실현이라고도 할 수 있을 터인데, 문제는 그러한 인용이나 인유들이 작품에서 어떻게 작용하고 기능하는가이다. 그를 통하여 이효석의 독특한 서양 전유의 형식과 의미에 다가가 보려 하는 것이다. 여기서는 그러한 서양 문화의 인유[25]가 작품에 구성적[26]으로 작용하고 있다고 생각되는 몇몇 작품을 들어 그것을 생각해보려 한다.

---

23 앞의 글(『전집』 2, 136면), Simone Simon은 프랑스 여배우, 1910년생, 대표작은 〈호수의 여인(Lac aux dames)〉(1934), Robert Taylor는 미국 배우, 1911년생, 1940, 50년대를 풍미했던 배우이나 1936년 〈춘희(Camille)〉로 유명세를 타기 시작했다고 하니 이효석이 이 글을 쓰던 시점에서는 신인 배우에 가깝다.

24 이효석, 「소복과 청자」, 『부인화보』, 1940.12(『전집』 3, 94면). Sylvia Sidney는 미국 여배우, 1910년생, 대표작 히치코크 감독의 〈사보타지(Sabotage)〉(1936).

25 '인용(quotation)', '인유(allusion)', '언급(reference)'은 잘 구분되지 않는다. 김주현은 이상 소설의 연구에서 작가의 의도가 개입하여 원전과 다른 새로운 의미로 읽히는 것은 '인유'로, 단순 인용의 경우는 '인용'으로 정리하여 사용하고 있다(김주현, 『이상소설연구』, 소명출판, 1999, 167면 참조). 하지만 텍스트의 부분이 일단 다른 맥락으로 삽입되었을 때, 새로운 의미 맥락 안에서 읽혀질 수밖에 없다는 점에서 실은 단순 인용과 같은 것은 잘 성립하지 않는 것으로 보인다. 이 글에서는 이런 점을 고려하여 다른 텍스트와의 상호 관련을 '인유'라는 개념으로 포괄해서 논한다. 다만 다른 텍스트를 따와서 옮겨 적는 행위 자체를 가리킬 때는 '인용'이라는 말을 사용하기도 한다. 그러므로 이 글에서 '인용'과 '인유'는 상이한 방식의 텍스트 연관을 가리키는 것이 아니다. '인용'하는 행위에 의해 '인유'적 관계가 이루어진다고 해도 좋을 것이다.

26 '구성적'인 것과 그렇지 않은 것을 엄밀하게 가르는 것은 불가능할 것이다. 필자가 생각하기에 작품의 전체적인 의미와 연관된 인유가 이루어지고 있다고 생각되는 경우를 구성적이란 말로 표현하고 있다.

2. 미의 보편적 준거 – 「상송 도토오느」

「마음의 의장」은 부인이 정양을 하기 위해 시골에 가 있는 사이에, 나와 유라 사이에 있었던 몇 번의 만남을 그리고 있는 소설이다. 이 작품에서도 우리는 "파코레터에 두 사람분의 모카 가루"[27]를 넣어 끓여 내는 커피나, "기타가 가늘게 뜯는 〈바아카로올〉[28]의 연연한 음률"(『전집』 1, 305면) 등, 서구적 취향을 통해 그들의 삶에 다가가야 한다. 나와 유라의 관계는 딱히 연애라고까지 할 만하지는 않지만, 둘 사이의 애틋한 감정은 그 몇 번의 만남을 통하여 충분히 드러난다. 특히 생일날 '한 묶음의 초초한 프리지어'와 '버스데이 케이크' 등을 들고 찾아오고, 함께 백화점에 나가 넥타이를 골라주는 장면, 이후 혼절하여 나의 침대에 누웠다가 의사의 응급수단에 의해 맥없이 깨어나 생일 케이크에 불을 붙이는 장면 등에서 그러한 것은 잘 드러나고 있는 것으로 보인다.

그런데 이 모든 만남의 과정에서 유라는 "쇠약하여 허전허전"(『전집』 1, 307면)하고 "몹시도 핼쑥하게"(『전집』 1, 309면) 보인다. 그는 기침하며 피를 토할 정도의 폐병환자인 것이다. 때문에 화자인 나에게 그의 표정은 "그가 들여다보고 있던 그림 속의 소녀의 그것과도 같이 애잔하고 슬픈 것"(『전집』 1, 300면)이다. 결국 이 소설은 그 해도 못 넘기고 죽어버린 유라에 대한 추억 속에서 쓰인다. "유라가 나에게 남기고 간 것은 베를렌의 시의 낙서와 아롱아롱한 넥타이와 그리고 가지가지의 은근한 마음의 향기"(『전집』 1, 311면)였다고 생각하는 나의 애상에 찬 추억기인 것이다.

---

27 이효석, 「마음의 의장」, 『매일신보』, 1934.1.3~8(『전집』 1, 299면).

28 Bacarolle는 원래 이태리 뱃사공의 노래라 한다. 여러 작곡가에 의해 연주곡으로 만들어진 것으로 보이며, 기타 연주곡으로는 Napoleon Coste, J. Offenbach, J.K.Mertz 등 다양한 곡이 있다. 이효석은 앞에 든 편지글에서 '멜스의 〈빠아카로올〉'을 언급하고 있다.

이 때 베를렌의 시란, 유라가 빌려갔다 돌려준 소설책의 첫 장에 불란서 원문으로 적어 놓은 '내 마음에 눈물 내리네(Il pleure dans mon coeur)'의 네 행을 말하는 것으로, 소설 속에 프랑스어 원문 그대로 인용되어 있다. 화자가 회상하는 유라의 "얼굴에는 그가 낙서한 베를레느의 시의 구절이 바로 그대로 번역되어 적혀 있음을 나는 본다"(『전집』 1, 311면)는 말과 함께, 그 시 네 행을 번역해놓는 것으로 이 소설은 끝나고 있다. 그런데 이 작품에는 그와 함께 베를렌의 시가 또 한 편 등장한다. 주인공 유라가 베를렌의 「상송 도토오느」의 첫 구절을 "레 상로 롱 / 데 비올롱 / 드 도토오느 / 브레상 몽 쿠울 / 듀느 랑궤엘 / 모노토오느"(『전집』 1, 301~302면)라고 불란서 말로 읊고 있는 것이다.

프랑스 시인 베를렌은 서구시 번역의 선편을 잡았던 김억에 의해 1918년 번역 · 소개된 이후 아마도 가장 이른 시기부터 가장 인기를 끌었던 서구시인이었다고 할 수 있다. 특히 여기 소개된 「가을의 노래」[29]는 1945년 이전에 열두 번이나 번역되었을 정도로 잘 알려진 시였다[30] 이효석은 이 시에서 "빈사(瀕死)의 여인(麗人)이 끊어지는 마지막 숨결로 목메이게 간신히 조각조각 짜내는 귀한 마지막 토막말과도 흡사"[31] 한 것을 느끼며, 시의 마지막 련을 "임의의 그 풍경 속에 우리는 가슴을 찌르는 외줄기의 쓰라린 4현금의 울음소리를 듣고 바람 부는 대로 지향없이 날으는 낙엽을 보고 창백한 얼굴로 목 메일 듯이 옛일을 생각하고 울고 낙엽과 같이 향방 없이 떠나는 낙망(落亡)의 혼백을 볼 수 있는 것이다"(『전집』 7, 101면)라고 해석하고 있는데, 이러한 정서야말로 그대로 이 작품의 정서라고

29 이효석은 이 작품을 여러 번 언급하고, 그것을 제목으로 한 수필도 한 편 썼지만, 항상 「샹송 도토오느」라고 칭했지 '가을의 노래'라는 번역어를 사용한 적은 없다.

30 구인모, 「베를렌느, 김억, 그리고 가와지 류코(川路柳虹) – 金億의 베를렌느 詩 原典 比較 硏究」, 『비교문학』 41, 한국비교문학회, 2007, 153면.

31 이효석, 「숑송 도토오느 – 명작상에 나타난 가을풍경」, 『조광』, 1936.9(『전집』 7, 99면).

할 수 있다. 그런 점에서 이 작품은 이효석 미의식의 특질로서 곧 잘 이야기되는 '애수'[32], 또는 '애잔한 것'[33]이 가장 잘 드러난 작품 중의 하나다. 그 때 이 작품의 그러한 미의식에 공명하는 데 베를렌의 시 두 편은 결정적인 역할을 하고 있다. 조금 다른 식으로 이야기한다면 이 작품은 「상송 도토오느」의 한국소설화라고도 할 수 있을 정도이다.

그런데 작품 안에서 유라가 읊었던 「상송 도토오느」의 첫 구절은 번역조차 되지 않는다. 적어도 「상송 도토오느」 정도를 향유하고 있는 문화공동체를 작가는 상정하고 있다고 할 수 있을 것이다. 그러한 문화 공동체를 대상으로 작품을 창작할 수 있었던 근거는, 아마도 수의 다수에 상관없이 그러한 문화적 감수성 자체가 '보편적인 미'에 대한 그것으로 인식되고 있기 때문일 것이다. 이효석은 「화춘의장」이란 글에서 미의 보편성을 강력하게 주장하고 있는데, 자신이 느끼는 미가 대부분 외래의 것임을 다음과 같이 솔직히 이야기하고 있다.

> 그 모든 아름다운 것은 외래의 것이요, 이곳의 것은 아닌 것이다. (…중략…) 가령 서반구의 아름다운 것을 당할 만한 무엇이 이 땅에 있는가.
>
> 서양의 미에 비하여 우리의 것이 너무도 초라하게 느껴지는 것은 편견도 아무것도 아니다. 인간이나 생활의 미에 있어서 이곳의 것이 그곳의 것에 비길 바 못된다고 말하여도 그것은 반드시 독단과 편기(偏嗜)에서 나오는 말만이 아닐 듯하다.
>
> 생활의 미를 말할 때에 나는 반드시 그곳의 문명과 발달된 자본주의를 가리키는 것이 아니다. 원형 그것, 바탕 그것이 이미 충분히 아름다운 것이며, 이 점

32 유진오는 이효석 작품의 두 개의 기둥으로 모더니즘과 애수를 들고 있다. 유진오, 「이효석론」(『전집』 8, 102면).

33 김윤식은 "예술이란 무엇인가. 적어도 이효석에겐 애잔한 것, 슬픈 것이 그 본질이다"라고 하고 있다. 김윤식, 「이효석론(2)」, 『일제 말기 한국 작가의 일본어 글쓰기론』, 서울대 출판부, 2003, 274면.

에 있어서 우리는 한 특권을 운명적으로 당초부터 잃어버리고 있는 셈이다.[34]

그런 점에서 그의 이른바 구라파주의를 이야기 할 때, 흔히 인용되는 『화분』과 『벽공무한』의 다음과 같은 말들은 이효석 자신의 말이라고 해도 좋을 것이다.

> 누가 서양을 숭배하나, 아름다운 것을 숭배하는 것이지. 아름다운 것은 태양과 같이 절대라나. 서양의 것이든 동양의 것이든 아름다운 것 앞에서는 사족을 못 써도 좋구 엎드려 백배 천배 해두 좋거든. 부끄러울 것두 없구 추태두 아니야.[35]

> 그의 구라파주의는 곧 세계주의로 통하는 것이어서 그 입장에서 볼 때 지방주의같이 깨지 않은 감상은 없다는 것이다. 진리나 가난한 것이나 아름다운 것은 공통되는 것이어서 부분이 없고 구역이 없다. (…중략…) 같은 진리를 생각하고 같은 사상을 호흡하고 같은 아름다운 것에 감동하는 오늘의 우리는 한구석에 숨어 사는 것이 아니요, 전 세계 속에 살고 있는 것이다. 동양에 살고 있어도 구라파에서 호흡하고 있는 것이며 구라파에 살아도 동양에 와 있는 셈이다.[36]

아주 도도한 보편주의라고 할 수 있을 텐데, 그의 서양 추구 행위는 이러한 보편주의의 논리에 의해 추동되고 있었다고 할 수 있다. 이러한 보편주의의 입장에서, 유라의 죽음의 상황을 그 미적 보편성으로 실현하는 '상송 도토오느'의 정서가 의심될 가능성은 없다. '상송 도토오느'에 의해 형성된 정서를 통하여 유라의 죽음의 상황을 체험하고 있다는

34 이효석, 「화춘의장」, 『조선일보』, 1937.5.4~8(『전집』 7, 142~143면).

35 이효석, 「벽공무한」, 『매일신보』, 1940.1.7~4.28(연재시 제목은 「창공」)(『전집』 5, 170면) 앞으로 이 작품의 인용문에는 인용문 뒤에 (『전집』 권수, 면수)만을 밝혀둔다.

36 이효석, 『화분』, 인문사, 1939.9(『전집』 4, 169~179면).

그 역의 발상은 불가능한 것이다. 서구에서조차 그러한 방식으로 미를 감수하는 능력 자체는 형성되는 것이라는 점, 그 과정에서 교육이나 출신계급 등이 결정적인 역할을 한다는 점 등은 고려되지 못하는 것이다.

3. 문제적 상황의 설정 – 「붉은 사랑」과 〈모로코〉

이효석의 이른바 '경향적 시절'의 작품에는 사회주의자들을 다루고 있음에도, "명확한 반좌익적인 작품"[37]이라고까지도 평가되는 특이한 작품이 있다. 「오리온과 임금 – 「임금의 기교」 중의 한 편」[38]이 그것이다. 이 작품에 나오는 나오미는 "그의 육체와 용모의 인상이 너무도 연하고 사치한 까닭"(『전집』 1, 267면)에, '나'의 '연구회'에 입회했지만 '동지'라는 느낌보다는 '여자'라는 느낌을 준다. 그 나오미는 길거리에서 "밝은 거리를 꺼리는 법 없이 새빨간 능금을 껍질 채 버적버적 먹"(『전집』 1, 269면)는다. 또 그의 대담함을 지적하는 나에게, "금욕은 프롤레타리아의 도덕이 아니에요 – 솔직한 감정을 정직하게 표현하는 것이 프롤레타리아가 아닐까요?"(『전집』 1, 270면)라고 반문하는 도발적인 여성이다. 그런 점에서 사회주의자인 화자에게 나오미는 꽤나 당혹스런 존재이다. "프롤레타리아 투사에게라고 결코 능금이 금단의 과일이 아니겠지요. 밥을 먹지 않으면 안 되는 투사가 능금을 먹지 말라는 법이 어데 있어"(『전집』 1, 270면)라는 나오미의 암시는 화자인 나에게 노골적인 고백으로 들

37 유진오, 위의 글(『전집』 8, 98면).

38 이효석, 「오리온과 임금(林檎) – 「임금의 기교」 중의 한 편」, 『삼천리』, 1932.3. 앞으로 이 작품의 인용문에는 인용문 뒤에 (『전집』 권수, 면수)만을 밝혀둔다.

린다. 그리고 결국 연구회 모임방인 S의 방에 둘만이 남게된 어느밤 다음과 같이 애욕의 장면이 연출되며 작품은 끝난다.

> 다음 순간 목덜미의 부드럽던 촉감은 든든한 압박감으로 변하고 얼굴에는 전면 뜨거운 피를 끼얹는 듯한 화끈한 김과 향기가 숨차게 흘러오고—입술에는 타는 입술이 와서 맞닿았다.
>
> 그리고 물론 동시에 다음과 같은 떨리는 '나오미'의 애원하는 목소리가 후둑이는 그의 염통의 고동과 함께 구절구절 찢기면서 나의 귀를 스쳤던 것이다.
>
> "안아주세요! 저를 힘껏 힘껏 좀 안아 주세요."
>
> (『전집』 1, 276면)

이런 나오미의 형상이 훨씬 진전된 형태로 변주되는 작품이 장편소설인 「주리야」[39]다. 「주리야」의 주인공인 주리야는 주화가 S항에서 행했던 강연의 청자였는데, 그 때의 한 번의 대면을 빌미로 주화에게 무작정 찾아와 애정을 호소하여, "애인이라고 하였으면 좋을는지 아내라고 하였으면 좋을는지, 혹은 하우스 키퍼(이렇게 부르기는 과남하나)라고 하였으면 좋을는지 명칭모를"(『전집』 4, 17면) 상태로 주화와 동서생활을 하고 있다. 작품의 첫 장면에서부터 "재기와 영채에 넘치는 두 눈에 재롱과 미소를 담뿍 띠우"(『전집』 4, 11면)는 통통 튀는 듯한 매력적인 인물이다.

그런데 작품에서 다루어지는 주리야의 가장 주된 이야기는 사회주의자로서의 활동이나 성장이라기보다는, 사고처럼 일어나는 그녀의 애욕의 이야기이다. 고향에서 오빠가 찾아오는 '위기'를 맞이하여 주화의 동료인 민호를 끌고 월미도로 도피하는데, 이 월미도에서 둘 사이에 관계

39 이효석, 「주리야」, 『신여성』, 1933.3~1934.3. 앞으로 이 작품의 인용문에는 인용문 뒤에 (『전집』 권수, 면수)만을 밝혀둔다.

가 이루어지는 것이다. 자신이 잠든 사이에 일어난 이 일에 대하여 주리야는 다음날 아침 민호의 뺨을 치며 노여워하지만, "이것이 민호를 차지할 안성맞춤의 좋은 기회라고 은근히 생각"(『전집』 4, 43면)하면서 간 것일 뿐 아니라, "이 결과가 올 것을 처음에 전연 예측하지 않은 바는 아니었"(『전집』 4, 54면)다고 생각하고 있다는 점, 또 나중에 그 순간 반항하지 않은 것을 후회하지만, 결국 다음 날 아침에 일어나서야 민호에게 항의하고 있다는 점 등을 볼 때, 강제적인 행위였다고 하기는 힘들다. 주리야가 주화를 사랑하고 있다고 생각하면서도 다른 남성을 욕망하고 그것이 구체적인 행위로 나아간 과정을 보여주고 있다고 하는 것이 온당한 이해일 것이다.

이렇듯 이 두 작품은 사회주의자를 다루고 있지만, 주의자로서의 활동보다는 그들(특히 여성)의 욕망이 전면에 나와 있다. 그런데 이러한 이 작품들의 특성은 이 두 작품에 공히 등장하고 있는 콜론타이즘과 직접적으로 연관되어 있다. 작중 인물들이 이에 대해 꽤 긴 대화를 나누는데, 다음과 같다.

> "코론타이 자신 말예요."
>
> "보다도 왓시릿사에 대해서 말요."
>
> "가지가지의 붉은 사랑을 맺어 가는 왓시릿사의 가슴속에는 물론 든든한 이지의 조종도 있었겠지만 보다도 끓는 피와 감정에 순종함이 더 많았겠지요—이런 점에 있어서 저도 왓시릿사를 좋아하고 찬미할 수 있어요."
>
> "사업 제일, 연애 제이, 어디까지든지 이 신조를 굽히지 않고 나간 것이 용감하지 않소."
>
> "그러나 사업 제일이라는 것은 결국 왓시릿사에게는 한 개의 방패와 이유에 지나지 못하는 것이 아닐까요. 한 사람의 사나이로부터 다른 사나이에게 옮아갈 때 거기에는 사업이라는 아름다운 표면의 간판보다도 먼저 일의적인 좋고

싫다는 감정의 시킴이 있을 것이 아닌가요."

(…중략…)

"결국 왓시릿사는 능금을 대단히 좋아하였고 그 좋아하는 감정을 솔직하게 표현하였다고 할 수 있지요. 다만 그는 심히 약고 영리한 까닭에 그것을 표현함에 사업이라는 방패를 써서 교묘하게 그 자신을 카무프라주하고 그의 체면을 보존하려고 하였을 뿐이지요."

(『전집』 1, 274면)

"한라는 코론타이즘을 어떻게 생각허우."

"코론타이즘—성생활에 관한 자료요 이단이지 결코 새로운 성도덕의 수립이 아니야. —나는 적어도 그렇게 생각해."

"그러면 가령 왓시릿사의 행동은—"

"음탕한 계집의 난잡한 행동에 지나지 못하지."

(…중략…)

"반드시 그렇지는 않겠지만 적어도 주의의 그늘에 숨어서 애욕을 난용한 것은 어떨까 생각해. 애욕생활이 어지러운 이상 그것은 동물적 면에 지나지 못하는 것을 의젓한 주의의 간판으로 둘러 가리우는 것은 약고 간사한 짓야. —왓시릿사는 결국 굳건한 투사였는지 모르나 반면에 음탕한 동물이지 무어야."

(『전집』 4, 59면)

이 인용문들에 나타난 '왓시릿사'에 대한 이해는 정작 「붉은 사랑」이라는 작품의 내용과는 잘 맞지 않는다. 「바실리사 말리기나(Vasilisa Malygina)」[40]의 주인공 바실리사는 가지가지 붉은 사랑을 맺어가는 인물이 아니라, 혁

40 주로 「붉은 사랑」이라고 번역되는 이 작품의 원제목이다. 번역본은 김제헌 역, 『붉은 사랑(*Alexandra Kollontai*)』, 공동체, 1988.

명사업에서 만난 남편 볼로쟈에게 헌신적인 아내였음에도 불구하고, 여비서인 니나와 사랑에 빠진 남편에 의해 배신과 실연의 고통을 당하는 인물이다. 그래서 아이를 가졌음에도 남편을 니나에게 보내주고, 공동 탁아소를 꾸려 아이를 키워나갈 것을 꿈꾸면서 자신만의 주체적 삶을 찾아나가는 인물인 것이다. 오히려 여기 나타난 인간상은 콜론타이의 또 다른 작품인 「삼대의 연애」에 등장하는, 두 남자를 동시에 사랑했던 올가나, 사랑 없이 여러 남성과, 특히 어머니 올가의 연인인 안드레이와 섹스하면서도 아무런 문제의식을 느끼지 않는, 하지만 당 사업이 바빠서 사랑할 시간이 없는 훌륭한 사회주의 활동가인 게니아에 더 잘 들어맞는다고 할 수 있다.[41]

대화를 나누는 등장인물들 모두를 희화화하려는 의도같은 것은 보이지 않으므로, 이 시기 이효석은 「붉은 사랑」의 내용을 잘 알고 있지 못했다고 추정된다. 아마도 이런 방식의 인유가 이루어진 이유는 '물 한잔의 이론'[42]으로 알려진 콜론타이즘의 대표인물로 그의 대표작 「붉은 사랑」의 주인공 '왓시릿사'를 떠올렸기 때문일 것이다. 그런 점에서 이 작품에서 다루어지는 사회운동가의 애욕이라는 문제가 「붉은 사랑」의 독서에서 시작한 것이 아님은 분명하다. 오히려 인간의 근본적인 욕구로서의 '애욕'에 대한 그의 관심이 콜론타이즘을 호출했다고 하는 쪽이 맞을 것이다. 「붉은 사랑」이 아닌 능금 쪽이 더 근원적인 것이다.

---

41 번역본은 알렉산드라 콜론타이 외, 장지연 역, 『월요일』, 일송정, 1994.

42 '성이란 한 잔의 물을 마시는 것처럼 단순하고 쉬운 것이 되어야 한다'는 사상이다. 이는 '여성의 자기 몸에 관한 자율권'에 대한 주장과 관련된다. 콜론타이의 여성론 전반에 대해서는 다음 논문 참조.
이정희, 「알렉산드라 콜론타이(1872~1952)의 사회주의 여성해방 사상-공산주의적 성적 도덕과 섹슈얼리티를 중심으로-, 『서양사론』 99호, 한국서양사학회, 2008.
이 물 한잔의 이론은 식민지 시기에 이루어진 콜론타이에 대한 소개에서도 나타나고 있다. 柳哲洙, 「(동광대학 제6강 사회문제편) 性愛解放論 : 健全한 性的自由의 獲得-」, 『동광』 24호, 1931.8, 385면.

"유물론의 철학은 공설시장의 철학에서 시작되고 XX의 감격은 공설시장의 감격에서 시작되는 줄 모르세요. ―바구니에 나물을 가득히 사서 들고 저무는 햇빛을 등지면서 공설시장 앞을 거닐기를 나는 얼마나 좋아하는지"(『전집』 4, 10~11면)라고 '공설시장의 철학'을 떠벌이는 인물 주리야는 "'모로코'에서 디이트리히가 부르던 능금의 노래를 콧소리를 읊으면서"(『전집』 4, 12면), 그리고 능금을 베어 먹으며 장으로 가는데, 그 능금의 노래는 다음과 같이 번역되어 실려 있다.

> 아담을 영리하게 한 과일
> 나의 능금 누가 사노
> 역사 책에도 적혀 있지―
> 아담이 능금 따먹길래
> 새 낙원 내 앞에 열렸네.
>
> (『전집』 4, 12면)[43]

이 두 작품에서 능금은 중요한 상징성을 띠고 있는데, 나오미와 주리야 이 두 인물은 '능금의 철학'을 공유하고 있다는 점에서 동일한 문제의식을 형상화하고 있는 인물이다. 이들 작품에서 '능금'은 다층적인 의미를 갖고 있다. 그것은 아담이 따먹은 능금이며, 다른 한 편으론 그것은 밥과 대비되는 풍요로운 삶에 대한 욕망, 그리고 남녀 간의 애욕을 상징하는 것이기도 하다[44] 정리하면 이 소설들의 능금은 기존 질서에서 억압

---

43 원래 가사는 다음과 같다. 번역되지 않은 뒤의 4행에는 '젊은 아내의 바람'이라는 성적인 농담이 끼어들어 있다.
"What am I bid for my apple / The fruit that made Adam so wise / On the historic night when he took a bite / They discoverde a new paradise / An apple they say keeps the doctor away / while his pretty young wife / Has the time of her life / With the butcher, the baker, the candlestick maker / Oh, what am I bid for my apple"

되고 있는 본능적인 인간의 욕구의 자유로운 발현과 충족이라는 문제와 연관되어 있는 것이다.

여기에 등장하는 〈모로코〉라는 영화는 1930년 Josef Von Sternberg 감독, Gary Cooper, Marlene Dietrich 주연으로 만들어졌는데, 모로코를 배경으로 이루어지는 외인부대원 톰과 카바레 가수 에이미 사이의 낭만적인 사랑에 대한 영화이다. 당시 영화 예고편에서는 "격렬하고 …… 태풍 같은 …… 온 마음을 빼앗는 사랑의 이야기(The story of a fierce …… tempestuous …… all-consuming love)"라는 문구를 쓰고 있다.[45] 인용된 노래는 에이미가 바구니에 담긴 사과를 카바레 관객들에게 파는 장면에서 부르는 것으로, 단지 사과를 판다기보다는 남성들을 유혹하는 매력을 발산하는 장면이라고 할 수 있다. 옷차림 또한 거의 속옷에 가까운 짧은 원피스 형태의 옷을 입고 있다. 성욕이나 애욕과 능금을 연관시키는 소위 '능금의 철학'의 발상의 근저에는 그런 점에서 영화 〈모로코〉의 이 장면이 놓여 있다.

그런 점에서 이 두 작품 속 인물들의 행위는 콜론타이즘과 〈모로코〉에 기대어 의미화되고 있다고 할 수 있는데, 둘의 공통점으로 드러나는 애욕이 더욱 전면적으로 일반화되지만, 콜론타이즘에 대한 논의에서 애욕에 맞서고 있는 운동, 또는 사업이 무효화되는 것은 아니다. 이들 작품에서 남성 인물들이 대변하고 있는 사회주의적 지향 자체가 부정되고 있다고는 할 수 없기 때문이다. 여성 인물들에게 있어서도 이는 마찬가지다. 백화점 옥상에서 능금을 든 나오미의 형상은 화자에게 한 번은 '성스런 이브'로 또 한 번은 '속되고 평범한 지상적 풍경'으로 표상되는데, 작품 속에서 이 둘 중 하나로 귀결되지 않을 뿐더러, 나오미는 작품 속에서 희화화되거나 비판되지 않는다. 또 「주리야」에서도 작가

44 위에서 인용된 나오미의 암시가 '애욕'을 의미하고 있었음은 작품의 마지막 장면이 확인해 주고 있다고 할 수 있다.

45 이 예고편은 DVD와 유부트(www.youtube.com)에서 찾아볼 수 있다.

는 '반둥건둥'의 성장이나마 주리야의 성장을 그리며, 나름 굳건한 생활인으로 거듭날 주리야를 예상케 하면서 작품을 끝내고 있다.[46] 그런 점에서 이 시기 이효석은 분명 사회주의에서 자신의 원하는 '인간적이고도 풍요로운' 삶의 전망을 찾으려 하고 있었다. 하지만 그 '인간적이고도 풍요로운 삶'을 위해서는, 그들의 삶 속에 끊임없이 파고들어올 이 기본적인 욕구 또한 회피할 수 없다는 점에 진지하게 대면하고 있었다고 할 수 있을 것이다. 그런 점에서 이 작품들은 사회주의에 던지는 하나의 질문이 된다. 이 작품이 〈모로코〉만이 아닌 콜론타이의 「붉은 사랑」의 겹의 인유에 기반하지 않을 수 없었던 이유라고 할 수 있을 것이다.

4. 인물행위의 의미맥락 – 〈파리의 뒷골목〉과 〈남방비행〉

1940년 발표된 『벽공무한』에는 작중 인물들의 인생행로에 중요한 영향을 미치는 영화 두 편이 등장한다. 하나는 일마와 나아자가 하얼빈의 호텔에서 함께 보게 되는 〈파리의 뒷골목〉이고, 또 하나는 남편 만해가 외박한 다음 날 미려와 혜주가 함께 보게 되는 〈남방비행〉이라는 영화다.

작품 안에서 소개되는 〈파리의 뒷골목〉은 가난한 파리의 소녀와 유

46 한 동안 미완의 소설로 알려져 있던 「주리야」는 이현주의 「이효석의 『주리야』 연구」(『여성문학연구』 16호, 한국여성문학학회, 2006)에서 『신여성』 1934년 3월호에 실린 마지막호의 존재가 밝혀졌고, 그의 박사논문 「이효석 문학의 배경에 대한 주석적 연구」(연세대 박사논문, 2009.6)에서도 재론되었다. 이 논문에서는 이외에도 그 간 잘못 알려져 있던 이효석 텍스트의 서지사항에 대한 많은 교정이 이루어졌다. 필자는 졸고 「이효석 소설에 나타난 '성'의 특성 연구」(『현대문학의 연구』 43호, 한국문학연구학회, 2011.2)에서 미처 이를 참조하지 못하는 잘못을 저질렀었음을 밝혀둔다.

학 온 아라비아 청년과의 사랑을 그리고 있다.[47] 일마에게 영화 속에 등장하는 파리의 모습은 그대로 그가 동경하는 서구 자체이기에 인상적이지만, 이 영화가 "일마의 흥미를 곱절 붙든"(『전집』 5, 78면) 이유는 그들의 사랑이 국경을 넘어선 것이기 때문이다. 말도 잘 통하지 않고 나라도 다르고 피도 다른 두 사람의 사랑이라는 것이, 막 사랑으로 나아가려고 하는 일마와 나아자의 상황에 그대로 전이되고 있는 것이다. 영화는 고국으로 돌아간 아라비아 청년이 돌아오지 않은 채, 슬픔에 잠긴 소녀의 얼굴을 가슴 속에 새겨 놓고 끝난 것으로 되어 있고, 그런 점에서 일마와 나아자는 둘 모두 그러한 결말에 대한 아쉬움을 토로하고 있다. 그 아쉬움의 토로 과정은 곧 나아자와 일마의 현실(작중 현실)에서의 희망을 증진시키며, 영화를 통하여 "일마는 오늘 나아자와의 거리를 극히 가까운 것"(『전집』 5, 80면)으로 느끼게 된다. 흥미 있는 것은 그들의 대화가 '국경 없는' 아름다운 세상으로까지 나아간다는 점이다. 그리고 그것은 다음과 같은 나아자의 말이 드러내듯 '온 인류의 평등'에 대한 사고로까지도 나아간다.

> 제 눈에도 사람은 다 같이 일반으로 뵈여요. 구라파 사람이나, 동양 사람이나, 개인개인 다 제나름이지 전체로 낫구 못한 게 없는 것 같아요.
>
> (『전집』 5, 80면)

---

47 〈파리의 뒷골목〉은 〈巴里の裏町〉이란 제목으로 상영된, 〈A Rogue's Romance〉라는 무성영화로 추정된다. 이 영화는 루돌프 발렌티노 주연의 1919년 영화인데, 지금은 유실되어 필름이 없는 상태이고(영화 정보 사이트인 IMDB의 정보에 의하면 그렇다), 때문에 정확한 내용을 알기 어렵다. 소설 창작 시점에 재상연되었는지 확실치 않으나, 꽤 오래 전의 작품을 작중 인물들로 하여금 보게 하고 있는 것이다. 그런 점에서 꽤 고심 끝에 선택된 영화라고 할 수 있다. 그렇게 한 이유는 명확한데, 이 영화가 국경을 넘은 사랑을 다루고 있기 때문이다. 이 작품은 부산에서는 1927년에 상영되었다(홍영철, 부산대 한국민족문화연구소 편, 『부산근대영화사』, 산지니, 268면 참조). 경성이나 평양에서의 상영연도에 대한 확인 작업은 추후의 과제로 남긴다.

이 작품은 문화 선구자로서 일마의 사회적 성취담이기도 하지만, 가장 중심에 있는 이야기는 그의 연애 성취담이라고 할 수 있다. 특히 러시아 미인과의 국경을 넘은 사랑의 성취라는 점이 가장 이색적인 측면이라고 할 수 있을 것이다. 그런데 이러한 국경을 넘은 사랑의 의미는 이 작품과 동시에 발표되고 있는 그의 일본어 소설 『녹색 탑』[48]을 함께 고려하지 않으면 제대로 드러나지 않는 것으로 보인다. 『녹색 탑』 또한 조선인과 일본인이라는 이민족 간의 결합을 다루고 있기 때문이다. 그런데 일본인 여성과 조선인 남성의 결합이라는 모티프는 '내선일체'라는 이데올로기와 직접적으로 연결되지 않을 수 없는 맥락에 놓여 있었다. '내선결혼'은 그 자체로 '내선일체'의 일환으로 권장되었고, 때문에 문학 내에서도 이 모티프는 유행처럼 번져 있었기 때문이다.[49]

이효석은 이 두 작품을 동시에 같이 쓰고 있었다.[50] 한 작품에서 내선결혼을 그려내면서, 또 다른 한 작품에서는 보란 듯이 조선인과 러시아인의 결혼을 그려내고 있었던 것이다. 이 영화를 통하여 조선인과 러시아인의 사랑은 프랑스인과 아라비아인과의 사랑과 등가에 놓인다. 그런 맥락에서라면 조선인과 일본인의 사랑 또한 특별한 일일 수 없다. 물론 당대의 상황에서 일본인과 조선인은 국가를 달리하고 있지 않았다는 점 또한 고려해야 할 것이다. 하지만 국경을 넘는 사랑이라는 점에서 본

---

48 이효석, 「緑の塔」, 『국민신보』, 1940.1.7～4.28

49 식민지 시기 소설에 나타난 내선결혼 모티프에 대해서는 다음 논문들 참조.
이상경, 「일제 말기 소설에 나타난 '내선결혼'의 층위」, 『친일문학의 내적 논리』, 역락, 2003; 조진기, 「내선일체의 실천과 내선결혼소설」, 『한민족어문학』 50집, 한민족어문학회, 2007, 433～466면; 곽은희, 「낭만적 사랑과 프로파간다」, 『인문과학연구』 36집, 대구대 인문과학연구소, 2011, 167～186면.

50 그는 1940년 7월에 『삼천리』에 발표된 「괴로운 길」이라는 수필에서 "2월 이래 두 가지의 장편소설에 붙들려 400자 900매의 원고를 써오는 중"임을 밝히고 있다. 『녹색 탑』은 『국민신보』에 40년 1월부터 4월까지 연재되었고, 『벽공무한』은 「창공」이라는 제목으로 『매일신보』에 40년 1월부터 7월까지 연재되었다.

다면 한 국가 안의 이민족 간의 사랑이라면 더욱 심상한 일이라고도 할 수 있을 것이다. 그러므로 이 작품은 『녹색 탑』에서 이루어지는 조선인과 일본인의 결혼이 당대의 '내선일체'라는 이데올로기적 맥락에서 읽히는 것을 희석시키고 있다. 그런 점에서 줄거리나 인물 등 아무런 연관도 갖고 있지 않아 보이는 이 두 작품은 강력한 상호텍스트성으로 엮여 있다고 할 수 있다. 이미 국경이 없어진 '사랑의 세계'가 일마와 나아자뿐만 아니라 영민과 요코의 행위의 의미맥락으로 작용하고 있는 것이다.

이 작품에 등장하는 또 하나의 영화는 〈남방비행〉이다. 이 영화는 1936년 Pierre Billon이 감독해서 만든 〈Courier Sud〉로 생텍쥐페리의 원작을 영화화한 것이다. Pierre Richard-Willm, Jany Holt, Raymond Aimos 등이 출연했고, 조선에는 1937년 개봉한 것으로 추정된다.[51] 이 영화에 대해서는 이효석 자신이 남긴 글이 있어 참고가 가능한데, 그에 따르면 이 작품은 "감독의 수완이라는 것보다도 원작자 생텍쥐페리의 의도와 의장이 너무도 명료하게 드러나서 그것이 작품으로서의 큰 매력을 빚어"[52]내는, 원작에 충실한 작품이다. "베르니스는 사랑에도 최후적으로 성공하였다고는 볼 수 없으며 비행기의 항로에서도 실패하고야 말았다"(『전집』 6, 284면)는 이효석의 말에서도 드러나듯이, 이 작품은 베르니스의 죽음으로 끝나는 원작과 마찬가지의 결말을 갖고 있는 것으로 보인다. 하지만 작중 인물 미려는 다음과 같이 작품의 마지막 부분은 간단히 무시해버린다.[53]

---

51 개봉 날짜는 확인 필요. 일단 부산에서의 개봉일이 밝혀져 있어 이를 이용한다. 홍영철, 『부산근대영화사』, 산지니, 2009, 543면.

52 이효석, 「남방비행 기타」, 『삼천리』, 1938.1(『전집』 6, 283면).

53 이효석 자신 미려와 마찬가지 방식으로 이 영화를 감상하고 있기도 하다. 이 영화의 의미를 그 사랑의 도피행에서 찾는 작가의 해석이 그대로 소설 안에서 주인공이 이 작품을 전유하는 방식이 되고 있는 것이다. 위의 글(『전집』 6, 283면) 참조.

변지에 파견된 공사의 젊은 부인은 주위의 생활이 뜻에 맞지 않아 고독하기 짝 없다. 늙은 남편은 청춘의 꿈과는 거리가 먼 것이었다. 돌연히 날아온 비행사는 어릴 때의 소꿉동무였다. 부인은 그에게서 지난날의 꿈을 찾으며 청춘의 희망을 붙인다. 탄 자리에 붙은 불은 좀체 끌 수 없어 두 사람은 열정으로 모든 것을 해결한다. 분별과 냉정은 악마의 것이다. 남편과 가정을 배반하고 드디어 사랑의 줄행랑을 놓는다. 비록 짧은 순간의 것이기는 하나 지극히 행복스런 해결이다.

미려에게는 거기까지의 이야기가 필요하고 긴한 것이요, 그 다음부터의 지리한 부분은 쓸데없는 잔소리 같았다.

(『전집』 5, 156면)

미려는 이 영화가 마치 자신의 이야기인 듯 감격스럽게 받아들이며, 남편과의 이혼이나 하얼빈으로 일마를 쫓아가는 이후 미려의 행동은 이러한 감격에 의해 이미 준비되고 있는 것이다. 또 이 작품은 나중 혜주와 남편 안상달의 대화에 다시 "아내에겐 누구에게나 다 '남방비행'적인 성격이 있단 말이지"(『전집』 5, 272면)와 같은 형식으로 등장하여, 가정을 버리고 떠나는 여자를 일반화하는 의미까지 갖게 된다. 혜주와의 대화에서는 다음과 같이, 이제 〈남방비행〉은 인간성을 막는 모든 굴레에서 벗어나는 인간을 형상화한 영화로까지 일반화된다.

"결국 어느 시대나 노라는 빼지 않는 모양이지. 후손이 또 하나 생겼으니 땅속의 노라도 기뻐하렷다."

"난 가정의 노라가 아니구 인간의 노라야. 인간성을 막는 모든 굴레에서 벗어나련 것야."

"남방비행의 여주인공같이 말이지"

(『전집』 5, 163~164면)

이렇듯 일마는 〈파리의 뒷골목〉을 '차별이 사라진 인간 세상'으로, 미려는 〈남방비행〉을 '인간성을 막는 모든 굴레에 대한 저항'으로까지 이끌고 가고 있다. 영화 자체가 보편성을 실현하고 있다기보다는, 근본적인 인간의 상황, 정서, 욕구·등에 비추어보는 이효석적 전유에 의하여 보편적인 자질이 부여되는 것이다. 그리고 그러한 과정은 역으로 자신의 삶을 개척해나가는 일마와 미려 등의 행위를 의미화하는 의미망으로 기능하게 된다.

5. 재맥락화의 형식–『풀잎』

「풀잎–시인 월트 윁먼을 가졌음은 인류의 행복이다」[54]는 미국의 시인 월트 휘트먼과 그의 시집 제목 『풀잎(*Leaves of grass*)』을 작품의 제목으로 삼고 있어, 시집 『풀잎』과 상호텍스트성을 그대로 드러내고 있는 작품이다. 작품의 주요 줄거리는 역시 연애이야기이다. 아내를 잃은 지 일 년이 채 되지 않은 소설가이자 대학교수인 '준보'와 동경에서 음악을 공부하다 잠시 다니러온 '실' 사이의 애정과 그를 억압하는 세상과의 갈등을 그려내고 있는 소설이다. 그들의 사랑이 환영받지 못하는 이유는 대부분 '실'에게 있는 것으로 그려지는데, 무엇이 문제인지가 정확하게 드

54 이효석, 「풀잎–시인 월트 윁먼을 가졌음은 인류의 행복이다」, 『춘추』, 1942.1, 앞으로 이 작품의 인용문에는 인용문 뒤에 (『전집』 권수, 면수)만을 밝혀둔다.
『춘추』 발표본의 부제에 '월트 월먼'으로 표기되어 있고, 전집 또한 이를 좇아 '월트 월먼'으로 표기하고 있다. 하지만 원발표본에서는 본문에서는 '윁먼'으로 표기되어 있는데, 전집에서는 모두 '월먼'으로 표기하고 있다. 부제의 '월먼'이 오기임이 분명하므로, 여기서는 모두 '윁먼'으로 표기한다.

러나지는 않지만, 친구 윤벽도가 "옥씨의 집안이 어떻구 과거가 어떤 줄이나 알구서 그러나"(『전집』 3, 211면)라고 하고 있듯이 주로 집안과 과거의 문제임을 알 수 있다. 아마도 그 중에서도 결정적인 것은 "열아홉 살까지의 명예롭지 못한 직업 시대"(『전집』 3, 200면)와 그 시대에 이루어진, 실업가, 문학청년, 그리고 사회주의자였던 세 사람과의 연애와 관련되어 있음은 짐작할 수 있다. 이 소설은 두 인물이 그러한 세상의 편견, 야유와 조롱을 꿋꿋하게 물리치고 사랑해나가는 이야기인 것이다.

월트 휘트먼의 시는 그러한 상황에서, "맘이 성가실 때는 시를 읽는 게 첫째라우"(『전집』 3, 215면)라며 준보가 실에게 읽혀 들려줌으로써 등장한다. "좋아요. 참 좋아요. 저를 위해서 쓴 것만 같아요"라고 실이 반응하는 첫 번째 시는 원제가 "To a common prostitute(평범한 매춘부에게)"라는 점에서 꽤나 문제적이다. 시의 화자가 영원의 사랑을 약속하고 있는 대상은 매춘부인 것이다. 그렇기에 시의 화자는 자신이 돌아올 때는 '성한 사람'[55]이 되어 있기를 요구하고 있다. 실의 과거는 또 다른 친구에 의해서는 '순결'의 문제와 연관된다는 점에서,[56] 꽤 신중하게 선택된 시임을 알 수 있다. 남성과 여성의 동등성을 주장하는 세 번째 시나 '연인들의 우정'에 대한 찬미인 네 번째 시 또한, 주체적인 개인의 의사에 따라 이루어지는 사랑의 중요성을 강조하고 있다. 늙은 여자의 아름다움을 칭송하는 두 번째 시와 세 번째 시 사이에, "아무와도 친하게 이야기하구 똑같이 사랑하는 가장 허물없는 스승"(『전집』 3, 216면)으로서 월트 "윌먼을 가지게 된 것은 인류의 행복"(『전집』 3, 217면)이라고 하는 준보의 말

55 이 부분의 원문은 'be patient and perfect'이다. 번역에 사용된 '성한 사람'의 의미는 정확하지는 않으나 상대편의 '흠절'을 전제하고 있는 듯한 인상을 준다. 번역자(작가)는 시의 원제목을 의식하고 있는 것으로 보인다. 휘트먼의 〈풀잎〉과 이효석의 〈풀잎〉에 실린 시의 원본 대조와 텍스트연관의 의미에 대해서는 양균원, 「『풀잎』에서 「풀잎」으로-휘트먼과 이효석」(『비교한국학』 15(2), 국제비교한국학회, 2007)에서 상세하게 이루어졌다.

56 또 다른 친구 민주빈과의 대화에서 '순결'에 대한 논의가 이루어진다(『전집』 3, 219면).

이 삽입되어 있는데, 이 작품의 제목과 직접 연관되는 부분이다. 준보는 "그(휘트먼)의 눈에는 모든 것이 다 아름답구 고르고 평등하고 사랑스럽지 하나나 추하구 밉구 차별진 것"(『전집』 3, 217면)이 없다는 점을 그 이유로 들고 있지만, 작품의 전체 맥락에서 본다면 이러한 작품의 제목은 역시 좀 뜬금없어 보인다.

이 작품이 발표된 때는 1942년 1월, 1941년 12월 이루어진 진주만 공격으로 전쟁은 확대일로에 있었고, 일제에 의해 이른바 '총력전 체제'가 구축되던 시기이다. 이 작품은 '방공연습'과 '등화관제'에도 불구하고 외딴 골목을 골라 걷는 두 연인을 보여주고 있고, "낮 동안에 일터에서 백성으로서의 직책과 의무를 다했다면야 그만큼의 밤의 시간은 자유로워도 좋을 법했다"(『전집』 3, 197면)는 준보의 체제 일탈적인 생각을 얼핏 드러내고 있지만, 그 이상으로 당대의 현실이 언급되지는 않는다. 단지 순결이나 집안 등을 내세우는 세상의 편견에 맞서 사랑을 지켜내 나가는 연인의 이야기로 일관하는 것이다. 그럼에도 불구하고 「풀잎—월트 윁먼을 가졌음은 인류의 행복이다」라는 휘트먼을 전면에 내세워 칭송하는 제목을 붙이고 있음은 다분히 의도적이라고 생각하지 않을 수 없다. 그 때 휘트먼 시에 대한 다음과 같은 이해는 참조될 만하다.

> 휘트먼(Walt Whitman, 1819~1892)은 남녀 이성간의 육체적 사랑을 통하여 더 나아가 남성들 간의 우정이나 애착을 발판으로 미국 땅에 새로운 민주주의 국가를 세우려고 추구한 시인이다. 그는 한 인간이나 인간관계에만 국한되지 않고 사회, 국가, 세계라는 더 큰 범주 안에서 이러한 사랑을 바탕으로 인간애, 인류애를 실현시키려고 노력하였다. 그는 인간평등을 토대로 여성과 남성의 완벽한 평등관계를 다루는 것이야말로 시인 본연의 임무라고 보았다.[57]

---

57 양현철, 「월트 휘트먼의 사랑관」, 『신영어영문학』 37집, 신영어영문학회, 2007.8, 135~136면.

'자유, 평등, 연대의 정신'이 '육체적 사랑'에 대한 찬양과 결부되어 있다는 점을 휘트먼 시의 큰 특징으로 볼 수 있다면, 지속적으로 '육체적 사랑', '성'의 문제에 집착해온 이효석에게 휘트먼이 꽤나 흥미 있는 시인이었을 것임은 짐작할 수 있다. 한 연구자는 휘트먼의 시집 『풀잎』에 나타난 세계관에 기대어, "「풀잎」과 「일요일」은 전쟁의 수용돌이 속에서 옥죄어 오는 체제의 기반(羈絆)에서 벗어나, 사랑에서 자아의 행복을 추구하면서, 전쟁 대신에 평화, 대동아주의 대신에 코스모폴리타니즘을 주장한 소설이라고 할 수 있다"[58]고까지 정리하고 있기도 하다. 하지만 사랑 이야기로만 일관하고 있는 소설에서 전쟁이나 대동아주의에 대한 반대 주장을 읽어내는 것은 과도해 보인다. 이효석이 자신의 사랑이야기 「풀잎」이 휘트먼의 『풀잎』의 맥락에서 읽혀지기를 원했음은 분명해 보이고, 또 휘트먼의 『풀잎』에 공명하는 최상의 독자가 최고의 능동성을 발휘한다면 그러한 독서가 불가능하지는 않겠지만, 휘트먼의 『풀잎』의 사상이 이 작품 안에 실현되어 있다고 하기는 어렵기 때문이다.[59]

6. 맺음말을 대신하여

일반적인 의미에서의 '사회'나 '역사적 현실'이라는 측면에서 다가갈

58 방민호, 「자연과 자연 쪽에서 조망한 사회와 역사—이효석 소설에 나타난 공간의 새로운 음미」, 『분화와 심화—어둠 속의 풍경들』, 민음사, 2007, 336면.

59 그런 점에서 앞서 언급한 방공연습의 한 대목만에 기대어 이 작품을 휘트먼적 '개인주의와 민주주의'의 표현으로 보는 김재용의 견해도 과도한 해석으로 보인다. 김재용, 「일제 말 이효석 문학과 우회적 저항」, 『한국근대문학연구』 24호, 한국근대문학회, 2011.10, 306~307면 참조.

때, 이효석의 작품은 많은 문제를 노정하게 된다. 『벽공무한』에서 조선의 문화를 향상시키는 사업으로 칭송되는 하얼빈교향악단의 공연이, 실제 식민지 조선에서 실행되었을 때 그것은 "일만 친선, 방공 동맹, 예술, 이 세 가지 명목을 걸고 이루어진, 정치와 예술이 결합한 공연"[60]일 수밖에 없다는 점은 별로 고려되지 못하며, 더 근본적으로는 "'문명'과 '야만'을 이항대립적으로 위치시키고 서양과 동일시된 '문명'의 시선으로 자기 자신을 평가하는"[61] 오리엔탈리즘적 사고방식을 벗어나지 못하고 그런 한에서 "결국 『벽공무한』은 만철의 노선 위에 있었"[62]다는 비판을 피해가기도 힘들어 보인다. 또 사회주의적 지향을 보여주었던 초기의 '경향적 소설'들도 사회주의의 제도나 실생활에 대한 구체적인 비전 위에 놓여 있지 않을 뿐만 아니라, 카프 소설가들이 그려내고자 했던 투쟁의 현장에서도 멀리 떨어져 있다는 점에서, 그다지 현실적이지 못했다는 평가를 받을 만하다. 게다가 앞의 작품들에서 보았듯이, 그는 사회주의적 비전에 근원적인 욕망이라는 관점에서 새로운 문제를 제기하고 있기까지 하다.

하지만 이러한 비판의 바탕에 놓여 있는 '사회'나 '역사적 현실'의 전제 또한 그리 탄탄한 기반 위에 놓여 있는 것은 아니다. 그것은 기본적으로 '제국의 식민지' 또는 '비인간적 자본주의' 등의 부정성에 기대고 이루어질 뿐, 여전히 이효석이 원하는 '인간의 자연적인 욕망을 충족시켜줄 수 있는 풍요롭고도 아름다운' 삶이 어떻게 가능했는지 또는 어떻게 가능할지에 대해서는 별로 이야기해주는 바가 없기 때문이다. '식민지

60 윤대석, 「제의와 테크롤로지로서의 서양 근대음악－일제 말기의 양악」, 『상허학보』, 23집, 상허학회, 2008.6, 120면.

61 이경훈, 「하르빈의 푸른 하늘－『벽공무한』과 대동아공영」, 김철 · 신형기 외, 『문학 속의 파시즘』, 삼인, 2001, 206면.

62 위의 글, 230면.

조선'의 현실이 문제시될 때 그 대타항에 '독립된 소망스런 민족국가'가 놓여 있음은 불가피하다. 하지만 16세기 이후 진행되어온 자본주의적 세계체제 내에서 그 민족국가가 어떻게 풍요롭고도 아름다운 삶을 가능하게 해줄 수 있었을까에 대해서는 실은 누구도 말해주지 못하고 있다는 점을 고려한다면, 이효석식 근본주의는 여전히 의미 있다. 그것은 사회주의든 대동아주의든, 지나간 또는 진행되는 어떤 현실적 프로그램에도 완전히는 포섭되지 않는 일탈을 만들어 내고, 그런 점에서 그 자체로 하나의 질문이 될 수 있기 때문이다.

친일문학 연구의 선구적 업적인 〈친일문학론〉을 낸 임종국은 이효석의 일본어 작품에 대해서, "국어(일본어)로 쓰이기는 씌어진, 알쏭달쏭하고도 이상한 문학"[63]이라는 흥미 있는 말을 남겼다. 이는 그의 일본어 창작물들이 그가 기대고 있는 '친일문학'이나 '국민문학'이라는 개념틀로서는 잘 포착되지 않는 측면을 드러내고 있음을 표현한 말이라고 할 수 있다. 그는 이효석의 '국민문학론'에 대해서도 "지극히 비국민적 회의적 자유주의적인 국민문학론"[64]이라고 평가하고 있다. 실제로 이효석의 다음과 같은 국민문학에 대한 논의는 동원을 목표로 하고 있었다고 할 수 있는 당대 국민문학론을 가볍게 상대화시켜 버리고 있다.

> 국민적 정열을 담은 모든 문학이 좋은 국민문학이며, 어떻게든 때에 알맞은 표어를 늘어놓거나 부르짖는다 해도 관조가 얕고 연소가 희박한 것은 국민문학의 이름에 걸맞지 않기까지 하다.
>
> 단지 오늘날 이 제목이 크게 외쳐지고 시야 속에 크게 펼쳐져 떠오른 까닭은, 작가의 문학적 각오에도 한번 채찍을 쳐 정열을 환기시킴에 지나지 않는다. 이

63 임종국, 『친일문학론』, 평화출판사, 1966(1988년 7쇄), 332면.
64 위의 글, 331면.

런 외침 때문에 사그라들어 과거의 모든 문학이 부정될 리도 없지만, 또 지금부터 일찍이 없었던 진묘하고 새로운 문학이 일어날 리도 없다. 작가도 역시 열심히 하라. 시대의 정열을 붙잡아 좋은 작품을 쓰도록 마음 먹어라, 라는 정도의 이야기이다. 마음가짐의 문제다. 마음가짐을 세운 위에 각자의 소질에 따라서 최선의 문학을 만들면 그만인 것이다. 전선으로 내달려 참가하고, 총후의 책무를 다하는 것은 물론 좋지만, 그런 기회가 없는 작가는 역사를 서술한다든지 서정을 노래한다든지 하여 종래 마음에 두고 있던 소재에 기대어, 탐구해오던 주제를 흡족할 때까지 파헤쳐 가면 그만인 것이다. 문학의 역사를 성급하게 규정해서는 안 된다. 세기의 척도와 넓은 눈으로 임하는 것이야말로, 문학의 기나긴 생명을 중시하는 것이다.[65]

종교문학 물론 좋으며, 애욕문학 또한 좋고, 자연문학 또한 필요한 것이다. 국민문학이 나올 추세라면 그 탄생이 물론 기쁜 일이다. 건망증에 걸려 한 가지 제목에만 오물하다 문학의 다양한 품질과 향기를 힐난함은 과분한 욕심이요, 쓸데없는 명예욕이다. 문학 상호의 방향과 양식에 대해서는 관대하고 겸허함이 문학자의 진정한 태도일 듯하다. 문학의 진폭은 될 수 있는 대로 넓어야 함이로다.[66]

이러한 이효석의 국민문학론은 당대의 억압적 역사현실에 대한 나름의 전략적 의식하에서 이루어진 것이라고 해야 할 것이다. 당대에 제기되고 있는 '국민문학론'의 맥락을 무시하고, 태평하게 '보편적인 문학의 가치'를 주장하는 가장된 순진성이 작용하고 있기 때문이다. 하지만 이러한 이효석의 대응이 신체제라는 새로운 현실에서 즉흥적으로 이루어

65 이효석, 「私はかう考へている」, 『국민문학』, 1942.4, 44면.
66 이효석, 「문학진폭 옹호의 변」, 『조광』, 1940.1(『전집』 6, 252~253면).

진 것이 아님 또한 분명하다. 그것은 문제를 가장 근본적인 지점에까지 끌고 가서 사고하는 이효석식 보편주의의 한 현상태일 뿐인 것이다. 이효석의 서양문화 인유는 그러한 보편주의의 문학적 실현이었다고 할 수 있다. 그것은 당연히 서구중심주의에서 벗어나지 못하는 것이었지만, 그 서구는 보편이어야 했기에 이효석은 자신이 생각하는 근본적인(radical) 상황에 언제든 그것을 마주 세우고자 했다. 이효석의 '구라파주의'가 한갓 철지난 서구중심주의로만 치부될 수 없는 것은 그 때문이다.

참고문헌

1. 자료

이효석, 『새롭게 완성한 이효석 전집』 1~8권, 창미사, 2003.

_____, 「3일간(작가일기)」, 『삼천리』, 1933.4.

_____, 「고요한 〈동〉의 밤」, 『조광』, 1936.12.

_____, 「나는 이렇게 생각한다」, 『국민문학』, 1942.4.

_____, 「남방비행 기타」, 『삼천리』, 1938.1.

_____, 「단상의 가을(秋思)」, 『동아일보』, 1933.9.20.

_____, 「大陸の皮」, 『경성일보』, 1939.9.15~17 · 9.19(전4회).

_____, 「문학진폭 옹호의 변」, 『조광』, 1940.1.

_____, 「사랑하는 까닭에—XX에게 보내는 글발, 순정의 편지」, 『여성』, 1936.10.

_____, 「송송 도토오느(명작상에 나타난 가을풍경)」, 『조광』, 1936.9.

_____, 「일기 일절—일기장에서」, 『동아일보』, 1938.9.16.

_____, 「채롱」, 『조선일보』, 1938.4.28~29 · 5.3~5.

_____, 「화춘의장」, 『조선일보』, 1937.5.4~8.

2. 논문

곽은희, 「낭만적 사랑과 프로파간다」, 『인문과학연구』 36, 대구대 인문과학연구소, 2011.

구인모, 「베를렌느, 김억, 그리고 가와지 류코[川路柳虹]—金億의 베를렌느 詩 原典比較研究」, 『비교문학』 41, 한국비교문학회, 2007.

김윤식, 「이효석론(2)」, 『일제 말기 한국 작가의 일본어 글쓰기론』, 서울대 출판부, 2003.

김재용, 「일제 말 이효석 문학과 우회적 저항」, 『한국근대문학연구』 24, 한국근대문학회, 2011.

김주현, 『이상소설연구』, 소명출판, 1999.
柳哲洙, 「(동광대학 제6강 사회문제편) 性愛解放論—健全한 性的自由의 獲得」, 『동광』 24, 1931.8.
방민호, 「자연과 자연 쪽에서 조망한 사회와 역사—이효석 소설에 나타난 공간의 새로운 음미」, 『분화와 심화—어둠 속의 풍경들』, 민음사, 2007.
양균원, 「『풀잎』에서 「풀잎」으로—휘트먼과 이효석」, 『비교한국학』 15(2), 국제비교한국학회, 2007.
양현철, 「월트 휘트먼의 사랑관」, 『신영어영문학』 37, 신영어영문학회, 2007.8.
유진오, 『「이효석론」, 새롭게 완성한 이효석 전집』 8, 창미사, 2003.
윤대석, 「제의와 테크롤로지로서의 서양근대음악—일제 말기의 양악」, 『상허학보』 23, 상허학회, 2008.
이경훈, 「하르빈의 푸른 하늘—『벽공무한』과 대동아공영」, 김철 · 신형기 외, 『문학 속의 파시즘』, 삼인, 2001.
이상경, 「일제 말기 소설에 나타난 '내선결혼'의 층위」, 『친일문학의 내적 논리』, 역락, 2003.
이재현, 「이효석 선생 간호기」, 『새롭게 완성한 이효석 전집』 8, 창미사, 2003.
이정희, 「알렉산드라 콜론타이(1872~1952)의 사회주의 여성해방 사상—공산주의적 성적 도덕과 섹슈얼리티를 중심으로」, 『서양사론』 99, 한국서양사학회, 2008.
이현주, 「이효석의 『주리야』 연구」, 『여성문학연구』 16, 한국여성문학학회, 2006.
______, 「이효석 문학의 배경에 대한 주석적 연구」, 연세대 박사논문, 2009.
임종국, 『친일문학론』, 평화출판사, 1966(1988년 7쇄).
조진기, 「내선일체의 실천과 내선결혼소설」, 『한민족어문학』 50, 한민족어문학회, 2007.
한수철, 「희(噫) 이효석」, 『새롭게 완성한 이효석 전집』 8, 창미사, 2003.
홍영철, 부산대 한국민족문화연구소 편, 『부산근대영화사』, 산지니, 2009.
Alexandra Kollontai, 김제헌 역, 『붉은 사랑』, 공동체, 1988.

제2부
이효석 문학의 쟁점들

이효석 소설에 나타난 '성'의 특성 연구

김재영

1. 머리말

이효석 문학에 있어 '성'적인 주제의 중요성에 대해 최초로 적극적으로 논의한 비평가는 백철이었다.[1] 그는 "이 자연적인 것, 본능적인 것－성적인 것은 이씨의 근년 작품에 반복된 테마성이요, 일관된 문학정신이었다"[2]고 1933년 「돈」 이후의 작품 경향을 정리하고 있다. 백철이 파악한 이효석 문학의 성적인 것의 특성은 인용문에서 드러나듯이 자연, 본능으로서의 성이라는 관념과 직접적으로 연관되어 있다. 건전한 본능으로서의 성이라는 점을 그는 강조하고 있는 것이다. 따라서 백철은

1 백철, 「작가 이효석론－최근 경향과 성의 문학」, 『동아일보』, 1938.2.25～27, 『새롭게 완성한 이효석 전집』 8, 창미사, 2003에서 재인용.

2 위의 글, 77면.

"그것이 신경말단의 저속한 충동의 것"이 아니기 위해서, "인간의 내부성의 인식으로서 진실로 건전한 요소인가를 충분히 인식하고 엄격하게 분별"[3]해야 할 것을 요구하고 있다.

"효석 문학의 특질을 이루고 있는 현저한 일면은 그의 인간 긍정에서 오는 애욕의 예찬일 것"[4]이라고 지적하며, 이효석 문학의 '성'에 대해 특별한 관심을 보여주었던 정한모 또한 "자연으로의 몰입은 그대로 자연성으로서의 인간의 성을 순수한 것으로 제시하려 하고 있다"[5]고 그 성본능의 순수성이라는 관점에 입각해 효석 문학에 나타난 성을 긍정적으로 평가하고 있다. 요컨대 식물이나 동물과 인간을 동렬에 놓고 애정가득한 눈으로 본능으로서의 성욕을 긍정하는 시선 자체가 이효석 성문학의 구체적인 모습이라는 것이다. 그 의의는 그가 인용하고 있는 케셀의 다음과 같은 말에 의해 뒷받침된다.

> 원래 본능이란 여러 가지 협잡물을 제거해 버린다면 반드시 강력하고도 청정한 것, 사람을 감동시키고 사람으로 하여금 찬미하지 않을 수 없는 것을 가지고 있다.
>
> (…중략…) 본능에 의하여 움직여지는 마음은 도덕적인 관념만 개입하지 않는다면 순수하고 거짓이 없다.[6]

그런데 문제는 아마도 도덕적인 관념을 몰아낸 세계는 삶의 세계일 수 없다는 점이다. 사실 성욕을 본능으로서 인정할 때 당장 대두되는 문제는 성욕이 어떤 타입의 성행동에 의해 충족되어야 하는가라는 것이라

---

3 위의 글, 83면.

4 정한모, 「효석론」, 『새롭게 완성한 이효석 전집』 8, 창미사, 2003, 131면.

5 위의 글, 131면.

6 Joseph Kessel, *Les Coeurs Purs,* 서문, 위의 글, 138면에서 재인용.

고 할 수 있다. 특히 일부일처제라는 근대적 가족 관계의 바깥에서 일어나는 본능의 충족은 그 자체로 끊임없이 논란되는 적지 않은 사회문제라고 할 수 있다. 매매춘이나 자위, 혼전 섹스, 혼외섹스, 동성애 등 혼인 외에서 일어나는 거의 대부분의 성행동이 문제로서 제기되는 것이다.

그런데 실제로 이효석의 많은 작품들이 보여주고 있는 것은, 당대 세계에서 통용되었을 만한 '성 윤리'에 반하는 상황이다. 아마도 가장 대표적인 작품은 『화분』이라고 할 수 있을 터인데, 이 작품은 남녀 간의 관계에 있어 '사랑'보다는 '성관계'라는 행위 자체를 두고 일어나는 미묘한 감정의 변이를 묘사하는 데 훨씬 공들이는 듯한 인상을 주고 있을 뿐만 아니라, 동성애라든가 강간, 가족 내부에서 교차하는 성관계 등 근대적 성윤리에서 일탈적인 모습이 중심이 되고 있기 때문이다. 때문에 본능의 순수성이라는 관점에서 접근하는 것으로는 이 작품의 '성'을 파악하는 것은 불가능해 보인다. 그런 점에서 조금 다른 관점을 보여주는 이상옥의 논의는 경청할 필요가 있다.

이상옥은 "인간에 대해 부정적이고 비판적인 견해를 가진 작가"였던 이효석이 구원의 길로서 귀의한 곳이 "성과 자연이라는 인간본능 혹은 본연의 상태였다"[7]고 파악한다는 점에서 일단 위의 두 논자들과 견해를 같이하고 있다. 하지만 한편으로는 이효석 작품의 "성이, 전통사회의 통념이 요구하는 대로, 남녀 간의 동서생활에 있어서 배타적 전유물이 되지 못하고 자유방임 상태에 있"[8]다는 점, 따라서 "이효석의 작품세계에서 성이 늘 건전하고 자연스러운 것은 아니라고 하는 사실"[9]을 지적함으로써, 단순히 순수한 본능에 대한 긍정이라는 차원에서 이효석의 '성'이 논의될 수 없다는 점을 보여주고 있으며, 결론적으로 다음과 같이 이효

7 이상옥, 『증보판 이효석의 삶과 문학』, 집문당, 2004, 218면.
8 위의 책, 248면.
9 위의 책, 254면.

석의 '성'이 양면을 지향하고 있었다고 정리하고 있다.

> 그러므로 우리는 적어도 『화분』과 『벽공무한』에 있어서는 애욕이 "건강한 생명력의 추구"뿐만 아니라 퇴폐적 에로티시즘의 추구와도 연계되어 있고, 따라서 이효석이 성을 보는 시각도 양면가치 지향적이라고 생각할 수밖에 없다.[10]

이효석 소설 전반에 나타난 '성'을 애욕이라는 관점에서 포괄적으로 조명한 논의는 이상섭에 의해 이루어졌다. 그의 글은 '사랑'이 아닌 '애욕'을 추구하고 있는 이효석 소설의 몇 가지 특성을 정리하고 있다. 첫째는 종묘장 돼지의 행태로 대표적으로 표상되는 그 애욕이 '순수한 것'이나 '아름다운 것', '시적인 것' 등으로 파악될 수 없다는 것이다. "인간과 동물이 공유하는 이 자연은 아름다운 것도, 추한 것도, 좋은 것도, 나쁜 것도 아니고, 단지 그렇게 있을 뿐"[11]인 것이다. 둘째는 이효석은 '욕망의 피부적 감각'을 강조하고 있는데, 때문에 그것은 식욕과 등치되거나, 취각적 자극 등으로 표현되고 있다. 셋째는 욕망의 만족 이후에 오는 무의미, 허탈감, 초조감을 작가가 부인하지 않았다는 점이다. 다른 말로 하면 "효석 문학의 성적 식욕은 그것을 느끼기까지만 의미 있고 그것의 궁극적 만족은 무의미한 것으로 되어 있다"[12]는 것이다. 이 글은 이효석 소설의 애욕이 나타나는 다양한 방식을 드러내줌으로써, 순수함이나 건강함 등만으로는 파악할 수 없는 꽤 복잡한 면모에 주목하게 하고 있다.

본고는 이효석 소설에 나타난 '성'이 본능적인 욕구에의 긍정에 기초하고 있지만, 그것을 단순히 자연화하거나 건전화하고 있는 것은 아니

---

10 위의 책, 255면.

11 이상섭, 「愛慾文學으로서의 特質－李孝石의 作品世界①」, 『문학사상』, 문학사상사, 1974.2, 290면.

12 위의 글, 293면.

라는 점에 우선적으로 주목해보고 싶다. 본능으로서 '성욕'을 긍정한다는 것은 그리 간단한 문제가 아니다. 그것의 충족이 대부분 타인을 필요로 하기 때문이다. 따라서 본능적인 욕구에 대한 추구는 거의 항상 아주 구체적인 삶의 문제들과 연관된다. 이효석이 '성욕'을 긍정하면서 그러한 문제들에 어떻게 대면해가고 있는가가 우선적인 관심사가 될 것이다.

2. 성욕 긍정의 추이

ㄱ

이효석이 '성'을 중심 주제로 삼기 시작하는 것은 1933년이라고 할 수 있다. 물론 초기 작품에서도 부분적으로 그러한 것을 보여주지 않는 것은 아니지만, 1933년 10월에 발표되는 두 작품 즉, 「돈」과 「가을의 서정」(후에 「독백」으로 개제)에서부터 전면화하는 것이다. 「돈」이 그 서막이라는 점에서 많이 논의되어 왔지만, 「가을의 서정」(『삼천리』, 1933.10)이 이효석의 '성'에 대한 관심의 지향을 더욱 적극적으로 보여주고 있는 것으로 생각된다. 이 작품은 옥에 갇힌 남편의 육체에 대한 여성의 욕망을 독백적으로 그려내고 있는 짧은 소품이다. 비록 고운 언어로 치장되어 있지만, 남성의 육체에 대한 여성의 욕망을 이렇게 노골적으로 그려낸 장면은 식민지 시대 문학에서 거의 찾아볼 수 없을 것으로 생각된다.

> 지금와서는 뒤숭숭한 마음속으로 삼년 동안이나 손가락 하나 대어 보지 못한 남편의 육체에 대한 열정이 송곳같이 날카롭게 솟아오를 뿐이다. 모든 분한

과 원망이 한 줄기의(삼천리본 : 한줄기 이) 육체적 열정으로 환원된 듯도 하다. 싸늘한 가을임에 불구하고 마음의 불길은 뜨겁게 타오른다. 화단에 피어 있는 새빨간 샐비어 — 이것의 표정이 나의 마음을 그대로 번역하여 놓은 것이 아닐까. 조개같이 방긋이 벌어진 떨기 사이로 불꽃같이 피어오르는 한 송이의 붉은 꽃 — 이것이 곧 나의 마음의 상징인 것이다.[13]

(『전집』 1, 295면)

인용문에서는 샐비어 꽃에 욕망이 전이되어 있지만, 바다로 나가는 길에 그가 보게 되는 도야지 종묘장의 풍경은 그의 성욕을 직접적으로 야기하는 한 요인이다. 이처럼 이 짧은 작품이 오로지 집중하고 있는 것은 그의 성욕이다. 구체적인 행위라고 할 것이 없기 때문에 서사의 성격은 극히 약화되어 있으며, 당연히 인물간의 갈등 같은 것도 존재하지 않는다. 이 작품에 드러나는 성욕이 그 자체로 문제적이라고 할 수는 없을 터인데, 그것은 오로지 부부 사이의 일이기 때문이다. 다음과 같은 담론은 부부간의 성문제에 대하여 당대에 이루어지고 있던 인식의 일단을 보여주고 있다.

그대의 寢室은 그대의 남편에게 잇서서 最上의 것 最美 最先 最魅力的이 아니면 안 된다.

당신은 善良하고 貞淑한 안해! 그러나 이곳에서는 그라라보의 「잇트」와 쎄이카의 「에로」를 兼한 世界一의 봔푸가 되여야 한다. 남편에게 대하야는 무릇 情熱的이요 亂暴的.이요 乄 超理論的 暴君이 되라.

---

13 이효석, 「가을의 서정」, 『삼천리』, 1933.10, 여기서는 『새롭게 완성한 이효석 전집』 1, 창미사, 2003, 295면에서 재인용. 앞으로 이효석 작품의 인용은 모두 이 전집판을 이용하지만, 첫 발표본과 비교하여 표기가 아니라, 의미상 상이한 부분은 괄호 속에 밝힌다. 인용표기는 인용문에 (『전집』 권수, 면수)를 적는 형식으로 한다.

그대의 남편이 그 殊常한 곳으로 발길이 쓸려가는 것은 무엇때문인가? 그대에게 그곳의 女子를 배우라는 것은 아니나 그 까닭을 생각해보라는 것이다.[14]

부부관계에서는 여성에게 성적인 매력을 발휘하라는 요구가 이루어지고 있는 것이다. 이러한 인식이 예외적이거나 특수한 것은 아니었던 것으로 생각된다. 당대의 성과학 등 성에 대한 근대적 담론 또한 대부분의 지식과 마찬가지로 일본을 경유했다고 할 수 있을 터인데, 일본의 사정 또한 그리 다르지 않았던 것으로 보이기 때문이다.

부부외·결혼외에서 활동하는 성욕에 대하여서는 1910~20년대에 걸쳐서 분명히 규제강화의 경향이 인정된다. 이 시기를, 서양태생의 성에 대하여 억압적인 규범 즉 '섹규얼리티의 근대'가 도입·정착된 시기로 가정하게 된다면, 부부간의 성행동에 대하여도 규제가 강화된다고 생각하는 것이 당연할 것이다. 그러나 실제로 일어난 일은 그렇지 않았다. 부부간의 성행동만은 '영육일치', '성애일치'의 기치 아래서, 규제 완화되어 에로스화되었다고 해도 좋다.[15]

하지만 이러한 성인식과 부부간의 성이나 성욕을 밖으로 공공연하게 드러내는 것이 같은 차원에 놓여 있는 것으로 생각할 수는 없다. 이 작품이 주목되는 것은 아무런 서사도 없이, 곁에 없는 남편의 육체에 대한 여성의 욕구를 그 자체만으로 드러내 보여줄 만한 것으로 이효석이 생각하고 있었다는 점이다. 작가 이효석의 관심이 사랑이나 애정 이전에 성욕 자체를 향하고 있음을, 또 '성욕'을 꽤 적극적으로 긍정하고 있음을 이 작품은 분명히 드러내고 있는 것이다. 그런데 일단 '욕구' 자체를 긍

14 鬱金香, 「男便校正術」, 『新女性』, 1933.9, 61면. 표기는 그대로 두고 띄어쓰기만 인용자가 함.
15 아카가와 마나부[赤川學], 「戀愛という文化 / 性慾という文化」, 『戀愛と性愛』, 早稲田大學出版部, 2002, 160~161면.

정한다고 했을 때, 실은 그 욕구를 근대적 혼인제도 안에 가둔다는 것은 거의 불가능한 일이다.

ㄴ

그런 맥락에서 주목해 볼 작품이 거의 같은 시기에 발표된 「주리야」(『신여성』, 1933.3~1934.3)이다. 이 작품은 운동을 하고 있는 인물들이 중심이 되고 있기에. 초기의 소위 '동반자적 경향'의 잔재를 남기고 있지만, 중심인물인 주리야는 거의 운동을 희화화하고 있다는 점에서, 옛 경향에서 이미 작가가 멀리 떨어져 나왔음을 보여주는 것이기도 하다. 비록 미완이지만[16] 중심적인 서사는 충분히 드러나 있다고 생각되는데, 꽤 경박하고 제멋대로인 주리야[17]는 S항의 유물론 강연의 강연자로서 단 한 번 대면했던 주화를 무작정 찾아와 절대적인 애정을 호소하여, "애인이라고 하였으면 좋을는지 아내라고 하였으면 좋을는지, 혹은 하우스 키퍼(이렇게 부르기는 과남하나)라고 하였으면 좋을는지 명칭모를"(『전집』 4, 17면) 상태의 동서생활을 하게 된다.

고향에서 오빠가 찾아오는 '위기'를 맞이하여 주화의 동료인 민호를 끌고 월미도로 도피하는데, "이것이 민호를 차지할 안성맞춤의 좋은 기회라고 은근히 생각"(『전집』 2, 43면)하면서 하는 행동인 것이다. 결국 이는 두 사람의 성관계로 이어진다. 문제는 주리야가 주화를 여전히 사랑한다고 생각한다는 것이다. 따라서 주리야에게 곧 후회, 환멸, 슬픔이 찾

16 이 책에 실린 필자의 다른 논문 「'구라파주의'의 형식으로서의 소설－이효석 작품에 나타난 서양문화의 인유에 대하여」의 주46에서 밝혔듯이, 이 작품은 미완이 아니다. 이미 발표된 논문이므로 본문은 손대지 않고 주에서만 밝혀둔다.

17 본명은 김영애이나 주화의 성 주를 따고 좋아하는 작품 속의 인물 리야를 빌려다가 멋대로 지은 이름.

아오지만, "이 결과가 올 것을 처음에 전연 예측하지 않은 바는 아니었"(『전집』 4, 54면)다는 점에서 그 자신이 만들었던 상황이기도 한 것이다. 부부라고는 할 수 없지만 주리야가 스스로 주화를 사랑한다고 생각함에도 다른 남성을 욕망하고 그것이 구체적인 행위로 귀결된다는 점에서 '애욕'이라는 것이 그렇게 쉽게 제어되는 것이 아님을 이 작품은 보여주고 있다. 그러한 애욕의 문제성을 더욱 분명한 형식으로 보여주는 작품이 「성찬」(『여성』, 1937.4)이다.

「성찬」의 주인공은 위층은 '바(bar)'이고 아래층은 끽차부인 가게에서, 바를 맡아 일하고 있는 보배라는 인물이다. 그는 끽차부를 맡아보는 민자와 자매같은 사이이다. 민자에게는 신문사에 다니는 준보라는 애인이 있고, 둘은 결혼을 생각하고 있다. 어느날 구석 자리에 따로 앉아 속살거리는 그들의 모습을 본 보배는 "준보에게 불현듯이 욕심을 느끼게"(『전집』 2, 137면) 된다. 이야기는 보배의 유혹에 의해 뜻대로 수월하게 준보와 관계를 맺게 되는 것으로 전개된다. 그런데 주목되는 것은 보배의 이런 행동이 단순한 충동의 소산이라기보다는, 보배 나름의 남성관에서 유래한다는 점이다.

> 무릇 사내라는 것을 보배는 말하자면 얼음장 같은 것으로 여겨왔다. 처음에는 가장 굳고 찬 듯이 보이나 징긋이 쥐고 녹이는 동안에 나중에는 형적조차 없이 손안에서 사라져 버린다. 그의 반생의 경험 안에서 사내의 마음이 이 법칙을 벗어난 적은 없었다.
>
> 얼굴을 엄숙하게 가지고 시선을 곧게 지니는 것은 일종의 자세요, 한 번 속마음을 뒤집어 본다면 음지에 돋아난 버섯같이 새빨갛게 찬란(여성본 : 우란)하게 독기를 피우고 있는 것이 사내의 정인 것이다. 준보의 경우 또한 보배에게는 벌써 수술대에 오른 개구리인 셈이었다.
>
> (『전집』 2, 143면)

그 수술대에 오른 개구리인 준보 역시 그의 이런 인식을 확인시켜 준다. 관계 후 이루어지는 이들의 대화는 한 곳에 머무르지 못하는 '사내의 마음의 법칙'을 다시 한 번 분명하게 드러낸다.

> "본색이 탄로났지. 이러구두 민자와 결혼하나(여성본 : 결혼하겠지)."
>
> "왜 못해."
>
> 준보는 뒤슬뒤슬 웃으며―. 두 사람의 태도는 그것이 있기 전과 똑같이(여성본 : 똑같은) 뻔질뻔질하고 천연스러운 것이었다. 시렁 위의 과일 한 개를 늠실 집어먹은(여성본 : 집어먹는) 아이의 천연스런 태도였다.
>
> (『전집』」2, 145면)

'준보'라는 인물은 「석류」, 「가을과 산양」, 「일요일」, 「풀잎」 등 여러 작품에 등장하고 있는데, 이들 작품에 등장하는 '준보'는 이효석 작품의 인물들 중 가장 자전적인 성격이 강하다. 그렇다면 실은 이효석 자신 보배의 남성관이나 그에 말미암은 보배의 성이나 사랑에 대한 인식에 동감하고 있다고도 할 수 있을 것이다. 그것은 작품 안에서 이들의 행위가 어디에서도 비난되거나 비판되지 않기 때문에 더욱 그러하다. 물론 보배는 그 밤 민자를 생각하며, '뒤숭숭한 괴롬'에 시달리지만,[18] 오히려 자신의 주의의 철저하지 못함을 반성하는 보배가 자신의 행위에 대해 후회하거나 반성한다고는 할 수 없을 것이다.

준보와 민자의 관계는 결혼을 지향하고 있다는 점에서 이들의 행위

---

18 작품은 이렇게 끝나고 있다.
"그러나 사람에게는 재주라는 것이 있으니 결국 재주로 ― '기교로(여성본 : 재조와 긔교로) ―'속히 시간을 주름잡을 수밖에는 없지 않은가도 생각하며―한 때의 선수도 이 밤만은 우울한 번민자로 변할 수밖에는 없었다. 결국 아직도 나의 주의가 철저하지 못한 탓이 아닐까 반성하며 불을 끄고 늦은 잠자리에 누웠으나 가달가달의 뒤숭숭한 괴롬이 한결같이 솟을 뿐이었다." 『전집』 2, 146면.

는 꽤 심각한 문제를 야기할 수도 있는 것이다. 아마도 이들의 행위에 수반되는 진정한 갈등은 그것이 다시 민자와 관계 속에서 펼쳐질 만한 것인데, 이효석은 그 세계로 나아가지 않는다. 그런 점에서 이 작품 역시 진정한 산문의 세계로 나아가고 있지 않다고 해도 좋을 것이다. 산문적 현실에 대한 산문적 해결의 모색이 시도되지 않는 것이다. 그 세계로 나아가고 있지 않음에, 또는 못함에 이효석 문학의 특성이 있다고도 할 수 있을 터인데, 그렇다고 하여 이 작품에 드러난 '애욕' 긍정의 문제성이 덜어지는 것은 아니다. 배타적 성 독점에 기반한 근대적 결혼제도의 틀을 아주 쉽게 '애욕'이 넘어설 수 있음을 이 작품은 긍정하고 있기 때문이다. 그러한 문제성을 넘어서려는 이효석의 시도가 우선적으로 향했던 것은 산문의 전개라기보다는 시적 세계의 구축이었던 것으로 보인다.

ㄷ

이효석의 작품 중에서 '성'이 가장 자연스러운 모습으로 드러나고 있는 것을 하나 꼽는다면 「들」(『신동아』, 1936.3)을 들어볼 수 있을 것이다. 학교를 퇴학 맞고 도회에서 쫓겨 들로 내려온 '나'와 마을의 옥분이는 다음과 같이 성관계에 이른다.

> 언제인가 개천 둑에서 기묘하게 만난 후 두 번째의 공교로운 만남임을 이상하게 여기고 있는 동안에 마음이 퍽이나 헐하게 놓여졌다. 가까이 가서 시룽시룽 말을 건 것도 그리 어색하지 않고 (신동아본 : '도리혀' 삽입) 자연스러웠다. 그 역시 스스러워하지 않고 수월하게 말을 받고 대답하고 하였다. 전날의 기묘한 만남이 확실히 두 사람의 마음을 방긋이 열어놓은 것 같다.
>
> "딸기 따줄까."

"무서워."

그의 떨리는 목소리가 왜 그리도 나의 마음을 끌었는지 모른다. 나는 떨리는 그의 팔을 붙들고 풀밭을 지나 버드나무 숲 속으로 들어갔다. 그의 입술은 딸기보다도 더 붉다. 확실히 그는 딸기 이상의 유혹이었다.

"무서워."

"무섭긴."

하고 달래기는(신동아본 : 퉁기기는) 하였으나 기실 딸기를 훔치러 철망을 넘을 때와 똑같이 가슴이 후둑후둑 떨림을 어쩌는 수 없었다. 버드나무 잎새 사이로 달빛이 가늘게 새어 들었다. 옥분은 굳이 거역할려고 하지 않았다.

(『전집』 2, 55~56면)

물론 나는 "철망 너머 딸기를 딸 때와 일반으로 아무 가책도 반성이 없었던가"(『전집』 2, 56면) "책임 문제는 생기지 않는가"(『전집』 2, 57면)와 같은 질문을 던지지만, 친구였던 문수 또한 옥분과 관계했음을 알게 되면서 "책임이 모면된 것 같고 무거운 짐을 벗어놓은 듯이"(『전집』 2, 60면) 느낀다. 그리고 '들의 성격과 마술과도 같은 자연의 매력'에 대한 생각으로 바로 넘어가 버리는 것이다. 실은 이미 딸기를 따기 위해 철망을 넘을 때, "누구의 과수원이든 간에 철망을 넘는 것은 차라리 들사람의 일종의 성격이 아닐까. 들사람은 또한 한편 그것을 용납하고 묵인하는 아량도 가지고 있는 것이다. 나는 몇 해 동안에 완전히 이 야취의 성격을 얻어 버린 것 같다"(『전집』 2, 54면)고 했을 때, 이미 책임의 문제와 같은 것에서는 자유로워져 있었다고 해야 할 것이다.

이는 「산」이라는 작품에서 산에서 생활하는 중실이 마을의 용녀에게 장가들 꿈을 꾸면서, "용녀가 만약 말을 안 들으면 밤중에 내려가 가만히 업어올걸. 한번 산에만 들어오면 별 수 없지"(『전집』 2, 15면)라고 생각할 때, 별 거부감을 느끼지 않을 수 있는 것과도 마찬가지라고 할 수 있다. 중실은 이미 "산과 몸이 빈틈없이 한데 얼린"(『전집』 2, 10면) 인물로, 마을의 인물이 아닌 것이다. 동물들의 성과 마찬가지로 자연 속의 성은 책임의 문제와 연관되지 않는다.

그렇게 됨으로써 이 작품들은 '본능의 순수함'이라는 백철, 정한모 등의 논의를 뒷받침하는 모습이 된다. 아마도 '애욕문학'에 대한 이효석 자신의 다음과 같은 변론에도 가장 부합하는 작품이라 할 것이다.

> 반드시 애욕을 위한 애욕을 그리려는 것이 아니었다. 인간의 본연적인 것, 건강한 생명의 동력과 신비성—이라고 할 것을 추구하고자 하는 그 한 표현으로 애욕의 주제가 뚜렷이 눈앞에 떠올랐던 것이다.[19]

이로써 이효석은 '성욕 긍정'이 나아갈 하나의 세계를 개척한 것으로 보인다. 이들 작품에 등장하는 자연은 이미 인간과 하나된 것이라는 점에서 하나의 시적인 세계라고도 할 수 있다. 그리고 그것은 이효석 특유의 근대인의 세련된 감각으로 포착된 자연에 대한 묘사와 결합됨으로써 더욱 아름다운 시가 된다. 하지만 「들」에서 이루어지는 자연과 인간의 합일은 등장인물이 만들어 내는 하나의 원망일 뿐, 실제로 이루어진다고는 할 수 없는 것이다. 그런 점에서 '성'의 책임 문제 또한 그렇게 간단하게 모면될 수 있는 것은 아니다. 중요한 것은 이 시기 이효석의 자연 추구의 배후에는 자연스러운 '성욕'에 대한 추구가 놓여 있다는 것이다. 무엇보다도 이효석의 자연은 책임의 문제와 연관되지 않는 성의 발현의 장으로서의 자연인 것이다. 이효석은 이를 "인위적인 것을 떠나 야생의 건강미를 영탄한 것"(『전집』 6, 226면)이라고 표현하고 있는데, 그에게 있어 이는 그의 '애욕문학'의 여러 방향 중 하나일 뿐이었다. 이 논의는 다

19 위의 글, 226면.

음과 같이 이어진다.

> 인위적인 것을 떠나 야생의 건강미를 영탄한 것이 「산」과 「들」과 「돈」이었다. 「오리온과 능금」에서는 생명의 원소를, 「고사리」에서는 생명의 성장을, 「모밀꽃 필 무렵」에서는 애욕의 신비성을 각각 그려 보려 하였다. 생명의 신비성이 재앙에 한해서 온전히 천대받은 것이 「일기」였다. 「성화」에서는 금제된 애욕의 타부를 그려 보았고, 「장미 병들다」에서는 반대로 허랑한 애욕면을 그려 보았다. 병든 장미를 찬미한 것도 아니오, 매음의 사실에 한눈을 판 것도 아니다. 병든 장미의 타락한 인물이나 성화의 점잖은 인물들이나 작자에게는 우열의 차별이 없는 똑같은 본연의 생명체로 보일 뿐이다.[20]
>
> (『전집』 6, 226면)

금제된 애욕과 허랑한 애욕의 세계도, '우열의 차별이 없는 똑같은 본연의 생명체'로서 모두 재현의 대상이 될 수 있다는 생각은 일단은 드러내는 것 자체의 의의를 인정하는 태도와 연관된다. 「장미 병들다」, 「성화」 등 적지 않은 작품들이 모두 그러한 의식의 소산이라고 할 수 있다. 그리고 그 드러냄 자체가 아름다움이 될 수 있다는 생각이 이효석의 소설 세계를 가능케 하는 것이라고 할 수 있다.

> 문학의 지성이 아니라 문학의 심미역(審美役) (문학의 지성은 곧 심미역으로도 통하거니와) 이야말로 환멸에서 인간을 구해내는 높은 방법인 것이다. 인간이 아무리 천하고 추잡해도 문학은 그것을 아름답게 보여주는 마력을 가졌다.
>
> 이상주의 문학뿐이 아니라 자연주의 문학 역시 그러하다. 자연주의 문학의 아

20 이효석, 「건강한 생명력의 추구」, 『조선일보』, 1938.3.6, 『새롭게 완성한 이효석 전집』 6, 창미사, 2003, 226면에서 재인용.

무리 추잡한 한 구절일지라도 실인간의 그것보다는 아름답게 어리우고 읽힌다.[21]

(『전집』 6, 251면)

이효석이 추구하는 것은 문학이 가능하게 해주는 시적 아름다움이었다. 자연적이고 본능적인 '성욕'은 인간의 일부로서 받아들여지지 않을 수 없었다. 그 때 그는 그것을 인간과 하나 되는 미적 자연의 세계를 창출함으로써 아름답게 긍정해보려 할 수도 있었지만, 한 편으로 그것은 그가 추잡하다고 표현하는 실인간을 형상하는 것으로도 가능한 것이었다. 「주리야」나 「성찬」, 그리고 「성화」 등에서 표현되는, 근대적 부부관계를 넘어선 자리에서 이루어지는 성욕의 발현은 바로 그러한 실인간의 형상이라고 할 수 있을 것이다.

그러한 욕망의 실현이 그 자체로 자연스러운 것으로 드러난다는 것은, 그것만으로도 당대의 성 통념에 대해 꽤 전복적일 수 있었다고 생각된다. 그런 점에서 이들 작품들에서 제기되는 현실적인 문제들은 해결을 촉구하고 있는 것이며, 새로운 성 관념, 또는 성도덕의 비전을 요구하는 것이었다고 할 수 있다. 이효석은 그 산문의 세계로 나아가지 않았거나 못했다. 단지 실제 인간보다도 아름답게 그 실인간을 형상화하는 것, 거기에 자기 세계를 한정했다고 할 수 있다.

21 이효석, 「문학진폭 옹호의 변」, 『조광』, 1940.1, 『새롭게 완성한 이효석 전집』 6, 창미사, 2003, 251면에서 재인용.

3. 『화분』의 '성'

ㄱ

『화분』은 한 논자가 "애욕의 만화경"[22]이라고 할 만큼, 이리저리 얽히고설킨 인물들 간의 애정관계를 보여주고 있지만, 그 애욕이라는 점에 초점을 맞춘다면 단주와 미란이라는 두 인물에 대한 다른 인물들의 욕망이라는 관계로 정리될 수 있다. 작품의 도입부에서 작가는 어린 연인인 미란과 단주의 한 모험을 그리고 있는데, 그것은 그들의 첫 성경험을 향한 것이다. 그들이 함께 보는 영화 「실락원」에 대한 그들의 사유는 오로지 그 첫 경험과 관련되어 있다. 금단의 과실을 먹을 수 있었던 용기에 대한 의문은 곧 그들이 함께 보내는 밤에, 첫 경험에의 용기로 치환되는 것이다. 동경으로의 도피라는 그들의 시도 또한 사랑이라기보다는 바로 그 첫 경험에 대한 시도로서의 의미가 더 강하다. 그런 점에서 여기서 전경화되고 있는 것은 그들의 사랑이 아니라, 바로 첫 경험이라는 '성'의 문제라고 할 수 있다. 이러한 측면은 조금 주목되어도 좋을 것인데, 작품 안에서 '미성년'이라고 표현되는 청춘들의 이야기임에도, '연애'보다도 '성'이 전경화되어 있는 것이다. 주로 정신적, 영적 요소를 강조할 수 있는 '연애'가 아니라 '성'을 전면에 내세우는 것은 당대의 성 담론의 지형을 생각해본다면, 그렇게 흔한 일일 수는 없는 것이다.

다시 일본의 논의를 빌려 당대 성 담론의 추이를 짐작해 본다면, 이 시기 성 담론에 가장 영향을 미치고 있었던 논의는 구리야가와 하쿠손[廚川白村]의 『근대의 연애관』(1922)에서 드러난 '연애지상주의'와 하부토

22 김교선, 「조화미의 정점－이효석의 작품세계」, 『현대문학』, 현대문학, 1975.3, 305면.

에이지[羽太鋭治] 등의 성욕학자들에 의해 고창된 '통속연애학'이었다고 한다. '연애 지상주의'의 문맥에서 성욕은, 도덕화, 인격화, 숭고화의 슬로건하에 연애의 하위에 위치 지어져 있었다면, 하부토 에이지는 '연애는 성욕에 입각한 것으로 성욕의 충동에 의해 일어나는 것이다'라는 성욕선행설의 입장을 채택했다. 하지만 '통속성욕학'이 보다 성본능에 충실하다고 하더라도, 영적요소인 연애와 육적요소인 성욕의 일치통합을 주장하는 '영육일치'의 사상에 기반한 것은 마찬가지였다. 그런데 유의해야 할 것은 양자에게 모두 영육일치를 담당해야 할 존재는 연애에 의해 결합된 부부로 한정되어 있었다는 점이다. 혼전의 남녀, 특히 여성에 대해서는 순결과 처녀성이 강조되었고, 혼전의 남녀가 성욕을 발동시키는 것은, '자유연애'를 주장했다고 하는 연애지상주의에서도 일반적으로 인정되었던 것은 아니었던 것이다.[23]

물론 단주와 미란의 첫 시도는 실패로 돌아가지만, 이렇듯 이 작품에서 '성'과 '성욕'은 더욱 노골화된다. 앞선 단편들에서 시도되어 왔던 '금제된 애욕과 허랑한 애욕'의 표출이 이 작품에서는 그 최대치를 달성하는 것으로 생각된다. 어떻게 보면 이 『화분』의 세계는 그 욕망의 최대한도의 발휘를 위해 축조된 세계라고도 할 수 있다. 우선 이 작품에서 형상화된 공간들, 푸른집, 아파트, 온천의 별장 등은 그 자체로 고립된 공간으로서 일상의 산문적 공간으로 보이지 않는다. 특히 첫 장에서 펼쳐지는 푸른집의 묘사는 작품 전체 공간의 상징이라고 할 수 있다.

> 오월을 잡아들면 온통 녹음 속에 싸여 집안은 푸른 동산으로 변한다. 삼십평에 남는 뜰 안에 나무와 화초가 무르녹을 뿐 아니라 사면 벽을 둘러싼 담장으로(인문사판 : 담장이로) 해서 붉은 벽돌 굴뚝만을 남겨 놓고 집 전체가 새파란

23 아카가와 마나부[赤川學], 앞의 글, 155~159면 참조.

치장으로 나타난다. 모습부터가 보통 문화주택과는 달라 남쪽을 향해 엇비슷하게 선 방향이며 현관 앞으로 비스듬히 뻗친 차양이며 그 차양을 고이고 있는 푸른 기둥이며 — 모든 자태가 거리에서는 볼 수 없는 마치 피서지 산비탈에 외따로 서 있는 사치한 산장의 모양이다. 현관 앞에 선 사시나무와 자작나무도 깊은 산속의 것이라면 뜰을 십자로 갈라 놓은 하아얀 지름길도 바로가 산장의 것이다. 생명력의 표징인 듯도 한 담장이는 창 기슭을 더듬어 오르고 현관을 둘러싸고 발그스름한 햇순이 집안까지를 엿보게 되는 — 온전한 집이라기보다는 풀 속에 풀로 결어 놓은 한 채의 초막이라는 감이 있다.

(『전집』 4, 68면)

이 집은 '모든 자태가 거리에서는 볼 수 없는' 그러한 곳이다. 일상적인 공간이 아닌 것이다. 그곳은 '나무와 화초가 무르녹은' 사치한 산장의 모습인 것이다. 이 산장이라는 말은 곧 작품의 또 다른 공간인 주을의 '노비나촌'을 상기시킨다. 그런 점에서 보면 '푸른집'이나 주을의 '별장'에서 일어나는 일들은 그 작중인물들에 있어서는 산문적 현실에서 일어나는 일이 아니다. 그 곳들은 「들」에서와 마찬가지로 거의 시적인 세계인 것이다.[24]

뿐만 아니라 이 작품의 주요 인물들은 생활인의 모습을 거의 보여주지 않는다. 현마만이 영화배급사를 운영하고 있을 뿐, 그의 그늘에서 기생하는 세란, 미란, 단주, 옥녀 모두 거의 세상의 일을 하고 있다기보다는 삶을 유희하고 있는 인물들이다. 게다가 그 인물들의 육체의 아름다

24 조정래는 그래서 그것을 '가상세계'라는 말로 표현하고 있는데, 그 외부적 자연과 변태적 성욕으로 표현되는 내부적 도시성의 대조가 일제의 문화에 대한 현실비판력을 지닌다는 논의는 지나친 것으로 보이지만, 성적 욕망의 최대한의 발휘를 위해 축조된 고립된 공간의 특성을 지적하고 있다는 점에서는 일리가 있는 것으로 생각된다. 조정래, 「1930년대 서정소설론 재고 - 이효석의 '화분'을 중심으로」, 『현대문학의연구』 20, 한국문학연구학회, 2003.2, 207~234면 참조.

움은 서로에 대한 '욕망'을 추동하지 않을 수 없을 정도이다.

> 보얗게 서리운 안개 속에 움직이는 처녀의 자태는 배춧단 같이 멀쑥하면서도 물고기같이 퍼들퍼들하다. 봉곳한 팔이며 앵도알 같은 젖꼭지가 그대로 보기는 아까운, 뛰어 들어가서 만져라도 보고 싶은 것이다. 자기가 만약 사내라면 그 흰 다리를 독수리같이 물어뜯고야 말 것, 망간 북새들을 친 찔레나무 아래 뱀이 마음 있던 짐승이라면 그 고운 팔다리를 그대로 두지는 않았을 것을 생각하면서 아무리 들여다보아도 귀중한 보물같이 싫어지지 않는다.
>
> 미란이 나간 후에 뒤를 이어 세란의 몸이 나타나는 것이 보였다. 같은 모습이기는 하나 팽팽한 처녀의 몸과는 달라 함박꽃같이 활짝 피어난 허벅진 한 송이다.
>
> (『전집』 4, 74~75면)

하녀인 옥녀의 눈을 통해 묘사되고 있는 미란과 세란의 자태다. 세란과 미란의 단주에 대한 첫인상은 다음과 같다.

> "딴은 예쁘기는 해."
>
> 단주를 면대해 놓고 나오는 말이었다.
>
> "비서라길래 난 또 어떤 비둘기를 후려냈누 했더니 이런 미남자 비서야."
>
> 세란과 미란은 동물원에나 간 듯 염치없이 단주를 바라 보았다.
>
> (『전집』 4, 79면)

이렇듯 이 작품은 그 자체가 성적인 욕구가 한껏 발휘될 수 있는 세계의 축조인 것이다. 이효석은 앞의 작품들에서와 마찬가지로 그러한 욕망의 발현 자체를 일단 그대로 드러내 보여주고 있다. 그리고 일단 그 중심에는 단주가 놓여 있다.

ㄴ

단주는 작품의 세 주요여성 인물인 세란, 미란, 옥녀 모두와 성관계를 맺을 뿐만 아니라, 현마에게도 그 성적 욕망의 대상이라는 점에서, 작품의 '성'에 있어서 중심적인 역할을 한다. 단주의 성적 편력은 세란에 의해 추동된다. 현마와 미란이 동경으로 떠난 후 푸른집에 둘만 남게 되자 세란은 서양남녀의 성수작이 담긴 그림을 보여주기도 하며 단주를 유혹한다. 그 유혹을 뿌리치고 집을 뛰쳐나온 단주는 거리의 여인과 첫 경험을 하게 되고, 그 다음날은 아주 쉽게 세란과 그 사이의 이부자리의 경계선을 넘게 된다. 물론 그러한 행위 후에는 단주에게도 세란에게도 '애잔한 뉘우침', '부끄러움', '서글픔과 안타까움' 등이 뒤따르게 된다. 그들의 후회와 자책의 성격이 문제가 될 터인데, 그것은 주로 '성'의 배타적 소유라는 감각과 관련되어 있다.

> 승냥이같이 욕심스럽고 세차던 세란에게도 약한 반면이 있는 것일까. 뼈 속까지 젖어드는 애잔한 뉘우침의 목소리.
>
> "무서워!"
>
> 이불을 써버린 세란의 눈앞에는 현마의 그림자가 자꾸만 나타난다.
>
> (『전집』 4, 116면)

> 단주도 서글픈 생각에 마음이 떨리면서 그 자리에서 목소리를 놓고 울고 싶으리만큼 슬프다. 세란에게 현마의 자태가 떠오른 것과 마찬가지로 그에게도 미란의 환영이 차차 확적히 나타나기 시작하는 것이다.
>
> (『전집』 4, 116면)

둘 모두에게 반성의 초점은 스스로 연인이라고 생각하는 사람들에 대한 죄책감이다. 「들」의 옥분이 맺는 다중적인 관계의 자연스러움은 불가능하며,[25] 단주나 세란은 끊임없이 그에 대해 의식하지 않을 수 없다. 그리고 그것이 이들이 갖게 되는 후회와 자책의 근원이다. 하지만 중요한 것은 그러한 후회와 자책이 그들을 멈추게 하지는 못한다는 점이다.

> 그런 자포적 심경에서 오는 것인지 이 밤의 괴롬은 씻은 듯이 잊어버린 듯 세란과 단주의 다음날의 생활은 역시 이날의 연장이어서 같은 낮이 지나고 같은 밤이 오고 — 그칠 바를 모르고 계속되었다. 한 번 내친 걸음은 쉬운 듯이 보였고 눈뜨기 시작한 단주는 한꺼번에 활짝 피어버리려는 듯이 무서운 욕심쟁이가 되었다.
>
> (『전집』 4, 117면)

그런 점에서 근대적 혼인 제도에 기반한 배타적 성의식이 욕구 자체를 경감시키는 것이 아닌 한, 그것이야말로 끊임없이 '불건강한 성'[26]의 상황과 의식을 재생산하는 기반이기도 한 것이다. 그는 또 세란과 미란, 현마 등이 피서를 위해 집을 비운 동안 아주 쉽게 옥녀와 관계 맺기도 한다. 그런데 단주와의 관계에서 세란과 옥녀는 배타적인 성을 요구하는 한 편, 노골적으로 성욕을 드러내기도 한다.

> 세란은 때와 곳을 가리지 않고 열정을 요구한다. 사랑이라는 것에 처음으로 눈을 뜬 것 같았다. 현마와의 부부생활은 사랑의 생활이 아니었고 단주에 의해서 처음으로 사랑을 안 듯한 그런 무더운 열정으로 단주를 조른다.

25 앞서 이야기했듯이 실은 「들」의 자연스러운 책임지지 않는 '성'은 한 작중인물에 의한 합리화일 뿐이다. 옥분이의 의식은 드러나 있지 않으며, 실제로 그 복수의 관계에서 옥분이 무엇을 느끼고 생각하고 있는가는 알 수 없다.

26 성의 '건강함'에 대한 인식은 당연히 계속 변화해왔다. 근대 초기 성의학 담론에서 이루어졌던 '자위'에 대한 의식 변화나, 동성애나 혼전성교 등에 대한 의식의 변화 등이 이를 잘 보여준다.

(『전집』 4, 158면)

단주는 몸을 던지면서 말 이상의 설명을 몸으로 하는 수밖에는 없었다. 옥녀를 한층 부채질해 주는 결과가 되어서 찰거머리같이 엉겨들게 될 때 단주는 자기가 시작한 그 열정의 도가니 속에서 도리어 숨이 막히고 기가 지쳐서 낙지다리같이 휘줄그레해지고는 말았다. 세란과의 때와도 흡사했다. 저편에서 겯어오는 열정이 처음에는 단술이어서 마시기 시작한 것이 차차 진해지면서 모르는 결에 흠뻑 취해 와서 기진맥진한 끝에 혼몽상태에 이르게 되는 — 그런 눅진한 열정을 욕심스럽게 요구하는 점에서 옥녀는 세란과 흡사했다.

(『전집』 4, 219면)

이렇듯 단주의 욕구를 넘어선 듯한 이 여성들의 성욕은 배타적인 독점욕과 연관되지만, 사랑이나 혼인 등을 전망하고 있다고는 하기 힘들며, 거의 맹목적으로 추구되는 것이다. 이 욕구 충족의 과정에서, 단주는 이 모든 행위들의 주체인 듯하지만, 실은 거의 항상 타인의 욕망의 대상으로 전화되어 버린다. 이상섭이 이야기한 '무의미, 허탈감, 초조감'이야말로 이 욕구 충족 행위의 결말인 것이다.

그 때 또 하나 주의하지 않을 수 없는 것이 현마의 단주에 대한 욕망이다. 식민지 시대 문학에서 청소년의 동성을 향한 동경과 같은 형식이 아니라, 성인 남성의 육체적인 동성애가 노골적으로 드러난 경우는 별로 없는 것으로 보인다. 이 작품에서도 충분하게 형상화되어 있다고는 할 수 없지만, 다음과 같은 장면에 드러나는 현마의 태도는 분명하게 육체적인 것이다.

별안간 솟아오르는 애정의 표현으로 단주에게 몸을 쏠리며 그의 입술을 찾은 것이다. 당초에 현마가 단주를 알기 시작했을 무렵에 그의 아파트에 찾아가서 두 사람만의 비밀한 시간을 가졌던 그때의 애정의 부활인 듯 벅찬 힘으로 단주의 육체에 접촉해 오는 것이다. 침실에서 아내 세란과 같이 지낼 때와 같은 조수같이 세찬 애정의 발로였다.

(『전집』 4, 146면)

적어도 이효석의 사고 안에서 본능적인 욕구는 꽤 자유로운 것이었던 것으로 보인다. 작품 안에 드러난 현마의 단주에 대한 욕망은, 단주와 세란에 대한 애정을 스스로 비교해보기도 할 만큼(『전집』 4, 77면), 그 자체로 자연스러운 것으로 그려지고 있다. 그런데 이 둘의 관계가 전혀 상호적인 것이 아니었으며, 현마에게 욕망의 근원인 단주의 아름다움은 대단히 여성적인 것으로 표현되어 있다는 점에서 본다면, 이 '동성애적 욕망'은 일반적인 의미의 '동성애자'의 그것과는 다른 것으로 생각된다. 단지 주체할 수 없는 현마의 욕망이 향해나가는 한 방향일 뿐이다. 하지만 이러한 동성애적 욕망의 드러냄 또한 성욕에 대한 이효석의 시선이 당대의 성 담론의 저 너머를 향하고 있음을 보여주는 것이라고는 할 수 있을 것이다.[27]

단주의 성 편력에 있어, 적어도 그에게는 충족감을 선사하는 것이 미란과의 관계이다. 그는 이 경험을 거의 오로지 정복의 감각으로 인식한다.

태도가 다르면서 확실히 자기를 멸시하고 있는 미란의 표정을 알기는 하면서도 한편 역시 만족스런 마음을 금할 수는 없었다. 처음 한번같이 중요한 한 번이 없다. (…중략…) 손수 탐험하고 점령한 깊은 처녀지에는 자기의 발자취

27 이러한 이 작품의 일탈성을 '탈식민성'으로 파악한 논의도 있다. 작품의 형상이 근대적 성 제도나 담론 너머를 향하고 있음을 고려한다면 '탈근대성'이 오히려 적절한 방향이 아닌가 싶다. 이 작품에서 '식민주의'에 대한 천착을 보는 것은 지나쳐보인다. 임은희, 「이효석 소설에 나타난 성의 재해석 — 탈식민주의 담론을 중심으로」, 한국문예연구소 편, 『가산 이효석의 삶과 문학세계』, 학고방, 2008, 107~138면 참조.

를 남기고 자기의 깃발을 꽂으면 족한 것이지 뒤에 누가 이민을 하고 어느 자손이 와 살든 그것까지를 독점할 수는 없는 것이다. 과실에 첫입자리를 넣으면 자기의 것임이 틀림없고 한 번 받은 잔칫상은 다 먹든 말든 받은 사람의 차지이다. 단주의 만족과 자랑은 이런 정복의 쾌감에서 온 것이 사실이었다.

(『전집』 4, 180~181면)

이러한 만족감은 결국 '결혼'이라는 제도를 통한 소유에 의해서만 유지될 수 있을 것이다. 하지만 그 경험이야말로 미란으로써는 단주의 소유(그와의 결혼)로부터 멀어지게 되는 결정적인 계기이기도 하다. 처녀성에 관계된 어떻게 보면 꽤 통념적이었을 이와 같은 단주의 사고가 미란에 의해 간단하게 극복된다는 점은 이 작품의 '성' 인식의 한 특성을 보여주고 있는 부분이라고 할 수 있다.

ㄷ

미란의 삶에 있어서도 '성'이 중요한 문제가 되고 있음은, 초반부에서 단주와의 첫 경험에의 시도에서부터 드러나고 있는데, 특히 그 또한 작품 속의 대부분의 인물들에게 욕망의 대상이 되고 있다는 점에서 단주와 대비되는 위치에 있다고 할 수 있다. 그는 작품 속의 주요 남성 인물인 현마, 단주, 영훈 모두의 욕망의 대상인 것이다. 이 때 미란이 처녀라는 점은 작품에서 꽤 중요한 역할을 하고 있는데, 이혜령은 이 작품이 미란의 '처녀성'의 정복과 은폐 그리고 갱생을 중심으로 짜여 있음을 지적하고 있기도 하다.[28]

28 이혜령, 「두 개의 성적 질서－이효석의 '화분'론」, 『한국소설과 골상학적 타자들』, 소명출판, 2007, 142~161면 참조.

하지만 미란은 결국 단주와 첫 경험을 치르게 된다. 그러나 미란에게 그 행위는 '성욕'에서 시작되는 것이 아니라는 점에 주의할 필요가 있다. 그것은 한편으로는 동정에서, 또 한편으로는 아름다움에의 매혹에서 이루어지는 것이다.

> 방안의 공기라는 것이 푸르고 차게 가라앉아 있는 속에서 휘줄그레하게 병들어 있는 단주의 꼴이 운명해 가는 염소같이 꺼져 가는 음악소리같이 애잔하게 보였던 것이다. 애잔한 것이 또 그렇게 아름답게 보인 적은 없다. 멸망의 아름다움이 정신을 빼으면서 그 모든 것이 자기의 탓으로 생각될 때 동정의 마음이 솟았다.
>
> (『전집』 4, 164면)

특히 이 장면에서 드러나는 아름다움에의 매혹은 주의할 만한데, 이후 그의 욕구는 예술을 향한 것으로 승화된다고 할 수 있기 때문이다. 이렇듯 미란이 성적 욕구에 긴박되어 있지 않다는 점, 욕구의 예술로의 승화가 이루어진다는 점은 중요하다. 이 작품에서 결국 그만이 '성'이 아닌 '사랑'의 서사와 관계되는데, 그 사랑이 거의 오로지 예술에 의해 매개되기 때문이다. 그가 사랑한 인물이 예술가였던 것이 아니라, 상대가 예술가이기 때문에 이루어지는 사랑인 것이다. 그런 점에서 '예술'은 이 작품에서 특별하게 의의 부여되고 있는 또 하나의 주제다.

영훈은 예술가라는 점에서 작중 인물 중에서 특별한 지위를 부여받고 있는 인물이라고 할 수 있다. 그런 영훈에 의해서 구라파는 하나의 보편으로 제시되는데, 이는 곧 '이 고장'에 대한 환멸로 이어지고, 예술은 그 환멸에서 벗어나는 유일한 길이다.

> 그러게 예술 속에서 살죠. 꿈속에서 아름다운 것을 생각하면서 살죠. ─ 그

것이 누구나 가난한 사람의 사는 법이지만. 주위의 가난한 꼴들을 보다가두 먼 곳에 구라파라는 풍성한 곳이 준비되어 있다는 것을 생각하면 신기한 느낌이 나면서 그래두 내뻴 곳이 있구나 하구 든든해져요.

(『전집』 4, 171면)

그에게 구라파는 곧 바로 미의 세계, 예술의 세계인 것이다. 미란과 영훈의 결합은 미란이 이 예술의 세계를 자기 것으로 함으로써 이루어진다. 그런 점에서 그것은 일반적인 의미에서의 사랑이나 애정의 성취와는 좀 거리가 있다. "조촐하고 검소한 두 사람의 사랑이 원하는 것은 창조적인 것의 생산이요, 예술의 완성"(『전집』 4, 245면)이었기 때문이다. 이 작품에서 미란의 예술에의 동경, 천재에의 동경은 궁극적으로 둘의 사랑으로 결실되지만, 애초에 미란의 예술에 대한 동경이라는 것이 그렇게 진지한 방식으로 다루어지고 있다고는 할 수 없다. 동경에서의 음악회에서 받은 감동이 곧 천재에 대한 동경으로 이어지지만, 그 스스로 예술가로서의 자질이나 열정을 그렇게 충분히 보여주고 있는 것도 아니다. 그런 점에서 비록 아(亞)구라파인 하얼빈을 향해 떠나가는, '예술의 완성'을 향한 이들의 사랑은 꽤 어설픈 것으로 생각된다.

하지만 이들의 사랑이 일반적인 의미에서의 가정, 모성에 바탕하여 재생산을 이루어내는 제도로서의 근대적 가족관계의 형성에 의해 의미화되고 있지 않다는 점은 주목할 필요가 있다. 물론 작품 말미에서 자신들 부부의 행복에 바탕하여 내리는 죽서부부의 미란에 대한 축복은 그러한 것을 전제하고 있다. 하지만 '창조적인 것의 생산'과 '예술의 완성'이라는 이들의 요구는 죽서부부의 인식과는 거리가 있는 것이다. 그런 점에서 미란이 예술을 통하여 '처녀성'의 갱생을 이루어내고 그것이 이들의 결합의 기반이 되고 있다는 논의는 별로 적절치 않은 것으로 보인다. 그것은 '처녀성'이 "단지 육체의 자연적 상태가 아니라 사회적 규범과 도덕적 가치의 좌표에 위치한다"[29]는 점을 인정한다고 해도 그러하다. 이혜령이 그러한 결론으로 나아가는 이유는 "미란의 처녀성의 파란만장한 항해가 닻을 내리는 지점은 바로 합법적인 결혼, 다른 말로 성의 배타적 독점계약이며, 이를 가능하게 하는 전제야말로 '처녀성'"[30]이라고 생각하고 있기 때문에 가능한 것이다. 이는 그가 1930년대의 수많은 계몽주의 소설들에 뿌리내리고 있는 것으로 확인한 '처녀성에서 모성성으로'라는 이데올로기를 이 작품에서도 확인하는 것이라고도 할 수 있는데,[31] 미란의 예술에 대한 동경이 '승화'의 의미를 띠고 있다는 것은 분명하지만, 그 승화가 '처녀성'의 갱생으로 해석될 단서는 별로 눈에 띄지 않는 것으로 생각되며, 무엇보다도 영훈과의 결합에 '처녀성'의 갱생이라는 것이 전제되어 있는 것으로도 보이지 않는다.

실제로 다른 이들에게는 은폐되어 있다고 할 수 있지만, 영훈에게 미란의 처녀성 상실은 이미 기지의 사실이고, 영훈은 그것을 문제 삼지 않음으로써 오히려 '처녀성'이 합법적인 결혼에 그렇게 문제적이었던 다른 소설들과는 다른 길을 가는 것이다. 이들의 결합이 전혀 모성과 같은 것을 향하고 있지 않다는 점도 그 점에서는 참조가 되어야 할 것이다. 그리고 이효석은 그러한 처녀성 상실이 그다지 문제되지 않는 새로운 결합을 다른 작품에서도 보여주고 있다. 「거리의 목가」(『여성』, 1937.10~1938.4) 또한 영옥을 둘러싼 여러 남성들의 애욕을 중심으로 전개되는 이야기인데, 이 작품에서도 영옥의 처녀성 상실에도 '불구하고' 순도와 영옥은 행복한 결합을 이루고 있는 것이다.

애초에 이 작품에는 결말 부분에 사족처럼 등장하는 죽서 부부를 제외하고는, 배타적 독점계약으로서의 합법적인 결혼의 세계는 배제되어

29 이혜령, 앞의 글, 157면.

30 위의 글, 152면.

31 이혜령, 『한국 근대소설과 섹슈얼리티의 서사학』, 소명출판, 2007 참조.

있다. 세란은 현마의 첩인 셈이지만, 작품 안에서 한번 '큰집'이라고 지칭되는 현마의 가족은 전혀 등장하지 않는다. 영훈과 미란의 결합도 그러한 방식으로 의미화되어 있다기보다는, 미란의 어설픈 예술추구 때문에 좀 공소해보이기는 하지만, 어쨌든 '예술의 완성'이라는 새로운 차원에서의 결합으로 의미화되고 있는 것이다. 이렇듯 이 작품이 근대적 가족, 합법적인 결혼의 세계를 배제하고 있다는 점은 문제적인데, 이 작품에서 형상화되고 있는 성욕의 발현은 그러한 제도 너머를 지향하고 있기 때문이다. 그런 점에서는 이 작품 또한 충분히 산문적이지 못함은 분명하다. 그러한 산문은 배타적인 독점계약으로서의 합법적인 결혼, 그 결혼을 목적지로 하는 연애 등을 넘어서는 새로운 비전을 요구하는 것이기 때문이다.

따라서 작품 말미에 등장하는 죽서부부의 윤리적 논평은 작품에 결론처럼 존재하고 있다는 점에서는 무시할 수 없지만, 그에 바탕하여 이 작품의 의식을 개괄하는 것 또한 별로 정당해 보이지는 않는다. 오히려 "남의 불행을 이용해서 자기들의 행복감을 불러일으키는"(『전집』 4, 268면) 이들의 논의는, '본능으로서의 성욕' 긍정이라는 문제의식도 예술을 통한 환멸의 극복이라는 비전도 이해할 수 없는 지점에서 이루어지는 것이라는 점에서는, 배타적인 독점계약으로서의 근대적 결혼에 대한 자기풍자의 성격마저 갖는 것으로 보이는 것이다.

4. 맺음말

이효석의 '성'에 대한 관심과 '본능으로서의 성욕'에 대한 긍정이 현실적인 비전과 연관되어 있지 못함은 분명해 보인다. 그의 작품의 특성으로 종종 거론되는 '서사의 약화'라는 현상 또한 궁극적으로는 이와 관련되어 있다고 할 수 있다. 하지만 그는 배타적 독점관계에 기반한 근대적 가족제도에 이미 '성'이 갇혀 있지 않은 현실, 그 바깥에서 이루어지는 성적 행동에 적용되는 이중적인 성윤리의 문제성을 끊임없이 드러내고 있다. 하지만 그의 작품에 드러나는 성적 욕구나 성적 행동의 문제성은 정작 갈등으로까지 전개되지 않음으로써, 산문적 해결에 대한 모색으로 나아가지 못하는 것이다.

대신에 그가 해내고자 하는 것은 '시적인' 또는 '미적인' 드러냄이라고 할 만한 것이다. 자연을 책임회피의 알리바이로 삼고자 했을 때 추구된, '자연과 혼연일체가 된 인간'의 면모는 그 자체로 하나의 시를 가능케 했던 것으로 보인다. 그러나 애욕의 현실, 그 실인간이 가감없이 그대로 드러나기도 하는데 이때도 그가 의도하고 있는 것은 역시 시였다고 할 수 있다. 이러한 그의 문학관과 그에 입각한 소설 쓰기의 추구의 과정은 「천사와 산문시」(『사해공론』, 1936.4)라는 작품에 훌륭하게 알레고리(allegory)화되어 있다.

이 작품은 어떤 기회에 서울을 방문한 화자가 우연히 찾게 된 매춘부에게서 느끼는 감정을 그리고 있다.

> 조촐한 한편의 방 — 그것은 지옥의 것이 아니요, 확실히 하늘에 속하는 것이 아니었을까. 적어도 동화 속의 세상같이 아름답다. 지저분한 거리 속에 연속된 부분이 아니오, 공중에 홀연히 솟은 듯한 세상이다. (…중략…)
>
> 그 신비로운 무대 위에 이윽고 여주인공이 등장하게 되었다. (…중략…) 그러나 거리의 천사라느니보다 동화 속의 천사요, 마음의 천사인 것이다.
>
> (『전집』 2, 67면)

매춘부의 방도 매춘부도 극도로 미화되어 있다. 화자 자신 이를 '취한 마음'과 연관시키고 있지만, 한 편으로는 '욕심'과 '사랑'에 대한 꽤 진지한 사색을 덧붙이고 있기도 하다. '욕심으로부터 시작되는 사랑'을 주장하기도 하는 것이다.

> 거리의 천사라고 반드시 욕심의 대상만이 되는 법은 아닌 듯하다. 거리의 천사도 마음의 천사가 될 수 있다. 욕심으로부터 들어와서 마음을 흔든다. 그런 사랑도 있는 것이다.
>
> 그 밤의 천사는 마음속에 새겨져서 좀체 잊혀지지 않는다. 산문의 밤이 아니오, 꿈속의 밤이오 이야기 속의 밤이었다.
>
> (『전집』 2, 71면)

어느 순간 '산문의 밤'은 '꿈속의 밤', '이야기 속의 밤'이 되어 버린 것이다. 이는 꽤 분명하게 그가 생각하는 문학의 역할에 대한 알레고리인 것으로 보인다. 특히 다음의 마지막 부분은 이를 분명하게 확인시켜준다.

> 하숙의 살림살이, 거리의 여인풍경, 애잔한 천사의 자태 — 가지가지의 기억이 마음의 경험 위에 차례차례로 쌓여 즐거운 추억이 되는 것이다.
>
> 산문의 경험도 마음속에 적히우면 아름다운 노래가 되는 모양이다.
>
> (『전집』 2, 71면)

그의 소설은 그런 점에서 모두 '마음속에 적힌 아름다운 노래'이고, 그에 대한 시도이다. 그가 떠날 수 없었던 '산문의 경험'은 바로 애욕의 현실이었다. 본능으로서의 '성욕'은 긍정될 수밖에 없었고, 그 애욕의 충족을 위한 행위들은 문제적이었다. 이효석은 그 현실과 맞닥뜨리는 것이 중요하다는 점을 다음과 같이 육체문학에 대한 주장 속에서 드러내고 있기도 하다.

> 자연주의의 '진'의 탐구의 결과는 육체였으니 참으로 육체문학은 자연주의와 함께 시작되었다. 세기말 문학은 또 하나의 새로운 자연주의였고 감각과 육체의 기괴하고 대담한 미학이었다. 반동적 각성으로 이상주의의 기치를 내걸고 톨스토이는 인도주의를 휘두르고 입센은 개인문제를 쳐들었으나 그들의 작품에 있어서도 정신이니 반성이니 하는 것은 육체의 소리 위에 끼얹은 고명에 지나지 못하는 것이다.[32]
>
> (『전집』 6, 238면)

결국 그러한 지향은 다양한 상황에서 문제적으로 드러나는 '성욕'에 대한 다각적인 형상화로 드러나고 있다. 그 '성욕에 대한 긍정'이 도달해야 할 새 윤리를 전망할 수 없었기에, 종종 그것은 단지 하나의 장면이 되어 버린다고도 할 수 있지만, 그 욕구가 실은 그다지 잘 제어되거나 억압되는 것이 아니라는 점을 생각한다면, 그 문제적인 장면들은 가장 현실적인 삶의 문제의 해결을 요구하고 있는 것이기도 한 것이다.

32 이효석, 「서구정신과 동방정취－육체문학의 전통에 대하여」, 『조선일보』, 1938.7.31～8.2, 『새롭게 완성한 이효석 전집』 6, 창미사, 2003, 238면에서 재인용.

참고 문헌

1.자료

이효석, 『새롭게 완성한 이효석 전집』 1~8, 창미사, 2003

2. 논문 및 단행본

김교선, 「조화미의 정점—이효석의 작품세계」, 『현대문학』, 1975.3.

백철, 「작가 이효석론—최근 경향과 성의 문학」, 『동아일보』, 1938.2.25~27.

아카가와 마나부[赤川學], 「戀愛という文化 / 性慾という文化」, 『戀愛と性愛』, 早稲田大學出版部, 2002.

鬱金香, 「男便校正術」, 『新女性』, 1933.9.

이상섭, 「愛慾文學으로서의 特質—李孝石의 作品世界①」, 『文學思想』, 1974.2.

이상옥, 『증보판 이효석의 삶과 문학』, 집문당, 2004.

이혜령, 「두 개의 성적 질서—이효석의 '화분'론」, 『한국소설과 골상학적 타자들』, 소명출판, 2007.

______, 『한국 근대소설과 섹슈얼리티의 서사학』, 소명출판, 2007.

이효석, 「건강한 생명력의 추구」, 『조선일보』, 1938.3.6.

임은희, 「이효석 소설에 나타난 성의 재해석—탈식민주의 담론을 중심으로」, 한국문예연구소 편, 『가산 이효석의 삶과 문학세계』, 학고방, 2008.

정한모, 「효석론」, 『새롭게 완성한 이효석 전집 8—이효석론』, 창미사, 2003.

조정래, 「1930년대 서정소설론 재고—이효석의 '화분'을 중심으로」, 『현대문학의 연구』 20, 한국문학연구학회, 2003.

정치적 인간과 성적(性的) 인간

이효석 소설에 나타난 '성(性)'의 재해석

한수영

1. 이효석 소설의 '성'에 관한 재해석의 몇 가지 논점

이 글은, 이효석 소설에 나타나는 '성(性)'에 대한 인식과 논리, 그리고 그것을 둘러싼 사상사적 맥락들에 대해, 기왕의 연구나 비평과는 조금 다른 지점에서 재해석해 보기 위해 쓴다.

이효석 소설에서 '성' 문제가 매우 중요한 해석의 관건임은 주지의 사실이지만, 그에 대한 충분한 설명이나 해석이 이루어져 왔다고 보기는 어렵다. 우선, 기존 연구의 대부분은 '성'에 관한 주제와 소재가 그의 후기 소설에 집중되어 있다고 본다. 그에 덧붙여, 이러한 '성'문학으로의 전환은 초기(또는 전기) '동반자 작가 시절'의 특징이었던 사상성이나 사회성을 포기함으로써 얻어진 새로운 문학세계라는 전제에 대해 별다른 이의를 제기하지 않는다. 백철[1]을 비롯해, 이원조 등 이미 1930~40년대 당시의 비평가들에 의해 정초된 이러한 시각은 최근의 연구에서도 크게 달라진 것처럼 보이지 않는다. 다만 차이가 나는 것은, 그 시점이나 계기가 되는 '작품'을 어떤 것으로 '특칭'하는가 하는, 다소 지엽적인 문제들이다.[2]

이상옥을 비롯한 소수의 연구자들이, '성'에 관한 이효석의 관심이 단지 후기소설에만 나타나는 것이 아니라, 초기 소설에서도 발견된다는 점을 정확히 지적하고 있지만, 그럼에도, 초기 소설에 나타나는 '성'에 관한 이효석의 '관심'을, 흔히 초기소설에서 이효석이 지향하고 있었다고 인정하는 사회주의나 마르크스주의, 혹은 그런 이념을 바탕으로 한 '운동'과의 '관계'나 '맥락'을 통해 읽어내는 데까지는 나아가지 못한다. 이상옥의 경우는 다른 논자들에 비해 초기소설에서의 '성' 문제에 가장 예민하게 접근하면서도, '성'이 후기에 집중된 것이 아니라 '초기'에도 드러난다는 '표면의 사실'만 부각시킬 뿐, 여전히 전기와 후기의 경계에 '사상'의 퇴락과 '성' 문제의 집착이라는 기준을 내세움으로써, 이분법적 구획에서 멀리 벗어나있지 못하다.[3]

이효석의 후기 소설에 나타나는 '성'에 관한 기존의 연구에도 많은 문제점이 노정된다. 대다수의 연구들은 '자연'이나 '본능'이라는 매개어로

---

1 백철은 「최근 경향과 성의 문학」(『동아일보』, 1938.2.25~27)에서 이효석의 문학을 1기와 2기로 나누고, '돈(豚)'(1933)에서부터 시작하는 이효석의 제2기 문학은 '자연'과 '본능'을 주조(主潮)로 한다고 보았다.

2 예컨대, 이현주는 「이효석 문학의 배경에 대한 주석적 연구」(연세대 박사논문, 2009)에서, 구체적인 작품이나 시기보다도, 차작(借作) 시비와 총독부 취직 등으로 문단에서 방축당한 일과 함북 경성 체험이 그의 후기소설에 중요한 영향을 미쳤다고 보며, 이를 분기(分岐)로 하여 이효석 소설을 전기와 후기로 나누어 볼 수 있음을 시사한다. 송효정은 「1930년대 후반기 장편소설에 나타난 두 가지 미학적 양상－김남천 『사랑의 수족관』과 이효석 『화분』을 중심으로」(『어문논집』 56, 민족어문학회, 2007)에서, 흔히 전기와 후기로 나누는 이효석 소설의 전개과정을 세 시기로 세분하여, 초기의 '동반자 작가시절'과 중기의 '이념과 욕망의 갈등'을 보여주던 시기, 후기의 '원초적 욕망'에 탐닉하던 시기로 나눈다.

3 이상옥, 『이효석의 삶과 문학』, 집문당, 2004, 238~239면.

후기 소설의 '성'을 범주화하려고 한다. 즉, 인간에 내재해 있는 원시적 욕망으로서의 '성욕'에 대한 긍정을 바탕에 두고, 다양한 인물과 사건을 등장시켜 '성적 인간'을 묘사했다는 것으로 요약할 수 있다. 그리고, 이러한 설명에 덧붙여지는 것은, 그가 '성'이나 '자연'에 안착함으로써 문학과 사회적 연관의 고리를 끊어버렸다는 것, 따라서 종종 '순수문학'의 의장을 덮씌운다거나, 퇴행이나 데카당스로 규정해버리는 방식을 취한다. 그러나, 조금만 세밀하게 읽으면, 후기 소설에서의 '성'이 얼마나 정치적이고 사회적인 방식으로 다루어지고 있는가를 금세 확인할 수 있다. 그 점에서, 이효석 후기 소설의 '성'을 탈정치 또는 탈사회적 기도(企圖)의 결과로 읽는 기존 연구들의 단순성은 비판적으로 극복되어야 한다.

한편, 섹슈얼리티(sexuality)나 젠더(gender)의 맥락에서 접근하는 최근의 연구들은, 전통적인 이런 해석의 소박함과 추상성을 넘어서는 새로운 지점들을 형성하고 있어 주목된다. 특히 여성연구자들에 의해 활발하게 논의되고 있는 이효석 후기 소설의 '성' 문제는, 페미니즘의 시각에서 다루어짐으로써, 이효석 문학의 '성'이 단순한 '자연회귀'나 '원초적 본능'에 환원되지 않는, 그 나름의 성정치적 의미와 맥락에서 해석되고 있다는 점에서 매우 고무적인 연구사적 변화라고 할 수 있다. 그러나, 이들의 연구는 이효석 소설에서의 '성' 문제를 지나치게 '남성중심적 시선'으로 환원해서 읽거나,[4] 그의 소설에서 모색되는 '성(性)'적 모더니티를 서둘러 현실순응주의나 세속적 패퇴의 미적 등가물로 결론짓는 까닭에, 작가의 의식에 내재하는 시선의 모순과 충돌, 혹은 길항들을 섬세하게 읽어내지 못하고, 서둘러 '정치적으로 올바른' 결론으로 내닫는 듯한 인상을 준다는 점에서는, 여전히 일정한 한계를 보여준다.[5]

---

4 이혜령, 『한국 근대소설과 섹슈얼리티의 서사학』, 소명출판, 2007. 이혜령은 이효석의 『화분』이 궁극적으로는 '처녀성'의 정복과 온존 및 지속을 둘러싼 사회경제적 지배질서를 고스란히 투영한, 남성 섹슈얼리티의 서사라고 결론짓는다.

이 글에서 시도하는, 이효석 소설에서의 '성'에 관한 재해석의 첫 번째 논점은, 기존 연구와는 달리 '성'에 대한 관심과 지향이 이효석 소설의 초기에서 후기에 이르기까지 일정한 인식론적 '궤적'을 형성하고 있다는 점을 밝히는 동시에, 그러한 궤적을 통시적 관점에서 재구성해보려는 데 있다. 이런 통시적 관점의 재구성이 가능하려면, 기왕의 연구들이 고수하는, '초기에는 사상, 후기에는 (사상의 포기로서) 성에 집중했다'는 도식을 넘어서서, 초기 소설에서의 '사상'과 '성'의 관계와 후기 소설에서의 '성'과 '사상'의 관계를 함께 검토할 필요가 있다.

초기 소설의 '사상'에서 가장 결정적인 것은 주지하다시피 '마르크스주의'와 관련된다. 그러나, 이 글이 주목하고자 하는 것은, 그가 얼마나 충실한 '동반자 작가'였나, 혹은 얼마나 독실한 '마르크스주의자'였나 하는 문제가 아니라, '마르크스주의'를 매개로 한 그의 '인간해방'에 관한 지향, 그것의 내용과 성격에 관한 것이다. 그런 관점으로 초기 이효석의 소설들을 재독(再讀)하게 되면, '성'에 대한 그의 관심과 지향이 초기 소설에서부터 매우 중요한 비중을 차지한다는 사실을 확인할 수 있다. 그는 일찍부터, 다른 프로작가나 동반자 작가와는 달리, 인간해방은 단지 노동해방이나 계급해방뿐 아니라 성해방이 필요하다는 인식을 밑자락에 깔고 있었다. 물론 1920년대 후반~1930년대 초의 작품들에 나타나는 관심과 지향을 곧장 '해방담론'의 논리적 구성물이라고 읽는 것은, 다소 과도한 해석이라고 할 수 있다. 그러나, 해방의 담론에 '성적(性的) 인간 — 즉 인간은 성적 욕망을 지니고 있으며, 그것은 해소되어야 한다는 것'에 대한 고려가 배제되어서는 안 된다는 인식이 작품의 곳곳에 스며

5 심진경, 『한국문학과 섹슈얼리티』, 소명출판, 2006, 153~188면. 심진경은 『화분』의 섹슈얼리티가 '성'을 주제로 한 이효석의 다른 소설들과 구분되는 파격성과 정치성을 지닌 소설임을 강조하면서도, 결국 식민지시대 남성 예술가의 현실도피적 제스처가 여성의 '성'을 심미적 대상으로 만들면서 은폐의 서사구조를 형성하는 데로 귀결했다고, 부정적인 평가를 내린다.

들어 있음을 확인하기는 어렵지 않다. '성'에 관한 관심이, 단지 후기에 집중된 것이 아니라 그의 문학 전반에 걸쳐 나타난다는 전제가 재해석에서 중요한 까닭은, 단순히 전기와 후기를 나누는 경계의 도식성에 대한 비판 때문이 아니다. 우리가 주목할 지점은, 그의 성적 주제가, 해방담론으로서의 마르크스주의가 지닌 어떤 '결여' 혹은 '무관심'에 대한 일종의 '반동'으로 제기되고 있다는 사실이다. 다시 말하자면, 이효석은 계급해방이나 노동해방을 부정한 지점에서(즉, 사상이나 이념을 포기한 지점에서) '성적 인간'의 문제를 제기한 것이 아니라, 당대의 마르크스주의자들이 견지하고 있는 '인간 이해'와 해방담론에서 결여된 지점들을, 자신의 소설을 통해 '환기'하고자 했다고 할 수 있다.

'성적 인간'에 대한 이효석의 관심과, 당대 주류 사상 또는 담론으로서의 마르크스주의에 대한 그의 불만(혹은 결여의 감각)은, 1930~40년대 독일에서의 빌헬름 라이히와 겹쳐지는 지점이 있다. '성적 인간'에 대한 라이히의 관심과 지향이, 이효석의 동반자 시절 텍스트와 어떤 지점에서 겹쳐지는가를 검토하는 것은, 그의 문학에서의 '성' 문제를 이해하는 데 새로운 환기를 시사할 수 있으리라고 생각한다.

이 글에서 시도하는 재해석의 두 번째 논점은, 1930년대 중후반 이효석의 소설에서, '성'에 관한 다양한 모색과 지적 · 예술적 탐험이 시도되고 있다는 점을 밝히는 것이다. 아울러 그러한 모색과 탐험에 투사되는 작가의 시선 또는 관점은 매우 비균질적이고 모순적이라는 사실이다. 이효석의 '성'에 관한 문제의식은, '성적 욕망(본능)'의 문제와 '쾌감(오르가즘)', '성적 자기결정권(성폭행 / 강간)', '성적(性的) 독점과 공유', '성적 취향(이성애, 동성애, 양성애)' 등의 문제가 복잡하고 중층적인 방식으로 서사화되고 있다. 특히, 이런 여러 가지의 '성'과 결부된 주제들이 지금의 상황과 감각에 비추어 보더라도 여전히 유효한 문제들이란 점이 각별하다. 무엇보다도, 당대의 다른 소설들에서 잘 확인하기 어려운, '성적 자기결정권[6]의 문제나 '성의 독점과 공유'[7]에 관한 문제제기가 그러하다.

물론, 이 각각의 개별 주제들은 유기적으로 조밀하게 구조화되어 있거나 담론으로서 위계적 질서를 형성하고 있는 것은 아니다. 그러나, 이런 성적 주제화의 산만함과 비유기성은 이효석 문학의 '성'을 규명하는 데 반드시 부정적인 요인으로만 작용하는 것은 아니다. 그는 오랫동안 '금기'로 여겨져 왔던 '성'에 관한 논의를 '문학'이라는 장(場) 위에서 다소 위험해 보일 수도 있는 극단의 지점까지 실험해 보고자 했다. 그는 성욕과 관능적 쾌락(오르가즘)을 구분해서 다루었고, 남성으로서 여성의 섹슈얼리티를 '상상'했다. 또한 오르가즘이 '(성적)쾌락'에서 매우 중요하다는 인식을 내비치면서도 다른 한편으로는 그것이 '쾌락'의 유일한 준거인가에 대해 회의적인 질문을 던지기도 했다. 또한 '성관계'는 어떻게 '관계로서의 성'에 투사되는가를, '권력'에 매개되는 '위계적 성관계'를 통해 규명해 보려고 애썼다. 나는, 이 모든 문학적 시도의 다양성을, 섹슈얼리티에 관한 성차(性差)로 서둘러 환원하여 읽기보다, 일종의 모색과 탐사의 과정에 초점을 두어 읽어 보고자 한다.

이 두 번째 논점과 관련하여 또 한 가지 중요한 사실은, '성'에 관한 그의 시각과 인식 지평의 비균질성과 유동성이다. 그의 소설에는 전형적인 남성중심적 시각이 전면화되어 나타나다가도, 때로는 그러한 남성중심적 섹슈얼리티를 회의적으로 보거나 반성하는 또 다른 시각이 중첩되

---

6 성적 자기결정권을 둘러싼 논의 중에서 '부부사이의 강간' 문제는 이와 관련된 최근의 쟁점중의 하나일 것이다. 이효석 소설에서는 남녀의 성관계에서 여성의 의사결정문제가 자주 등장한다. 그가 강간이나 성폭행 문제를 취급하는 저변에 이것을 매우 근본적인 문제의식으로 설정하고 있었음을 짐작할 수 있다. 이 문제가 직간접으로 나타나고 있는 대표적인 텍스트들은 「주리야」, 「돈」, 「분녀」 그리고 장편 『화분』 등이다.

7 '(성적) 독점과 공유'의 문제는, 매우 복잡한 문제인 동시에 논의의 역사도 오래 되었다. 그러나 여전히 해결되기 어려운 난제 중의 하나다. 사회생물학과 페미니즘, 공산주의와 히피즘 등이 모두 이 문제를 고민했다. 문학이나 예술에서는 흔히 '질투'라는 모티프로 범주화되지만, '독점과 공유'의 문제는 그것보다 훨씬 근본적인 문제점들을 야기한다.

어 드러난다. 이것은, 이효석이 활동하던 시기가, 성적 모더니티를 둘러싼 격렬한 구조변동이 일어나고 있던 시기임을 반증한다. 요컨대, 전통사회에서 오랫동안 유지되어 오던 남성중심적 / 가부장적 성 질서에 심각하게 균열이 생기는 한편으로, 그것을 대체하는 새로운 성 질서나 성 담론(이를테면 성적 모더니티)은 구조화되지 못한 이행기 또는 과도기였다는 점, 혹은 좀 더 사태의 본질에 접근해서 말하자면, 바로 그러한 비균질성과 유동성을 내적 특질로 하여, 당대의 성적 모더니티가 형성되고 있었음을 이해할 필요가 있다는 것이다.

2. '성적 인간'에 대한 관심과 그 추이—동반자시절의 '성'과 이념

이효석의 초기 소설이 동반자적 경향을 지니는 것은 분명하다. 그러나, 초기 소설에서 나타나는 계급해방이나 인간해방에 관한 그의 지향에는 '성적 인간'에 대한 고려가 맹아적 형태로 그 바탕에 깔려 있다. 초기와 후기의 차이는, 그러한 인식이 작가 스스로에게 자각적인 방식과 형태로 텍스트에 투사되고 있는가의 여부라고 할 수 있다. 초기 작품에서, '성'에 관련된 그의 묘사나 서사가 잘 눈에 띄지 않는 것은, 그것이 중심서사와는 긴밀한 유기성 없이 삽입되어 있거나, 혹은 종종 지엽적인 에피소드나 일회적인 서술로 처리됨으로써, 서사의 내적 일관성에 매개되어 읽히기에는 양질(量質)의 두 측면에서 모두 일정한 한계가 있기 때문이다. 그럼에도 불구하고, 부분부분 외삽되어 있는 '성적 인간'에 대한 관심은, 동반자 작가 시절 이효석의 지향을 읽을 수 있는 중요한 단서가 된다. 우선, 초기 평판작의 하나인 「도시와 유령」(1928)을 중심으로 이 문제를 살펴보기로 하자.

① 김서방과 나는 즉시 잠자리로 향하얏다. 잠자리라니 보들보들한 아름다운 게집이 기다리고 잇는 분홍 모긔장 속 두틈한 요 우인 줄은 알지 마러라.[8]

② 그 날도 나는 리유없이 — 가 아니라 바로 말하면 바람 쏘이러 — 밤 장안을 헤매고 잇섯다. 장안의 여름밤은 아름다웟다. (…중략…) 게다가 무엇보다도 거리 우에 낫거미새끼가티 홋터진 게집의 얼골－은 사뤄분 냄새만 맛흘 수 잇는 것만 하야도 사실 밤 장안을 헤매이는 갑은 훌륭히 될 것이엿다.[9]

③ 군중의 숩헤 싸여서 안보이든 한 채의 자동차와 그 밋헤 쌀닌 녀인네 하나를 보앗다. 박휘 밋헤는 선혈이 림리하고 그 엽헤는 거지아해 하나가 목을 놋코 울면서 쓸어져 잇엇다. "자동차 안에는" 하고 보니 아니나 다를가 불량배와 기생년들이 그득하얏다. "오라질 년놈들."[10]

소설의 화자는 날품 노동자이자 집이 없는 노숙자 신세다. 사람들 사이에 '유령'이라고 소문난 그것이, 알고 보니 교통사고 당한 거지 모자(母子)였다는 것이 소설의 줄거리다. "서울이 나날이 커가고 번창하여 가면 갈수록 유령도 거기에 정비례하여 점점 늘어가니 이게 무슨 빼저린 현상이냐!"라고, 갑자기 '내포작가'의 목소리가 등장하여 소설의 주제를 전면에 노출시키는 것이 이 소설의 결구이다. 그런데, 여기서 주목해 볼 부분은, '화자'의 욕망이 가리키는 지점이다. 표면으로는 도시빈민의 가혹한 삶을 그리고 있지만, '화자'는 단순히 거처할 공간으로서의 '집'이

---

8 이효석, 「도시와 유령」, 『노령근해』, 동지사, 1931, 5면. 표기는 원문대로 하되, 띄어쓰기는 현대표준어에 준하여 적절히 고쳤음을 밝힌다. 이하 인용문은 모두 같은 원칙으로 한다.

9 이효석, 앞의 글, 23~24면.

10 위의 글, 26면.

아니라, '아름다운 계집이 기다리고 있는 분홍 모기장 속 두툼한 요'를 욕망한다. 더위를 잊기 위해서가 아니라, '계집의 얼굴과 분 냄새'를 맡으며, 해소되지 않는 '성적 욕망'을 대리배설하기 위해 밤거리를 산책한다. 결정적으로, 인용문 ③에서는 그의 분노가 '성의 불평등'에 의해 폭발되고 있는 것을 확인할 수 있다. 표면의 사건은 자동차가 빈민 여성을 치였다는 '교통사고'이지만, 그것이 '화자'의 분노를 자아내는 것은, 그 자동차 안에 타고 있는 사람들이 누리는 '성'으로부터 '화자' 자신이 '소외'되어 있다는 자각 때문이다. '화자'는 기생이 제공하는 '성'을 향유할 경제적 능력이 없다. 자동차 안에 타고 있던 사람을 평범한 남성이나 여성으로 설정할 수도 있었을 것이다. 그러나, 승객이 그렇게 설정될 경우, 위의 인용문과 같은 '성적 향유의 불평등'에 관한 분노로 화자의 감정을 귀결시키기는 어려울 것이다. 승객의 성별이나 직업과 관련된 수많은 경우의 수 중에 기생과 불량배(이 때의 '불량배'는 일종의 '한량'으로 이해하는 것이 적당할 것이다)로 설정된 것은 '화자'의 욕망에 관한 작가의 무의식의 투사 때문이라고 할 수 있다. 요컨대, 작가는 '화자'를 단순한 무숙자 빈민이 아니라, '성욕을 지닌, 그러나 그 성욕이 해소되지 않는 인간'으로 그리고 싶었던 것이라 할 수 있다.

'성적 인간'에 대해 다양한 의미를 채워 넣을 수 있지만, 우선 '성적 욕망을 지닌 인간'으로 정의할 때, '인간'에 대한 이효석의 이해 방식은 곳곳에서 그런 흔적을 남기고 있다. 초기 단편집에 실려 있는 또 다른 단편 「기우(奇遇)」(1929)를 살펴보자. 이 소설은 한 여성을 수 년 간의 간격을 두고 우연히 만나게 되면서 점차 그 '여성'의 몰락을 목격하게 된다는 구조로 짜여 있다. 이 여성(계순)과의 마지막 만남은 하얼빈에서 이루어진다. 「기우」의 주인공 '나'는 "작년 구월 XX총동맹의 위원의 한 사람"으로 '어떤 사건'의 조사의 책임을 지고 하얼빈으로 파견된 '운동가'이다. 그는 임무를 가볍게 해결한 덕분에 이틀의 여유를 얻어 하얼빈의 밤거리를 구경하게 된다. "몽유병자처럼 취흥에 젖어" 밤거리를 쏘다니던 '나'는 우연히 '매음굴'이 형성된 어느 골목으로 들어가게 된다. 조금 전까지 시야를 가득 채우던 하얼빈의 휘황찬란한 야경과는 전혀 다른 풍경에 놀라면서도, 주인공은 '매음굴'의 이상한 마력에 점차 휩쓸려 들어간다. 매음굴 어느 방안 풍경을 엿보는 '나'의 시선은 복잡하게 착종되어 있다. 시선의 한쪽은 이 살벌하고 가혹한 빈민촌 매음굴에 대한 '혐오'와 '비판'이며, 다른 한쪽은 '그럼에도 불구하고' 방안 풍경으로부터 번져 나오는 묘한 매력과 '성적 욕망'에 함몰되는 관능에의 '굴복'이다.

> 나는 그것이 빈민굴이 아니고 **마굴임을 쌔달엇다**. 전률할 만한 마굴—그 속에서는 엇던 무서운 죄악이 니러나는지도 생각할 새 없이 한번 불질은 이상 타올으는 **새밝안 관능의 불길에서 나는 버서날래야 버서날 수 업섯다**. 아직까지도 몽롱히 서 잇든 나는 **붓그러운 말이지만** 몃 간 건너 역시 행길로 향하야 희미한 등불이 흘너나오는 그곳으로 발을 옴겨 노앗다. 쏙가튼 방안에 쏙가티 차린 중국 소녀가 안저 잇섯다. 새파란 옷 흰 팔 눈부신 감각……. 나는 **아무것도 반성할 여유 업시 서슴지 안코 안으로 드러가 버렷다**.
>
> 하로밤에 몃 놈이나 거친 사나히에게 부닥기는지 젊은 중국 소녀는 피로할대로 피로한 듯이 손님이 들어가도 머리도 들 생각하지 안코 나른히 안저 잇섯다. 앗싸의 소녀와 가티 란잡한 추태도 지어 보이지는 안엇다. 너무도 잠잠한 그의 태도에 **나는 긔가 싸젓다**. 그러나 이왕 이러케 들어온 이상 **념치불구하고** 그의 엽헤 가 주저안즈면서 전신을 그에게로 솔녓다.[11] (강조—인용자)

인용문을 통해 우리는 두 가지 사실을 확인할 필요가 있다. 먼저, '나'는 일찍이 동무와 함께 운동과 혁명의 대의를 품고 조선을 떠나 '해삼위'

11 이효석, 「기우(奇遇)」, 앞의 책, 57~58면.

로 북행한 '운동가'라는 점이다. 또 하나, 하얼빈 뒷골목 매춘부의 방에 들어가기까지 여러 차례 심리적 갈등을 겪는다는 점이다. 그는 비록 취해 있었다고는 하지만, 매음굴이 '죄악의 공간'임을 인지하고 있다. 그러나 그 '반성'을 일부러 무시하고 방으로 들어선다. 그런데, 이번에는 피곤에 절어 널부러진 '매춘부'를 향한 연민과 안타까움을 느낀다. 그럼에도 다시 '염치불구'하고 매춘부와의 섹스를 시도한다. 부끄러움과 자기 반성, 그리고 성 노동에 지친 여성을 향한 연민과 동정이 '새빨간 관능'과 길항하다가 마침내 허물어진다. 「도시와 유령」과 「기우」를 통해 확인할 수 있는 한 가지는, 등장인물이 도시빈민이든 혁명가(운동가)이든 그들이 모두 '성적 욕망'을 내재한 인간이라는 대전제다.

비슷한 시기에 발표된 단편 「행진곡」(1929)에는, 나중에 『화분』에서 전면적으로 등장하는 '동성애'에 관한 모티프가 등장한다. 이 소설의 도입부에는 봉건적인 '가족'의 매매혼을 거부하고 가출을 감행한 '남장 처녀'의 옷차림과 외모에 대한 묘사가 나오는데, 초점화자의 시선으로 처리된, '그(녀)'를 지켜보는 주인공 청년의 그것은 다분히 '동성애'적인 것이다. 심야에 갑자기 노동자 합숙소로 뛰어들어 숨겨줄 것을 요청하는 낯선 소년(남장을 했기 때문에 합숙소의 노동자들은 모두 처음에는 그녀가 소년인 줄 알고 있다)에 대해 주인공 '청년'이 나타내는 첫 번째의 관심은, 그(녀)의 처지나 상황이 아니라, 남자의 외모에서 풍기는 '여성스러움'에 초점이 맞추어져 있다.

> 그의 시선은 건너편 구석에 잇는 엇던 얼골 우에 머물넛다. 그것은 몹시도 햇숙하고 부드럽고 약간 강한 맛을 씌인 듯한 소년이엿다. 다 낡근 양복이며 깁히 쓴 캡이며 흡사 활동사진에 나오는 루랑하는 소년이엿다. 다만 빗갈이 너무도 희고 선이 연하고 가늘 다름이다. (…중략…) 이러케 하야 방안이 이약이에 정신업슬 때에 낫몰으는 소년이 하나 들어왓다. 이약이는 긋치고 방안의 주

위는 그리로 향하얏다. 날근 양복에 캡을 깁숙히 쓰고 얼골빗 햇숙한 소년이엿다. (…중략…) 꼿꼿하고 단단은 해 보엿으나 얼골 모습이며 몸집이며 부드럽고 연약한 소년이엿다. 엇전 일인지 그는 맹수에 쏫기는 양과 가티 겁을 집어먹고 불안에 실눅실눅 썰엇다.[12]

이효석과 같은 동반자작가가 아니라, 카프에 소속된 작가들 중에도 '성'과 '노동'의 문제, 혹은 노동자의 성적 욕망의 문제에 관심을 기울였던 작가들이 있다. 이를테면, 한설야의 단편 「주림」(1926)은 분량으로는 거의 콩트에 가까운 소품이지만, 비슷한 시기 카프 소속 어떤 작가의 소설보다도, 노동자의 소외된 '성'에 대해 밀도 있는 접근을 보여준 수작이라고 할 수 있다. 가난한 홀아비 노동자 '경일'은 허술하게 지은 하숙집의 문구멍 사이로, 옆방 사는 동료 노동자(그는 경일보다 상급자다) 'C'의 처를 훔쳐보면서 끓어오르는 '성욕'을 주체하지 못해 괴로워한다. 「주림」이 수작인 까닭은, 단순히 노동자 '경일'의 '성욕'을 묘사하는 데서 그치지 않고, '성적 소외'를 겪는 남자 노동자의 폭력적인 욕망과 강박을 적절한 '거리'를 유지하면서 '대상화'하고 있기 때문이다. 남편의 퇴근을 기다리며 전등 아래서 바느질을 하고 있는 옆방 아낙을 훔쳐보면서 '경일'은 일찍 세상을 떠난 '아내'를 그리워한다. 그런데, '아내'에 대한 그의 기억은 오로지 '아내와의 성관계'에 집중되어 있다.

그 처는 자긔의 말을 썩 잘 들엇다. 시집 갓 와슬 째에는 나어린 탓으로 슬슬 피해가랴고 햇지만 그것도 멧칠 안 되여서 일업게 되었다. 죽은 드시 가만이 누어서 하는 대로 바들 쑨이엿다. 밤새도록 잠 못자게 해도 성가시게 녁이는 기색은 보이지 안엇다. 그리고도 아츰이면 일즉 이러낫다. 아이를 배면서부터

12 이효석, 「행진곡」, 앞의 책, 73~77면.

는 그 편에서 먼저 스을슬 쓸쿤 하였다. 경일이가 말업시 잠잣고 잇으면 숨길을 막으랴는 드시 부스럭거렷다. 경일이는 먼저 잠이 들엇다가도 그로 해서 잠이 깨는 일이 종종하엿다. 잠갈내(잠꼬대－인용자)를 하드시 경일의 몸을 큭 밀치기도 하엿다. 배도 슬적 쓰처보고 팔과 목을 어르만지노라면 경일은 반드시 깨고야 말앗다. 경일이가 어림풋이 잠이 샌 줄을 알면 이제 처분을 기대리는 드시 누어 가만이 잇섯다. 경일의 어림풋한 정신에는 희미하나마 제 몸에 쓰르렁거리던 살의 감촉이 남아서 차차 정신을 맑게 하엿다. 무엇이 분명이 몸을 게바라단닌 법 한데 하며 자나 안자나 녀편네를 건드려보군 하엿다. 얼굴로부터 신다리까지 모두 싹금한 살맛쁜이면 그제는 자거나말거나 아잘 것이 업섯다.

경일은 겻방의 구수한 살님냄새를 맛흐며부터 제 하는 대로 가만히 잇던 안해가 더욱 그리워젓다.[13]

인용문에는, 죽은 전처를 오로지 성적 대상으로서만 '기억'하는 '경일'의 남성중심적 욕망이 숨김없이 묘사되고 있다. 더구나, 전처는 결혼 초에는 성적(性的)으로 미숙하고, 그래서 수동적이었지만, 나중에는 오히려 적극적으로 변해 가는 과정이 묘사되어 있다. 이 짧은 회상 뒤에, 경일은 옆방 아낙을 강제로 욕보이는 상상에 빠진다. 그리고, 비록 상상 속에서이지만, 옆집 아낙에 대한 '성폭행'을 전처에 관한 '기억'으로 정당화하는 자기합리화에 빠진다. "죽은 처가 처음에는 몹시 무서워하며 치마고름 바지고름을 꽁꽁 묶고 방 윗목에 홀로 잘 때에 달래도 안 듣고 위협해도 안 듣고는 일어나 흑흑 울기에 몹시도 팼으면 하는 생각이 나서 '엑기 빌어먹을 년, 죽어봐라'하고 가슴을 냅다 지르고 발길로 걷어차던 일을 생각했다. 그렇게 무서워하고 피하던 그도 그 주먹에는 어쩌지 못했다. 순종하고야 말았다"[14]고 회상하면서, 옆방 아낙도 강제로 욕

13 한설야, 「주림」, 『조선문단』, 1926.3, 72~73면.
14 한설야, 앞의 글, 73면.

을 보이면 처음에는 저항하는 척 하다가 이내 순응하리라고 기대하면서 경일은 주먹을 불끈 쥔다.

한설야는 짧은 단편 속에, 가난한 홀아비 노동자의 '소외된 성'을 함축성 있게 그려낸다. 제목인 「주림」이 표상하듯이, 해소되지 않은 '성욕'은 '경일'의 폭력성을 잠재적으로 강화한다. 어떤 의미에서는, 이효석의 초기소설보다도 한설야의 초기소설에서 '노동자의 성' 또는 '빈곤'에 기인한 '성으로부터의 소외' 문제가 더욱 전경화(前景化)되어 있음을 확인할 수 있다.

그러나 한설야에게 있어 이러한 '성적 인간'의 문제는 더 이상 천착되지 못한다. 좀 더 정확히 사태의 본질을 말하자면, 단지 천착되지 못하는 상황이 아니라, '성적 인간'에 대한 관심이 철저히 배제되는 방향으로 나아갔다고 할 수 있을 것이다. 다시 말하면, 마르크스주의에 입각한 인간 이해는 '성적 인간'을 '정치적 인간'이나 '경제적 인간' 또는 '사회적 인간'의 대척지점에 배치하고, '성적 인간'에 대한 이해를 '반동적인 것'으로 규정하게 된다. 예컨대, 이러한 문제에 관한 1950년대의 한설야의 변화된 진술을 살펴보기로 하자.

> 고발문학이란 다른 것이 아니다. 인간은 간음, 탐욕 등 동물적 본성을 가진 생물이며, 현재에 있어서 구체적으로는 매개인이 모두 맘속 깊은 곳에는 권력을 추구하며 일제의 요구에 복종함이 생활의 안정 내지 향락 또는 영달에의 길이라는 것을 번연히 알면서도 겉으로는 애국자인 체, 사상가인 체 허장성세를 비다듬어 빼고 있으나 이것은 인간의 본심이 아니니 이런 짓을 그만 두고 맘속에 있는 대로 털어내놓고 솔직하게 살자 하는 것이 바로 이른바 고발의 정신이며 이 정신에 입각한 '거짓 없는 문학'이 바로 '고발문학'이라고 김남천은 주장하였다.
>
> 그래서 그들의 작품은 난륜, 간음, 수욕 등을 인간의 진실로서 그리었으며 일제 권력 아래서 그들에게 복종하는 것이 숨겨진 진정의 표현이니 그대로 사는

> 것이 자연이요 진실이라는 것을 그리려 하였다. (…중략…) 그러나 여기서 즉 노동운동이 맑스—레닌주의와 결부되는 데에서 **노동운동의 계급적 순결성**이 보장되고 그의 전투성이 심화되어갔으며 계급의 구성이 또한 혁명의 요구에 따라 개변되어갔다.[15] (강조—인용자)

문면에 나타난 비판 대상은 김남천의 고발문학(론)이지만, 그것을 지우고 비판의 내용만을 살피면, 이효석의 문학에 나타나는 '성적 인간'에 대한 비판이라고 해도 크게 어긋나지 않는다. 중요한 것은, '성적 인간'에 대한 정치적 해석의 배치 방식이다. 한설야는 인간의 본능(성욕)의 '인정'과 그에 대한 '문학적 주제화'를, '(노동운동의) 계급적 순결성'과 대척점에 위치 지운다. 일종의 '마르크스주의적 도덕관'이라고 할 수 있을 것이다. 또한 이러한 '도덕적 타락'으로서의 '성적 인간'에 대한 고려는, 바로 일제의 지배이데올로기에 복속되는 길이라고 규정하고 있다. 한설야가 말하는 '노동운동의 계급적 순결성'은, "인간성의 제고와 악과 모순을 불태우는 인간심리와 정신의 연소로서의 사랑"으로 정의된다.

인용문은, 1950년대 중반에, 장편 『청춘기』를 집필하던 1930년대 후반을 회상하고 있다. 그리고, '성적 인간'에 대한 한설야의 이러한 사유는, 사회주의를 비롯한 사상운동이 급격히 퇴락하고, 전향선언이 속출하던 시대를 배경으로 하고 있음을 이해할 필요가 있다. 그러나, 한설야의 발언이 가리키는 '시점'의 배경과 맥락을 감안하더라도, 그의 '성'과 '인간'에 관한 사유는, 이효석의 그것과는 상당히 이질적이라는 점은 분명하게 드러나고 있다.

다소의 도식성을 무릅쓰고, '성적 인간'에 대한 문학적 관심이 나타내는 궤적을 추적하자면, 한설야의 경우는 「주림」(1926)의 세계로부터 「청

---

15 인용문은 1950년대 중반 한설야의 『청춘기』 개작본(1957)의 후기 중 일부분이다. 『청춘기』, 동광출판사, 1989, 396면에서 재인용.

춘기」(1938년, 『동아일보』에 소설이 처음 연재된 연도)로 나아갔다고 할 수 있다. 즉, 해소될 수 없는 '성욕'으로 괴로워하는 가난한 홀아비 노동자 '경일'에 대한 인간 이해로부터, 인간을 그런 관점으로 이해하는 것은 '타락한 부르주아적 세계관'이며 '노동운동의 계급적 순결성'에 대한 배신이라는 이념적 자각, 즉 '정신의 연소'로서의 '사랑'으로 나아갔다고 할 수 있다.

한설야의 이런 궤적과 정반대로, 「주림」에서 한설야가 전경화시켜 보여주었던 '성적 인간'에 대한 관심보다 현격히 약화된, 그래서 작가 자신도 스스로는 계급갈등과 빈부문제를 주제화하고 있다는 '자기인식'에 함몰[16]되어 있던 이효석은 점차 '노동'이나 '운동' 또는 '혁명'이나 '해방'과 같은 담론에서 '성적 인간'에 관한 문제를 따로 떼 내어 독립적인 사유대상으로 삼게 된다. 요컨대, 한설야로 대표되는 당시의 마르크스주의는 '성적 인간'에 대한 관심을 '정치적 인간'에 대한 관심으로 해소시키는 데 반해, 이효석의 경우는 '정치적 인간'에 대한 관심으로부터 '성적 인간'에 대한 관심이 점차 증폭되는 궤적을 그려나갔다고 추정할 수 있다.

내용과 정도의 차이는 있지만, 이효석의 '성적 인간'에 대한 이 사유의 궤적은, 마르크스주의 내부에 도사리고 있는 특유의 '도덕주의'에 대해 불만을 제기하고, '성 정치'와 '성 경제학'을 개념화하고자 했던 빌헬름 라이히(1897~1957)와 겹쳐지는 부분이 있다. 익히 알다시피, 라이히는 그의 이론 구조 안에서 프로이트와 마르크스를 화학적으로 결합시키고자

16 계급문제나 운동에 관한 이효석의 이러한 자기인식의 문제가 타자의 인식과 충돌하는 가장 극적인 사례는 바로 「깨트려지는 홍등」(1930)에서 나타난다. 「깨트려지는 홍등」이 문제적인 것은, 이것을 '계급투쟁'의 일환으로 썼다는 작가 자신의 강렬한 자기확신에도 불구하고, 이러한 자기확신은 진정한 '계급투쟁'의 서사로서는 일탈이라는 당시의 비판(제대로 된 노동자가 아니라 매춘부를 다루었다는 점에서)과 충돌하기 때문이다. 이러한 엇갈린 해석과 판단은, '성 노동'을 '노동'에 편입시켜서 사유할 수 없었던 당대의 '노동'문제에 관한 인식수준을 엿보게 하는 동시에, 수많은 '노동(자)' 중에서 '성노동자'를 취택해서 집중 조명했던 이효석의 '선택'이야말로, '성적 인간'에 대한 그의 지향이 수면 아래에서 작용하고 있음을 반증하는 사례라는 점에서 흥미롭다.

애썼다. 그는 마르크스주의 내부에서 '문화의 결여'를, 그리고 프로이트 안에서 '사회의 결여'를 읽었다. 궁극적으로는 그 둘 모두와 결별하게 되지만, 라이히는 노동계급의 해방뿐 아니라 인간해방에서 '성적 인간'에 대한 고려가 빠질 수 없음을 누누이 강조했다. 그러나 진보적 혁명 진영 내부에는, 반동적 도덕주의자나 종교적 신비주의자가 견지하는 '금욕주의'와는 다른 형식과 논리로, 여전히 그러한 '금욕'과 '성'에 대한 터부가 존재한다고 비판한다.

> 실제로 사회혁명가는 다음과 같은 관점에 사로잡혀 있다. 반동주의자들은 영웅주의, 고통의 수용, 결핍의 지속을 절대적으로 영원히 대표하며, 따라서 자신이 원하든 원하지 않든 제국주의의 이익을 대표한다는 것이다. (일본의 사례를 참조하라) 반동주의자들은 그 목적을 달성하기 위하여 신비주의, 즉 성적 금욕을 요구한다. 반동주의자들은 행복이 본질적으로 성적인 것이라고 판단하는데 이 평가는 옳다. 혁명가 역시 많은 제한과 의무와 포기를 요구한다. 행복을 위해서는 우선 그 가능성을 위해 투쟁해야 하기 때문이다. 그래서 대중들을 위한 실천적 작업의 와중에 실제 목표는 노동이 아니라(사회적 자유는 노동시간의 지속적인 감축을 낳는다), 오르가즘에서 숭고한 정신적 성취에 이르는 모든 형태의 성적 행위와 생활이라는 것을 쉽사리(때때로 기꺼이) 잊어버린다. (…중략…) 왜 지상에는 행복이 존재하지 않는가? 왜 쾌락이 삶의 내용이 되어서는 안 되는가? 대중들이 이런 질문들을 접하게 된다면 어떠한 반동적인 가치관도 유지되지 못할 것이다. (…중략…) 혁명가는 도착적, 병리적 쾌락을 부정한다. 왜냐하면 그 쾌락은 그 자신의 쾌락이나 미래의 성이 아니라 도덕과 욕망 사이의 모순으로부터 나오는 쾌락, 독재사회의 쾌락, 타락하고 더러운 병리적 쾌락이기 때문이다. 그는 자신이 확실히 알지 못했을 때, 긍정적인 성경제학을 가지고 병리적 쾌락에 대항하는 대신 병리적 쾌락을 비난하는 우를 범하게 된다. 스스로 성을 억제한 탓에 자유에 기반한 사회 조직의 목표를 제대로 이해

하지 못한다면, 그는 쾌락을 완전히 거부하고 금욕적이 되어 다른 젊은이들과 접촉할 수 있는 가능성을 완전히 잃게 된다.[17] (강조-원저자)

오해를 피하기 위해 미리 말해 둘 것은, 이효석의 '성적 인간'에 대한 관심이나 '쾌락'에 관한 관심이 라이히의 그것과 같거나 유사하다는 것을 이야기하려는 것이 아니란 점이다.[18] 다만, 라이히는 그 자신 공산당원이자 마르크스주의자이면서도, 당대의 마르크스주의 진영 내부에 형성되어 있는 금욕적 분위기와 도덕주의적 절제에 대해 동의할 수 없었다는 점이, 동반자 작가로서, 프로문학가들 못지 않게 계급이나 빈부 문제를 즐겨 다루던 이효석이 지닌 불만과 유사한 지점이 있다는 것이다.

이러한 불만이, 다소 세련되지 못한 방식이긴 하지만, 전면에 노출되어 있는 소설 「프레류드-여기에도 한 서곡이 있다」(1931)나 「오리온과 임금」(1932)과 같은 작품들이다. 내가 세련되지 못한 방식이라고 한 것은, 자칫 잘못 읽으면, 이 소설들이 마치 운동가나 혁명운동을 희화화하고 조롱하고 있다는 인상을 줄 여지가 있기 때문이다. 「프레류드」의 앞부분에는 주인공인 '주화'의 자살론이 길게 이어지고 있다. 그는 마르크

17 빌헬름 라이히, 황선길 역, 『파시즘의 대중심리』, 그린비, 2006, 213면.

18 이효석이 라이히의 존재를 알았거나, 그의 저작을 접한 흔적은 아직 발견할 수 없다. 그러므로 둘의 사유에서 보이는 부분적인 유사성은 우연한 것이라고 보는 편이 타당할 것이다. 그러나 이 모든 것은 아직 추정일 뿐이고, 이와 관련된 실증적인 조사나 검토는 좀 더 조밀하게 진척될 필요가 있을 것이다. 사유의 내용에만 국한해 본다면, 궁극적인 지점에서, 라이히와 이효석은 오히려 상반되는 결론을 보인다. 라이히는 '쾌락' 자체의 근원과 그 사회구조적 변형(그는 근본적으로 쾌락을 추구하는 인간의 본성이 선하고 건강하다는 긍정적 확신을 지니고 있으며, 다만 이것이 도착적 욕구의 층을 통과하는 과정에서 왜곡되기 때문에 문제가 발생한다고 본다. 그러므로 그의 논리는 왜곡된 쾌락을 넘어서서 쾌락의 본연을 회복하는 것이 중요하며, 그러한 왜곡을 초래하는 모든 사회적 기제를 제거하자는 것이 성혁명이라고 본다)을 추적하는 데 비해, 이효석은 오히려 초기에 그런 관심을 보이다가 후기에 이를수록 '관계로서의 성'에 더 깊은 관심을 보인다. 내가 여기서 말하는 '관계로서의 성'은 '성관계' 자체와 구분 짓기 위해 만든 것으로, '성관계'가 맺어지는 다양한 '관계(혹은 맥락이라고 해도 좋다)'를 강조하기 위한 것이다.

스주의자이지만 자살하기로 결심한다. 그런데 그의 자살론을 자세히 들여다보면, 바로 앞 인용문에서 라이히가 '왜 지상에는 행복이 존재하면 안 되는가, 왜 쾌락이 삶의 내용이 되어서는 안 되는가?' 하는 질문과 매우 상통하는 문제의식이 내재되어 있다.

> 세상의 일만 가지 물상이 변증법적으로 변천하여 가는 것은 사실이다. 그러므로 또한 혁명이 있은 후의 상태라고 결코 완전무결한 마지막의 상태는 아닐 것이니 티가 없다고 생각되는 그 상태 속에는 어느 결에 이미 모순이 포태되어 그것이 차차 자라서 다음의 혁명을 가져올 것이다. 결국 변천하고 또 변천하여 그칠 바를 모르는 것이니 최후의 안정된 절대의 상태라는 것을 사람은 바랄 수 없을 것이다. 이 또한 안타까운 사실이 아닌가. 그리고 어디까지든지 통일을 구하여 마지않는 사람은 이 그칠 줄 모르는 변천 가운데에서 공연한 헛수고에 피로하여 버릴 것이다. 인류의 모든 움직임과 혁명을 조종하는 근본은 식과 색이니 이 단순한 동물적 충동에 끌려 보기 흉하게 날뛰는 사람들의 꼴, 이것이 또한 우울한 것이 아닌가 — 이렇게도 주화는 생각하였다.
>
> 혁명과 문화의 뜻이 이미 이러하거늘 그래도 괴롬을 억제하고 바득바득 애쓰며 건설자의 한 사람으로서의 힘을 다하지 않으면 안 될 필요가 나변에 있는가.[19]

주화의 삶에 대한 환멸은, '최후의 안정된 절대의 상태'가 끊임없이 유예된다는 사실에서 비롯된다. '최후의 안정된 절대의 상태'가 무엇인지는 정확히 말하기 어렵지만, 앞에서 인용했던 라이히의 어조를 빌리자면, '왜 지상에는 행복이 존재하지 않는가? 왜 쾌락이 삶의 내용이 되어서는 안 되는가?'라는 질문으로 번역할 수 있지 않을까? 주화의 질문 방식은 기독교적 '금욕주의'와 마르크스주의의 '(혁명적) 금욕주의'에 똑같

19 이효석, 「프레류드」, 『새롭게 완성한 이효석 전집』 1, 창미사, 2003, 230~231면.

이 적용될 수 있다. 작품의 앞부분에서 자살을 결심하는 순간의 주화는 여전히 '마르크스주의자'이기 때문에 '식과 색의 단순한 동물적 충동에 이끌리는 삶'에 대해서는 무의미하다고 단정 짓는다. '식과 색의 세계'는 끊임없이 유예되는 '혁명으로서의 삶' 못지않게 '우울한 것'이라는 게 그 이유다. 그러나 결국 소설의 후반부에 이르면, 우연히 만난 한 '여성운동가'에 대한 호감과 열정 때문에, 죽음을 포기하고 새롭게 태어나는 듯한 환희를 맛보게 된다. 읽기에 따라, 그의 재생과 새로운 출발이, 소설의 전반부에 그가 간단하게 부정했던 '식과 색의 동물적 충동에 이끌리는 삶'에 경도된 때문인지, 포기하려던 운동과 혁명의 대의를 '여성운동가'로 인해 재인식하게 된 때문인지 다소 모호한 것이 사실이다. 그러나, 소설의 톤은 매우 진지하다. 이 진지함은, 「깨트려지는 홍등」에서와 같이, 작가 이효석의 자기확신에서 비롯된 것으로 보인다. 즉, 작가 자신은 여전히 '운동'과 '혁명의 대의'에 충실해서, 잠시 운동의 대열에서 이탈코자 했던 한 사람의 '회의주의자'가 어떻게 다시 '마르크스주의자'로 거듭 태어나게 되는가를 그리고자 했던 것이라 볼 수 있다.

이상의 논의를 통해, 우리는 최소한 두 가지 사실을 확인할 수 있다. 첫째로 '성'에 대한 이효석의 관심이, 단지 후기소설에 국한된 것이 아니라, 이미 1920년대 후반부터 여러 작품에 산재되어 나타나 있다는 점이며, 두 번째는, 그것이 동반자작가 시절 이효석이 견지했던 계급해방 또는 인간해방을 향한 지향과 서로 맞물려 있었다는 사실이다. 그 과정에서, 이효석은 해방담론으로서의 마르크스주의(또는 그 구현자로서의 운동가)가 '성적 인간'에 대해 흡족할 만큼의 관심과 배려를 기울이지 않고 있다는 점을 일종의 '결여'로 자각했다고 할 수 있다. 그는 '정치적 인간'을 그리면서도 '성적 인간'에 대한 관심의 끈을 놓지 않고 있었다. 그러나 시간이 흐르면서 전면에 주제화되어 나타났던 '정치적 인간'은 점차 후경(後景)으로 물러나고, '성적 인간'의 '정치'를 문제 삼는 단계로 옮겨 간다.

3. 성정치의 가능성과 한계, 그리고 착종된 성찰의 시선

1930년대 접어들면서, '성적 인간'에 대한 이효석의 관심은 마르크시즘의 해방에 관한 지향보다도 더 우위에 놓이는 것이 확실하다. 그러나 거듭 말하지만, 이러한 관심의 전도(顚倒)는 기존 연구에서 되풀이 강조하듯이, '사상'의 포기에 의해서가 아니라, 오히려 '사상'의 내부로부터 배태된 것이라고 보아야 옳다. '성적 인간'에 관한 이효석의 문학적 탐사가 본격화되면서 나타나는 가장 흥미로운 변화는, 남성 작가인 그가 남성 섹슈얼리티에 대한 비판과 반성을 시도한다는 것이며, 동시에 여성 섹슈얼리티를 '상상'한다는 점이다. 남성 섹슈얼리티에 관한 반성은, 주로 권력화된 '성', 혹은 성관계의 '위계'에 관한 성찰적 시선을 통해 드러나고 있으며, 여성 섹슈얼리티에 관한 '상상'은, '여성'을 남성과 똑같이 '성욕'을 지닌 주체적 인간으로 이해한다는 점에서 출발하고 있다.

단편 「돈(豚)」(1933)은 여러 논자들이, 전기와 후기의 이효석을 가르는 분수령처럼 여기는 작품이다. 수컷 종돈과 암컷의 교미 장면을 보면서 마을을 떠난 '분이'를 떠올리는 주인공 '식'을 통해, '자연'으로서의 '성적 본능'을 읽어내는 것이 기존 독법의 관행이다. 그리고 이 이후로 이효석은 '사상'을 버리고, 오로지 '자연'과 '성'에 탐닉하는 '순수문학' 또는 '심미주의'로 침잠했다는 것이다.[20] 그러나 교미를 전후한 장면을 조금 다른 각도에서 볼 필요가 있다. 수컷 종돈과 어린 암돼지의 교미는, 단순

20 앞에서 언급한 바 있듯이, 이효석 소설의 '성' 문제에 대해 누구보다도 섬세하게 접근하려는 노력을 보여준 것은 이상옥이다. 그러나 안타깝게도 그는 이효석 소설에서의 '성'이 지니는 다층적인 지점들을 너무 도식적으로 이해한 탓에, 「가을의 서정」과 「돈」 사이에 존재하는 '성' 문제에 관한 이효석의 '차이'를 간파하지 못하고, 그 전부를 '원시적 욕망'으로 일원화한다. 이상옥, 앞의 책.

히 자연으로서의 '성'을 환기하는 장치라고 보기 어렵다. 이 장면은 상당히 폭력적이고 강제적인 성격으로 진행되고 있기 때문이다.

> 말뚝을 싸고도는 종묘장 씨돋[種豚]은 시뻘건 입에 거품을 품으면서 말뚝의 뒤로 돌아 그 위에 덥석 앞다리를 걸었다. 시꺼먼 바위 밑에 눌린 자라 모양인 암도야지는 날카로운 비명을 올리며 전신을 요동한다. 미끄러진 씨돋은 게걸덕거리며 다시 말뚝을 싸고돈다. 앞뒤 우리에서 응하는 도야지들 고함에 종묘장 안은 떠들썩한다. (…중략…)
>
> "너무 어려서 안 되겠군."
>
> 종묘장 기수가 껄껄 웃는다.
>
> "황소 앞에 암탉 같으니 쟁그러워서 볼 수 있나."
>
> "겁을 먹고 달아나는데." (…중략…)
>
> "아무리 짐승이기로 저렇게 어리구야 씨가 붙을 수 있나."
>
> 농부의 말에 식이는 다시 얼굴을 붉혔다.
>
> "빌어먹을 놈의 짐승."
>
> 무안도 무안이려니와 귀찮게 구는 짐승에 식이는 화를 버럭 내면서 농부의 부축을 하여 달아나는 도야지의 뒤를 좇는다. (…중략…) 도야지의 허리를 매인 바를 붙들었을 때에 그는 홧김에 바를 뒤로 잡아낚으며 기운껏 매질한다. 어린 짐승은 바들바들 떨면서 소리를 친다. (…중략…) 털몸을 근실근실 부딪치며 그의 곁을 감돌던 씨돋은 미처 식이의 손이 떨어지기도 전에 '화차'와도 같이 육중하게 말뚝 위를 엄습한다. 시뻘건 입이 욕심에 목메어서 풀무같이 요란히 울린다. 깔리운 암돋은 목이 찢어져라 날카롭게 고함친다.[21]

이 장면 묘사 뒤에, 바로 고향을 떠난 분이에 대한 '식'의 회상이 이어

21 이효석, 「돈」, 앞의 책, 281~282면.

지는 까닭에, 돼지의 교미 장면은 '식'의 내부에 잠재되어 있던 '성욕'을 발동시키는 계기로 읽혀 왔다. 요컨대, 돼지들의 교미가 환기하는 것은 '원시의 욕망'이라는 점이다. 그러나 교미를 전후한 장면에서 거듭 반복되고 있는 것은, 암퇘지가 교미하기에는 너무 어리다는 것, 수컷은 그런 사정과 아랑곳하지 않고 어린 암퇘지에 강압적으로 올라타서 교미를 시도한다는 것. 요컨대 교미의 전후에 배치된 폭력성과 강제성이다. 힘세고 거친 '수컷'과 여리고 어린 '암컷'의 대조도 이 폭력성과 강제성의 의미를 강화한다. 또한, '식' 이외의 다른 인물들의 입을 통해, 지금의 '교미'가 '암퇘지'에게 매우 가혹하고 고통스러운 일이란 점을, 독자들에게 거듭 반성적으로 환기시키고 있다.

물론 이효석 소설에서 짐승들의 교미 장면이 성욕의 발동기제로 설정된 경우도 있다. 예컨대, 「들」에서의 개들의 교미장면이 그러하며, 「가을의 서정」(단편집에서는 「독백」으로 개제함)에서의 돼지우리 장면이 그러하다. 한 가지 흥미로운 것은, 「가을의 서정」에서 돼지우리 장면을 묘사하면서, "육중한 씨돋은 울고 고함치는 도야지 사이로 돌아다니면서 기관차와도 같이 한 마리씩 엄습하였다. 힘과 부르짖음과—거기에는 생활의 최고 노력의 표현이 있는 것이다"[22]라고, 돼지 교미 장면을 긍정적으로 묘사하고 있다는 점이다. 이것은 「돈」의 같은 장면에 대한 이 글의 해석과 모순적인 것처럼 보인다. 그러나, 같은 장면이나 같은 사건을 '성역할'의 교차나 '시각'의 교차를 통해 묘사하는 것이 이효석의 기법 중의 하나임을 알게 되면, 이 모순은 그리 이상한 일이 아니다. 예컨대, 이현주가 적절히 지적했듯이,[23] 「신부의 명랑성」(1931)과 「가을의 서

22 이효석, 「독백」, 앞의 책, 296면.

23 이현주, 앞의 글, 152면. "「신부의 명랑성」의 한 소품인 「독방의 비극」은 「가을의 서정」과 짝패를 이루고 있는 작품이다. (…중략…) 「독방의 비극」은 남편인 '그'의 시각에서 그려진 소품이다. 이에 반해 「가을의 서정」은 (…중략…) 그의 아내인 '나'의 욕망을 그린 작품이다."

정」(1933)은 각기 감옥에 갇힌 '남편'과 옥바라지를 하는 '아내'의 시각을 각각의 '성역할'에 맞추어 그려낸 것이다. 나는 「들」(1936)에서 남자 주인공의 시선에 '타자화'되어 전혀 자신의 목소리를 낼 수 없었던 '옥분'이 「분녀」(1936)에서 주인공이 되어 자신의 서사를 펼치도록 만들었다고 본다. 그 점에서 「들」과 「분녀」는 하나의 짝을 이루고 있다. 그러므로 종돈과 암퇘지의 교미 장면을 이질적인 맥락에 배치시켜 각기 다른 효과를 자아내려 한 것은 이효석에게는 낯선 시도가 아니다. 「돈」에는, 종돈의 교미장면을 보면서, 어리고 약한 '암퇘지'를 동정하는 '식' 이외의 남성들의 시선을 배치하고, 그럼에도 불구하고 '교미장면'을 '침묵'으로 응시하는, 남성들의 가학적 욕망을 겹쳐 놓는다. 요컨대, 돼지들의 교미장면이 '식'의 내부의 리비도를 자극하고, 그에 연동하여 '식'이 '분이'를 떠올리게 되는 것이 인과적 구조라고 하더라도, 문제는 작가가 그러한 '식(과 종돈장의 남성들)'의 욕망을 대상화하고 있다는 점을 놓쳐서는 안 된다. 종돈과 어린 암퇘지의 교미에 매개되는 가학성과 강제성, 그리고 폭력성은, 단순히 '원시의 성'이나 '자연의 성'으로 범주화되기 어려우며, 오히려 이런 가학성과 폭력성, 혹은 강제성에도 '불구하고' 번져 나오는 '욕망'은 무엇인가에 대해, 작가는 오히려 질문을 던져놓고 있는 형국이라고 보아야 옳다. 소설 말미에, 갑자기 좌절되는 '식'의 욕망(분이에 관한 공상에 빠진 사이에, 암퇘지가 기차에 죽임을 당하는 사건)은, 이러한 이중적이고 모순적인 남성 섹슈얼리티를 대상화하는, 작가의 '거리'를 짐작하게 만드는 소설적 장치다.

이효석 소설에서 '성관계'에 개재되는 폭력성이나 강제성의 모티프는 '성적 자기결정권'과 결부된 문제의식을 환기시킨다는 점에서 세심한 주의를 기울여 읽을 필요가 있다. 「주리야」(1933)는 여성을 중심에 두고 '성적 자기결정권'의 문제를 다루었다는 점에서 주목해 볼 작품이다. 「주리야」가 의미심장한 것은, '성적 자기결정권'의 문제를, 성폭행과 같은 폭력적 상황에서가 아니라, '화간'인지 아닌지 매우 판단하기 모호한 상황 속에서 제기하고 있기 때문이다. 폭력이 동원된 성관계의 문제라면, 그 상황에서의 '성적 자기결정권' 문제는 따질 필요도 없이 명료한 판단을 내릴 수 있다. 그러나 폭력이나 강제(력)가 '성관계'의 표면에 노출되지 않을 경우는 어떻게 할 것인가? 「주리야」에서 이 문제는 주인공 '주리야'가 '운동가' 민호를 꼬드겨 인천에서 하룻밤을 보내는 대목에서 불거진다. 주리야는 자신을 붙잡으러 온 고향의 오빠와 약혼자를 따돌리고 몰래 집을 빠져 나와 민호에게로 간다. 그는 민호와 동행하여 월미도에 가서 며칠 동안 은신하면서, 오빠와 약혼자의 추적을 물리칠 계획이었다. 미모의 젊은 여성이, 심야에 들이닥쳐 무슨 영문인지 몰라 주저하는 젊은 남자를 강권하다시피 택시에 태우고, 인천으로 달려가 여관에 투숙해서 한 방에 묵는다.

> 물론 오늘밤의 행동을 어느 끝까지 전개시키겠다는 최후적 성산과 야심은 없었다. 그는 아직 민호에게 최후의 것까지는 느끼지 않았던 것이다. 다만 주화에게 대하여 느끼는 것과 같은 정도로 그에게 대하여 느끼는 시각적 호감 — 이것만은 부정할 수 없는 사실이었다. 호박넝쿨같이 갈래갈래로 뻗어 나가는 여자의 마음 — 어느 갈래가 진짬이오 어느 갈래가 거짓이라고 할 수 없는 모두 똑같이 진정의 갈래 — 그 방향 많은 갈래갈래의 마음에 주리야는 그 자신 놀라지 않을 수 없었다.[24] (강조 – 인용자)

인용문에 나타나는 주리야의 모호하고 동요하는 심경은, 불안정한 여성의 성적 모더니티를 표상한다. 절대로 자기의 성적 욕구를 표현해서는 안 되며, 남성의 섹슈얼리티의 '대상'으로서만 자신의 성적 욕망이

24 이효석, 「주리야」, 『새롭게 완성한 이효석 전집』 4, 48면.

구현되는 것으로 억압되었던 것이 전통적 여성의 섹슈얼리티라고 한다면, 그러한 전통적 여성 섹슈얼리티는 명백한 균열과 해체의 와중에 있음을, 「주리야」는 분명히 보여 주고 있다. 그럼에도 '주화'를 향해 용감하게 시도했던 '적극성'과는 달리, '민호' 앞에서 '주리야'는 주저하고 있다. 왜냐하면, '주화'와는 달리 '민호'를 향한 '주리야'의 욕망은, 일종의 '불륜'이며 '혼외정사'인 셈이고, '주리야'는 아직 그것까지 기꺼이 감당할 만큼 '견고한 주체'는 아니기 때문이다. 결국 이튿날 아침이 되어서야, 독자들은 간밤에 두 사람이 성관계를 가졌다는 사실을 알게 되는데, 그것은 '주리야'가 제공하는 정보를 통해서이다. 독자들은, 주리야의 반응을 통해, 간밤의 '정사'가 주리야의 '자발적 동의' 없이 이루어졌음을 알게 된다.

> 머리 속이 아찔하여지며 별안간 눈앞이 캄캄하여졌다.
> "아이구 어떻게 하나."
> 눈이 팽팽 돌았다.
> 마치 처녀가 물동이를 떨어트려서 깨트린 첫 순간과도 같이.
> 무의식간에 쥐어뜯은 머리카락이 잠깐 동안에 이불 위에 가락가락 흐트러졌다. 콧등이 띵하여지며 눈물이 빠지지 솟았다. — 목소리를 내서 막 울고 싶은 심중이다. (…중략…)
> "악마!"
> 또 한 번 손이 날랐다.
> "아니 무슨 짓이요."
> "저리 가요."
> "주리야."
> "동물!"
> "미쳤소."

"당신은 동지가 아니고 동물이요." (…중략…)

"—아니 그것이 그다지……"

"그것이 그다지라니."

"그다지 노엽소."

"어떻게 하는 말요."

"대체 나 한 사람의 의사였단 말요."

"잠든 사람에게 무슨 의사가 있단 말요."[25]

소설 속에 형상화되어 있는 주리야의 성격을 감안할 때, 인용문에 나타나는 주리야의 '분노'는 그 나름의 진정성이 있다. 왜냐하면, 주리야는 강연 내용에 반해 '주화'를 찾아 고향을 떠나 무작정 상경할 만큼 도발적이고 적극적인 여성이며, 주화를 찾아온 그날로 두 사람은 '동거'의 형식으로 실질적인 부부생활을 시작하기 때문이다. 그러므로 아침에 보인 주리야의 분노는, 동침한 남성에게 책임을 미루거나, 그렇게 함으로써 비록 법적 남편은 아니지만, 주화에 대한 죄책감을 모면코자 하는 '연기'로 읽기는 어렵다. 민호는 분노하는 주리야를 이해하지 못한 채, "땅에 떨어진 양말대님을 줍듯이" 그녀의 '정조'를 주웠을 뿐이라고 말한다. 그리고 그 '원인'을 제공한 것은 주리야에게 있다고 책임을 돌린다.[26] 더

25 이효석, 앞의 글, 50~51면.

26 주리야가 만약 이 사건을 오늘날의 법정에 가져갔다면 어떻게 되었을까 상상해 보면, 이효석이 설정한 상황과 주제가 얼마나 선구적인가를 쉽게 짐작할 수 있다. 왜냐하면, 소설이 쓰인 때로부터 70여 년이 지난 지금도, 주리야는 틀림없이 '정황' 때문에 자신에게 불리한 판결, 즉 가해 남성이 무죄를 받거나 그에 준하는 가벼운 처벌을 받을 가능성이 높기 때문이다. '여자가 남자를 부추겨 여관에 들어갔는데, 과연 둘 사이의 성관계를 강간이라고 할 수 있을까?'라는 질문에, 이효석은 '그렇다'고 말하기 위해 이 삽화를 배치하고 있다. '성적 자기결정권'과 관련된 가장 최근의 사회적 쟁점은 이른바 '슬럿 워크(Slut Walk)' 운동이라고 할 수 있다. 짧은 치마나 헤픈 여자처럼 보이는 옷차림이 '성폭행'을 자초한다는, 한 경관의 성폭력 예방교실에서의 발언과, 성폭행 사건 가해자에 대해 '피해자의 옷차림이 피고에게 잘못된 인상을 줬고, 피고의 잘못은 단지 여성이 (성행위에) 동의하지 않는다는

구나, 간밤의 일(주리야의 입장에서는 명백한 '강간'이었던)을 두고 민호는 "앞으로 뜸없이 지냅시다. 너무 태도를 선명히 해서 도리어 남의 눈에라도 띠이지 않도록 하는 것이 좋지 않우"라고 회유하거나, "우리에게는 로맨티시즘도 필요하다니 한 폭의 로맨틱한 기억으로 싸두면 그만 아니요"[27] 라고 휘갑을 친다. 소설 「주리야」는 여성의 '성적 자기결정권' 문제가 핵심 주제는 아니다. 그러나, 두 가지 면에서 중요한 시사를 던져준다. 첫째는, 앞서 살핀 것처럼 '여성의 성적 자기결정권'에 대한 문제제기이며, 동시에 '운동권 내부'에 도사리고 있는 '남성중심주의'에 대한 비판이다.[28]

앞에서 살펴 본 것처럼, '성적 인간'에 대한 관심이 증폭되면서, 이효석 소설에 나타나는 두드러진 현상은, 남성 섹슈얼리티에 대한 성찰적 시선과, 여성 섹슈얼리티에 대한 '상상'이다. 「가을의 서정」에서, 그는 '여성'을 처음부터 끝까지 '성적 욕망을 지닌 주체'로 그려낸다. 여성의 '성적 욕망'이 본격적인 재현의 대상이 된 것은 근대문학의 시작과 더불

것을 눈치 채지 못했을 뿐'이라는 취지로 피고에게 벌금형만을 선고한 판사에 대한 저항으로 캐나다 토론토에서 시작된 이 운동 역시, 여성의 '자기결정권'을 핵심 쟁점으로 하고 있다. 이 문제를 주제로 하여 큰 사회적 논란을 일으켰던 영화 〈피고인〉(1989)의 법리 쟁점도 생각해 볼 필요가 있다. 바(bar)에서 남성에게 성폭행을 당한 피해여성 '사라'는, 미니스커트를 입은 채 술과 마약에 취해 춤을 춘다. 그녀의 춤동작은 성행위를 묘사하는 것처럼 음란해 보이고, 풀린 동공과 표정은 바에 있는 남성들을 유혹하는 듯 보인다. 바의 남성들은 그녀의 춤과 동작으로 "지금 저 여자는 섹스하기를 원하고 있다"고 (자의적으로) 판단한다. 가해자 남성들은 결코 '성폭행'이 아니었다고 주장하고 목격자들도 대체로 그렇게 증언한다. 그러나 이 영화에서 가장 중요한 것은, 어떤 음란한 몸짓과 동작을 하건, 여성 자신이 '섹스를 하자'고 분명한 의사표시를 했느냐의 여부이다. 핵심은 '결정권(final say)'이다.

27 이효석, 앞의 글, 55~56면.

28 운동권, 혹은 진보진영 내부의 성폭력 문제나 이를 해결하는 과정에서 드러나는 남성중심주의는 여성주의 운동의 '유곡(幽谷)'이다. 'KBS노조간부 성폭력 사건'을 비롯해, '전교조 성추행 사건', 그리고 최근의 '비키니 시위여성'에 관련된 '나꼼수' 파동에 이르기까지, 진보진영 내부의 남성중심주의는, 그 바깥의 싸움보다 좀 더 복잡하고 중층적인 쟁점들을 야기시킨다. 운동권 내부의 성폭력 및 남성중심주의에 대한 일단의 문제제기로 전희경, 「가해자 중심 사회에서 성폭력 사건의 '해결'은 가능한가—KBS 노조간부 성폭력 사건의 여성인권 쟁점들」(한국여성의전화연합 기획, 정희진 편, 『성폭력을 다시 쓴다—객관성, 여성운동, 인권』, 한울아카데미, 2003)을 참조.

어서이지만, 그것은 늘 '가족'이나 '결혼', 혹은 '재생산(임신과 출산)'과 매개되거나, 상품화된 '성'이나 '권력의 대상'으로서, 남성 섹슈얼리티와의 대비적 맥락에서만 다루어져왔다. 그 점에서 「가을의 서정」은 '욕망' 그 자체에 초점을 맞추고 있다는 점에서 유다르다. 남성 작가가 여성 화자를 내세워 '여성의 성욕'을 묘사한다는 점에서, 이 소설은 '상상된 여성 섹슈얼리티'의 가능성과 한계를 보여주는 하나의 시금석으로 볼 수 있다. '나'의 남편은 어떤 정치적 사건으로 서대문감옥에 수감되었다가 '대전형무소'로 이감되었다. 그는 아내에게 '몸의 털을 두어 오리 뽑아서 넣어 보내 달라'는 요구를 할 만큼 섬세한 사람이다. '나'는 그토록 섬세한 남편을 "삼 년 동안이나 손가락 하나 대어 보지 못한 남편의 육체에 대한 열정이 송곳같이 날카롭게 솟아오르는", 그런 종류의 그리움으로 괴로워한다. 그리고 주체할 수 없는 남편에 대한 그리움(=성욕)으로 "이러다가 미치지 않을까" 걱정한다.

> 지금의 나의 감정 같아서는 삼년 전에 그가 수군거리고 돌아다닐 때에 그를 붙들고 말렸더면 하는 안 된 생각조차 난다. 동무들이 이 소리를 들으면 얼마나 나를 비웃고 꾸짖을까. 그러나 이것은 거짓 없는 참된 마음인 것이다. 나는 지금 어색한 투갑을 입은 영웅되기보다도 한 사람의 천한 지어미됨에 만족하는 것이다. 그리운 남편에게도 이것을 원하는 것이다. 어색한 영웅과 천한 지아비—어느 것이 더 뜻있고 값있는 것인가는 다른 문제이다. 뜻과 값의 문제를 떠나서 지금의 나의 심회는 솔직하게 똑바로 솟아오른다. 사람이란 진실을 말하기가 하늘의 별을 따기보다도 어렵다. **마음속과 입 밖에 내놓는 말과의 사이에는 항상 먼 거리가 있다. 이제 천한 지어미에 만족하는 나의 고백은 한 점의 티끌도 거짓도 없는 새빨간 마음 그대로이다.** 영웅의 투갑을 버릴 때에 사람의 마음이 이렇게까지 진실하게 됨은 그러나 대체 무슨 까닭인고.[29] (강조—인용자)

인용문을 통해 우리가 확인할 수 있는 사실은, 성적 욕망의 '주체'로 '여성'을 전면에 배치시킴으로써, 남성 작가 이효석이 여성의 섹슈얼리티를 상상하고 있다는 것이다. 그것은 "차마 입 밖에 내밸을 수 없는" 숨겨야만 하는 내밀한 욕망이다. 그 점에서, '나'의 욕망은 몸의 털을 뽑아 보내달라는 감옥 속의 남편의 '내밀한 욕망'과 서로 맞닿아 있다. 어쩌면, '나'가 여성이기 때문에 '남편의 육체'가 그립다는 말을 차마 "입 밖에 내밸지 못하듯이", 운동가인 남편 또한 (운동가이기 때문에) "몸의 털을 보내달라"는 요구를 공공연히 내밸지는 못하고, 은밀하게 아내에게만 주문했을 것이다. '몸의 털', 혹은 '깻잎 냄새와 그것을 손바닥으로 칠 때 나는 소리'로 욕망의 환기를 암시하는 미시적 시선은, 종종 플롯의 실종과 "산문정신의 훼손"으로 폄하되면서, 이효석 소설의 '결여태(缺如態)'로서의 특징으로 지적받는 것이기도 하지만, 이러한 미시적 시선 때문에, 그는 남성작가로서 여성 섹슈얼리티를 '상상'하는 것이 가능했을는지도 모른다.

문제는, 이 소설의 여성화자 '나'의 남편에 대한 이해에서 드러나는 비대칭성이다. '나'의 남편에 대한 이해는 '몸의 털을 요구하는 남편'과 '운동가 남편'으로 철저히 나누어져 있다. 인용문의 표현대로 옮기자면, '어색한 영웅'과 '천한 지아비'로 구분된다. 여성 화자의 '성적 욕망'은, 그녀가 남편을 좇아 '사회적 자아'로 확장되려는 순간, 실현되지 못하는 것으로, 그녀에게 인식되고 있다. 여성 화자의 이분법적 인식을 인정하게 되면, '성적 욕망'은 오로지 개인(과 개인 사이)의 '내밀한 공간' 안에서만 소통 가능한 것이며, 그것은 더 이상 공적 담론이나 사회적 맥락 속에서 논의되기 어려워진다. 이것은, '소설'과 같은 공적인 재현 공간을 통해, '성적 인간'에 대한 이해와 관심을 확장시켜 보려고 애쓰는, 작가 자신의 사회적 행위와도 배치되는 논리라고 할 수 있다. 요컨대, 이효석은 '여

29 이효석, 「독백」, 『새롭게 완성한 이효석 전집』 1, 창미사, 2003, 297면.

성 섹슈얼리티'를 '상상'함으로써, 남성에 의해 타자화되고 대상화되는 여성의 '욕망'이 무엇인지를 들여다보려고 애쓰는 데까지 나아갔지만, 여성의 욕망이 탈(脫)사회적이고 탈정치적인 공간 안에서만 실현될 수 있는 것으로 축소함으로써, 일정한 한계를 넘어서지 못하고 있다.

이효석은, '성적 인간'에 대한 미시적 탐사를 진행해 나가면서, 때로는 순수한 '관능적 쾌락'의 문제[30]에 집중하는 모습을 보여준다. '관능적 쾌락'에 관한 이효석의 질문은 몇 겹의 층으로 둘러싸여 있다. 가장 일차적으로는, '과연 순수한 관능적 쾌락의 추구는 가능한가?'하는 질문으로 제기된다. 물론, 이 때 문제가 되는 것은 '관능적 쾌락' 앞에 붙는 '순수한'이라는 수식어의 함의일 것이다. 그의 소설에 자주 배경으로 등장하는 '자연'은, 이런 점에서 '관능적 쾌락'의 가능성을 타진하기 위한 일종의 '인공적 장치'이다. 그는 종종 '문명(혹은 사회)'과 '자연'을 대비하면서, '사회' 안에서의 '성'이 아니라, '자연'에서의 '성'을 추구하는 것으로 보이지만, 엄밀한 의미에서, 그의 '성적 관심'은 '사회'의 바깥을 벗어나지 못한다. 그는 단지 그런 가능성을 '실험'해 볼 뿐이다. 그러므로 잘 알려진 「들」(1936)의 다음과 같은 구절은 다시 새겨볼 필요가 있다.

> 그러나 공포는 왔다.
>
> 그것은 들에서 온 것이 아니오 마을에서－사람에게서 왔다.
>
> 공포를 맨드는 것은 자연이 아니오 사람의 사회인 듯싶다.[31]

---

30 김재영은 「이효석 소설에 나타난 '성'의 특성 연구」(『현대문학의 연구』 43, 한국문학연구학회, 2011)에서, 「들」을 전후한 시기의 이효석 소설의 특징은 '자연스러운 애욕(또는 성욕)'의 긍정임을 지적했다. 그러나, 이 글은 이효석의 관심이 '성적 욕망'에 대한 인정과는 별도로 '관능적 쾌락'의 가능성을 묻고 있다는 점에 주목하고자 한다. '성욕의 긍정'과 '관능적 쾌락'은 서로 겹치는 부분이 없지 않지만, 엄밀하게는 구분되는 범주이다. 왜냐하면, 성욕의 긍정과 그 실현이 자동적으로 '관능적 쾌락'으로 이어지지는 않기 때문이다. 이 '연속 / 결락'에 다시 섹슈얼리티를 둘러싼, 사회적, 정치적, 젠더적 맥락이 개입한다.

31 이효석, 「들」, 『성화(聖畵)』, 삼문사 전집간행부, 1939, 223면.

이효석에 관한 많은 비평과 연구들이, 「산」, 「분녀」, 「들」에서 나타나는 '성'을 곧장 '원초적 성' 혹은 '자연의 성'이라고 규정하고, 그러한 '성'의 함의를 '문명적 구속'이나 '금기'로부터 자유로운 '성'이라고 해석하지만, 엄밀한 의미에서 '자연의 성', 즉 그것의 환유인 '동물의 성'도 결코 '금기'나 '질서' 혹은 '사회성'과 무관하게 존재하는 것은 아니다. 무리를 지어 생활하는 동물집단에서의 '성'은, 인간 사회의 그것 못지않게 '권력'과 매개되어 있으며, 무엇보다도 동물의 '성적 욕망'은 자연의 이치에 따라 일정한 시기에 분출하고, 그 시기를 제외한 거의 모든 시기에는 닫혀 있지만, 인간의 '성욕'은 항상적이라는 점에서, 자연의 성과 뚜렷이 구분된다. 더욱이 성의 독점이나 공유를 둘러싼 인간의 '고민'이 금기와 위반을 환기시킨다는 점에서 종종 '자연의 성'을 상상하게 만들지만, 동물들의 세계에서야 말로, '성의 독점과 공유'의 문제는, 이미 자연적 질서 안에 내재화된 것으로, 결코 '고민'의 대상이 되지 못한다. 동물들은, 그저 질서에 순응할 뿐이다. 그러므로 이 때 인간들이 환기하는 '자연' 역시, 본래의 '자연'이라고 보기는 어렵다. 요컨대, '금기'와 '절제'를 벗어난 '성욕'은, 일종의 메타포에 불과할 뿐, 진정한 '자연의 성'과는 거리가 멀다고 할 수 있다. 그러므로 이효석 소설에서의 '자연'은, 실제로 '문명'과 대비되는 공간이 아니라, '관능적 쾌락' 자체의 가능성을 타진하기 위한 일종의 '인위적 장치'라고 볼 수 있다.[32] 더구나, '자연의 성'에서 '관능적 쾌락'의 문제는 결코 문제가 되지 않는다. 동물들이 교미할 때 '쾌감의 질'을 문제 삼는다는 생물학적 보고를, 우리는 아직 접해보지 못했다. 그러

32 같은 맥락으로 장편 『화분』에 등장하는 '푸른 집'의 장소적 의미를 해석할 수 있다. '푸른 집'은, '성'과 관련된 이효석의 관심과 지향이 총체적이고 전면적으로 실험되는 일종의 '가상공간'이다. 이 글의 논지와 정확히 일치하지는 않지만, 조정래는 '푸른 집'의 '가상 공간'으로서의 성격을 밝히고, 그를 통해 『화분』의 '서정소설'로서의 특징을 말하고 있다. 조정래, 「1930년대 서정소설론 재고-이효석의 『화분』을 중심으로」, 『현대문학의 연구』 20, 한국문학연구학회, 2003.2, 207~234면.

므로, 이효석의 '성적 관심'과 연관된 '자연'이나 '원시'와 같은 것은, 실제로는 그 안이 '텅 빈 기호'에 불과하다. 역설적으로, 이효석이 '성'과 '자연'을 연결짓고자 애쓰면 애쓸수록, 그 때의 '성'은 끊임없이 '인간적 질서' 안으로 회귀한다.

조르주 바타이유는, 킨제이의 보고서를 신랄하게 비판하면서, 킨제이의 접근 방식이 '성'을 사물화함으로써, 인간과 동물의 '성'의 구분을 없앤 것에 대해 분노했다.

> 우리는 어쨌든 동물이다. 물론 우리는 인간이며 정신적 존재들이다. 그러나 우리는 우리의 내부에 버티고 들어앉아 있는 동물성이 종종 우리를 엄습하는 것을 느낄 수 있을 것이다. 정신의 반대편에서 들끓는 성적 과잉은 우리 안에 들어앉아 있는 집요한 동물적 삶을 말해준다. 그렇다면 육체의 편에 자리잡고 앉아 있는 성행위는 어떤 의미에서 보면 사물처럼 고찰할 수 있는 대상이다. 사실 성은 하나의 사물이다(신체의 일부분으로서 그 부분도 하나의 사물이다). 성행위는 그러므로 성이라는 사물의 기능적 활동인 것이다. 한마디로 성은 한쪽 발이 사물이듯이 사물이다. (…중략…) 게다가 흥분이 극에 달하면 우리는 짐승의 수준으로 전락했다고 생각하지 않던가.
>
> 그러나 아무리 사실이 그렇더라도 성을 해부학자가 핀셋에 끼워 관찰하는 하나의 곤충과 같은 사물로 취급한다면, 또는 성을 인간 정신의 통제를 벗어난 것으로 간주한다면 우리는 중대한 난관에 봉착할 것이다.[33]

킨제이는 '오르가즘'의 기계적 · 생리학적 메커니즘을 밝히려고 많은 애를 썼다. 이를테면, 그는 여성의 오르가즘이 발생하는 기관이 음핵인가 질인가를 규명하기 위해 숱한 인터뷰와 촬영을 시도했다.[34] 다소 도

33 조르주 바타이유, 조한경 역, 『에로티즘』, 민음사, 2009, 173면.

34 조너선 개손 하디, 김승욱 역, 『킨제이와 20세기 성연구』, 작가정신, 2010, 360~379면.

식적으로 구분하자면, 바타이유는, 섹스에 내재하는 내적이고 신비적인 경험과 성찰을 중요시하는 까닭에, 킨제이의 이러한 접근 방식이 '섹스'를 지나치게 사물화하는 것으로 보였을 것이다. 『에로티즘』의 가장 첫 페이지가 동물적 성행위와 인간의 성행위에 관한 장황한 구분의 논리로 전개된다는 사실이 그것을 단적으로 입증한다.

관능적 쾌락 자체를 다른 연관적 질서, 이를테면 정신적 충일감이나 대상과의 비육체적 관계로부터 파생되는 일치감과 독립적으로 사유하려고 애썼다는 점에서, 이효석의 관심은 바타이유쪽보다는 킨제이의 그것에 좀더 가깝다고 할 수 있다. 중요한 것은, 그가 '관능적 쾌락'이 순수하게 물화된 방식으로 존재할 수 있는가를 질문했다는 사실이다. 「분녀」는 그러한 자신의 질문에 대한 대답이다. 이효석은 '관능적 쾌락'의 가능성을 질문하기 위해, 그가 '성적 관심'에서 중요하게 생각하는 '성적 자기결정권'의 문제를 과감하게 포기해 버린다. 그 대신, '분녀'가 강제와 자발성의 문제마저 모두 초월한 차원에서 '관능적 쾌락'을 발견하도록 이끈다.

> 생각하기도 부끄러운 일이나 사실 왕가는 특별한 인간이였다. 사내 이상의 것이라고 할까. 그로 말미암아 분녀는 완전히 눈을 뜨게 된 것이다.
>
> 왕가를 보는 눈이 전과는 갑작이 달라저서 은근히 그가 그리운 날이 있었다. 피가 수물거려 몸이 더웁고 골이 띵할 때조차 있다. 그런 때에는 뜰 앞을 저적거리거나 성 밖에 나가 바람을 쏘일 수밖에는 없었다. 그러나 그것만으로는 도모지 몸이 식지 않는 때가 있다.
>
> 하로밤은 성밖까지 나갔다. 돌아오는 길에 거리를 것첬다. 눈치를 보아 왕가와 만날 수가 있지나 않을까 하는 속심도 없는 바 아니였다.[35] (강조—인용자)

35 이효석, 「분녀」, 앞의 책, 282면.

실제의 '자연의 성'과도 닮지 않은, 인공의 공간 '자연' 안에서, 이효석이 실험하고자 했던 것은, '순수한' 관능적 쾌락의 가능성이었다. 그런 점에서, 「분녀」는 비록 비자발적인 방식이기는 하지만, '관능적 쾌락'을 향한 오디세이로 읽을 수 있다. 소설의 주인공 '분녀'는, 여러 명의 남자들에게 겁탈을 당한다. 상식의 차원에서 볼 때, '분녀'의 대응방식이나 행동양식은 두 가지 점에서 큰 의문점을 남긴다. 우선, 겁탈당하는 상황에서 '분녀'가 보여주는, 체념에 가까운 미온적인 저항이다. 그것은 사실상 '저항'이라고 말하기 어려운 수준의 대응이다. '허랑하다'는 심리적 표현으로 뭉뚱그리기에는, '분녀'는 너무 비현실적인 캐릭터다. 더구나, 강제적 성관계가 여러 남자들에 의해 반복되는 사이, '분녀'는 뜻하지 않게 '오르가즘'을 경험하게 되고, 그 감각적 쾌락을 경험하게 해 준 '가해남성(왕서방)'을 몹시 그리워하게 되는 지경까지 이른다. 그러므로, 이 소설에서의 '강제적 성관계'는, 앞서 우리가 살펴보았던 「주리야」에서와 같은, 그러한 맥락과 조건으로 설정된 것이 아님이 명백하다. 다시 말하자면, 이 소설은 '분녀'의 '성적 자기 결정권'을 문제삼기 위한 것이 아니라, '관능적 쾌락'의 문제, 여성의 오르가즘 문제를 집중적으로 문제 삼기 위한 장치라고 할 수 있다.[36] 그러나, 이렇게 인위적인 실험 조건 위에서 획득된 '관능적 쾌락'은 작가 스스로 제기했던 다양한 '성적 인간'에의 관심과 질문들의 중층적 맥락 위에서 곧 효용성을 소멸하게 된다.[37]

36 부수적으로 「분녀」는, '성적 독점' 혹은 '성적 공유'의 문제를 파생적인 주제로 담지하고 있다. 소설 속의 남성들은 '분녀'가 다른 남성과 성관계를 맺었다는 사실을 용납하지 못하고 그녀를 폭행하거나 떠난다. 그런 점에서 '분녀'의 인물적 기능은, 물화된 방식으로나마 관능적 쾌락의 가능성을 타진하기 위해서만이 아니라, 성에 관한 배타적 독점의 문제를 환기하기 위한 인물적 장치이기도 하다.

37 이 글에서 분량상의 제한으로 직접 다루지 못하는 장편 『화분』에서, 이효석은 '관능적 쾌락'의 문제에 대해 다시 집요한 질문을 던진다. 『화분』에서 제기되는 '관능적 쾌락'의 문제는, 쾌락의 '물화(物化)'라는 위험을 무릅쓰고 시도했던 「분녀」에서의 그것과 사뭇 다른 방식으로 다루어진다. 이 문제는 다른 글을 통해 검토하게 될 것이다.

남은 것은, 이러한 질문이 한국 근대문학의 자장 안에서, 바로 이 시기에 비로소 제기되었다는 것. 그리고 그것은 어떤 완결된 성적 주체에 의해서가 아니라, 새롭게 형성되는 성적 모더니티 앞에서 동요하고 회의하는 주체에 의해 제기되었다는 사실이다.

4. 맺음말

이효석은, 한국 근대문학의 섹슈얼리티와 관련해서 빼놓을 수 없는 중요한 작가 중의 한 사람이다. 기존의 연구와 비평을 통해 그의 문학, 그리고 '성'과 관련된 그의 문제의식이 다양하게 검토되고, 흥미로운 성과들이 나타난 것 또한 사실이지만, 그럼에도 그의 문학이 충분히 설명되거나 해명되었다고 보기 어려운 지점들도 많이 있다.

이 글은, 우선 '성'에 관한 그의 관심이 '동반자작가 시절' 견지했던 '사상성'의 포기 대신 선택한 것이 아니라, 그 '사상' 내부에서 배태된 것임을 밝히고자 했다. 기존의 이분법적 구획만으로 접근하면, 이효석 내부에 형성되어 있는 '해방'에 관한 지향을 제대로 파악할 수 없을뿐더러, 그 '해방'의 지향이 어떤 인과적 논리에 의해 마르크스주의로부터 '성적 인간'으로 옮겨 오게 되었는가를 충분히 해명하기가 어렵다고 보았다. 그 점에서, 나는 1920년대 중후반, 초기 이효석의 소설에서 '성적 인간'에 대한 관심이 어떻게 배태되고 있었으며, 그것이 전개되어 나간 추이와 과정의 일단을 검토해 보고자 했다. 그는 당대 조선의 마르크스주의와 그 운동가 사회 안에서, '성적 인간'에 대한 충분한 고려가 없음을 일종의 '결여'로 자각했다. 혁명이 현세의 쾌락을 끝없이 유예하는 방식은,

기독교와 같은 종교가 현세의 쾌락을 끊임없이 유예하는 방식과 비슷하다고, 그는 소설에서 문제제기했다. 그의 이러한 발상형식은, 마르크스주의 내부에서 '성적 인간'에 대한 관심을 촉구하고자 했던 빌헬름 라이히의 그것과 부분적으로 닮았다.

그런 한편, '정치적 인간'으로부터 '성적 인간'으로의 관심 전환을 시도하면서, 이효석은 성적 모더니티와 관련된 다양한 질문들을 쏟아내기 시작한다. 나는 이 글에서 이러한 질문의 대답이 어떻게 주어졌는가를 찾기보다는, 이 질문의 다양성과 다층성 자체에 좀 더 의미를 두고자 했다. 왜냐하면, 기존의 해석이 이효석 소설의 '성'을 지나치게 단순화시키거나 추상화시켜 왔다고 생각했기 때문이다. 따라서, 이효석 소설에서의 '성'을 좀 더 사태의 본질에 어울리게 읽기 위해서는, '자연'이나 '원시' 혹은 '본능'과 같은 몇 개의 추상적 범주로 환원시키는 독법을 비판적으로 해체할 필요가 있다. 그 대신에, 나는 '성적 인간'에 대한 그의 관심을 '성적 자기결정권'의 문제나 '관능적 쾌락', 혹은 성역할을 바꾸어 여성 섹슈얼리티에 관한 '상상'이라는 주제로 변환해서 읽고자 했다. 이 글에서 충분히 다루지 못했지만, 이 외에도 이효석 소설에는 '성적 인간' 혹은 '성적 모더니티'와 관련된 다양하고 이질적인 질문들이 상당히 많이 내장되어 있다. 장편 『화분』은 '성'에 관한 그의 문학적 모색과 탐사가 마치 결정판처럼 집약된 형태로 드러난다. 이것은, 이 소설에 대한 비평적 레토릭인 '애욕의 만화경'과는 조금 다른 차원의 것이다. 이 문제는, 고(稿)를 달리해서 검토할 기회가 있으리라고 생각한다.

이효석 소설에 나타나는 '성'인식의 비균질성과 모순성은 그의 가능성이자 동시에 한계라고 할 수 있다. 이를테면, 그는 여성 섹슈얼리티를 '상상'하면서도, 끝내 남성 작가로서의 정체성을 넘어서지 못한다. 혹은 '관능적 쾌락' 자체의 가능성을 질문하면서, 그것이 '성관계'의 중층적이고 복합적인 '관계' 바깥에 '물화된 형식'으로 남을 가능성을 충분히 고려하지 않는다. 그러나, 이런 질문은 완결된 형태로 제기되었는가, 혹은 수미일관한 인식론적 결론을 얻었는가 하는 문제와는 별도로 소중하다. 근대문학사에서 성적 모더니티와 관련해서 누군가는 반드시 한번쯤은, 혹은 거듭해서 제기했어야 할 물음이기 때문이다. 그 도정의 초입에, 이효석의 질문들이 있었다.

참고문헌

1. 기본자료

이효석, 『새롭게 완성한 이효석 전집』 1~8권, 창미사, 2003.

______, 『화분』, 인문사, 1939.

______, 『도시와 유령』, 동지사, 1931.

______, 『성화』, 삼문사전집간행부, 1939.

한설야, 「주림」, 『조선문단』, 1926.3.

______, 『청춘기』, 동광출판사, 1989.

2. 단행본 및 연구논문

김재영, 「이효석 소설에 나타난 '성'의 특성 연구」, 한국문학연구학회, 『현대문학의 연구』 43, 한국문학연구학회, 2011.

송효정, 「1930년대 후반기 장편소설에 나타난 두 가지 미학적 양상－김남천 『사랑의 수족관』과 이효석 『화분』을 중심으로」, 『어문논집』 56, 민족어문학회, 2007.

신수정, 「탈고향의 과정과 현대적 감수성의 양상－이효석의 『화분』을 중심으로」, 『어문연구』 148, 한국어문교육연구회, 2010.

심진경, 『한국문학과 섹슈얼리티』, 소명출판, 2006.

이상옥, 『이효석의 삶과 문학』, 집문당, 2004

이현주, 「이효석 문학의 배경에 대한 주석적 연구」, 연세대 박사논문, 2009.

이혜영, 『한국 근대소설과 섹슈얼리티의 서사학』, 소명출판, 2007.

정희진 편, 『성폭력을 다시 쓴다－객관성, 여성운동, 인권』, 한울아카데미, 2003.

조정래, 「1930년대 서정소설론 재고－이효석의 『화분』을 중심으로」, 『현대문학의 연구』 20, 한국문학연구학회, 2003.

빌헬름 라이히, 황선길 역, 『파시즘의 대중심리』, 그린비, 2006.

앤소니 기든스, 배은경 · 황정미 역, 『현대사회의 성 · 사랑 · 에로티시즘』, 새물결, 1996.

조너선 개손 하디, 김승욱 역, 『킨제이와 20세기 성연구』, 작가정신, 2010.
조르주 바타이유, 조한경 역, 『에로티즘』, 민음사, 2009.

일제 말 이효석 문학의 우회적 저항과 오리엔탈리즘적 향토성

김재용

1. 일제 말 이효석 문학 다시 읽기

일제 말 친일협력을 연구한 임종국이 자신의 저서[1]에서 이효석을 친일문학인으로 평가한 이후 그의 문학은 친일문학으로 규정되었다. 하지만 최근에 이르러 이와는 다른 평가들이 나오기 시작하였다. 이효석은 일제 식민주의에 협력한 흔적을 갖고 있지만 다른 한편에서는 국책에 저항하는 듯한 태도를 보여주고 있다는 것이다. '양가성'의 개념을 동원하여 이효석의 이러한 면모를 설명하려고 하는 일련의 연구들[2]은 기

1 임종국, 『친일문학론』, 평화출판사, 1966

2 김양선, 「일제 말기 국민문학의 존재 양상—이효석의 『녹색 탑』을 중심으로」, 『어문연구』

존의 해석 즉 이효석은 일제의 식민주의에 협력하였다는 것을 반박하는 셈이다. 필자는 일제 말 이효석의 문학은 기본적으로 협력이 아니라고 생각한다. 또한 '양가성' 개념으로 설명하는 것도 일제 말 이효석 문학을 적절하게 설명할 수 있는 틀은 아닌 것으로 본다. 오히려 일제 말 이효석의 문학을 우회적 저항으로 보아야 한다고 생각한다. 하지만 우회적 저항이라고 해서 한때 이효석을 옹호하려는 이들이 이효석의 문학을 민족주의라고 규정하였던 것[3]과는 다르다.

일제 말 이효석의 문학을 새롭게 인식하기 위해서는 이효석의 문학을 조선어와 일본어로 나누어 살피는 것이 필요하다. 이효석의 일제 말 작품은 조선어와 일본어 두 개의 문학어로 창작되었다. 일제 말 소설 창작에서 문학어의 존재 양태는 현상적으로 세 가지로 나눌 수 있다. 첫째는 이석훈과 장혁주처럼, 특별한 경우를 빼고는, 일본어로 창작하는 경우이다. 이들은 국민어로서의 일본어만을 인정할 뿐 종족어로서의 조선어도 전혀 인정하지 않았다. 둘째로는 민족어로서의 조선어만을 인정하고 그 이외에는 전혀 받아들이지 않는 태도이다. 그 대표적인 경우가 이기영이다. 이기영은 1945년 8월 해방이 될 때까지 줄곧 창작을 지속하였다. 침묵을 선택했던 한설야와 달리 이기영은 조선어로만 창작을 하였다. 셋째는 조선어와 일본어를 동시에 창작하는 경우이다. 김사량, 정인택, 한설야를 비롯하여 여러 소설가들이 이에 해당한다. 이효석은 바로 여기에 해당하는 작가이다. 그런데 이효석의 경우 사용하는 문학어에 따라 작품의 내용이 확연하게 달라지는 양상을 보여주고 있어 이 유형에 속하는 다른 작가들과는 구분된다. 김사량의 경우처럼 같은 작품을 조선어와 일본어로 나란히 쓰는 일을 이효석에게는 찾아 볼 수

34(2), 한국어문교육연구회, 2006.

3 이상옥, 「이효석과 친일문학」, 『제4회 이효석 문학 심포지움 자료집』, 이효석기념사업회, 2002

없다. 그런 점에서 이효석의 일제 말 작품은 문학어에 따라 구분하여 살피는 것이 좋을 수 있다. 2장에서는 조선어로 쓴 작품을 3장에서는 일본어로 된 작품을 각각 따로 검토하고 맺음말에서 이를 종합적으로 고찰하고자 한다.

2. 민족어로서의 조선어와 개인주의적 자유주의의 옹호

일제 말 이효석의 조선어 작품을 이해함에 있어 매우 흥미로운 글 중의 하나가 「육체문학의 전통에 대하여」이다. 이 글은 1938년 7월 31일과 8월 2일 2회에 걸쳐 조선일보에 연재된 것으로 당시 이효석의 세계이해의 한 측면을 아주 잘 보여주고 있다. 조선일보 측은 이병기, 이태준, 이효석 그리고 최재서에게 '서구의 정신과 동방의 정취'라는 주제로 일련의 글을 부탁하였다. 당시 조선일보가 이러한 주제를 내건 데에는 시대적 흐름이 강하게 작용하고 있었다. 중일전쟁이 일본의 승리로 기울기 시작하면서 일본이 내건 동아 혹은 아시아주의가 화두로 등장하였다. 당시 일본이 중국을 침략하면서 내건 것이 바로 동아의 신질서였고 이는 서구근대에 의해서 일방적으로 편입된 동아를 서구의 틀에서 벗어난 새로운 질서로 개편하겠다는 발상에서 나온 것이다. 아편전쟁 이후 구획된 동아의 구질서를 새로운 질서로 바꾸어 놓겠다고 하는 의지의 뒤에는 바로 서구와 동방에 대한 강한 문제의식이 서려 있었던 것이다. 이미 북경과 상해 등이 함락된 마당이기 때문에 저널리즘으로서는 이러한 기획을 하였던 것이다. 신문사측에서 청탁한 네 사람은 우연에 의한 것이라기보다는 당시 조선의 지성사를 어느 정도 잘 대변하고 있는 이들이었다. 근대 이후에도 조선과 동양을 강조하면서 서구의 대세 앞에서도 의연히 지켜나가려고 하였던 이병기와 이태준을 한 축으로 하고, 영문학을 공부한 경력을 바탕으로 서구의 지성과 문학에 젖줄을 대고 있었던 비평가 최재서와 소설가 이효석이 다른 축이었다. 상반된 지적 이력을 갖고 있는 이 두 편의 네 사람들이 이 새로운 시대의 흐름 속에서 어떤 전망을 내놓을 수 있는가 하는 것이 신문사의 기획 의도였던 것으로 보인다. 쉽지 않은 기획이지만 매우 시의적절한 것일 수 있는 이 작업에서 이효석이 보여준 전망은 매우 독특하였다.

육체성에 기반을 둔 그리스의 정신은 중세 기독교 사회에서도 그 기저를 이루었고 르네상스 이후에는 표면화되었으며 일차대전 이후의 유럽에서도 면면히 이어져 내려오고 있다고 보았다. 표면적으로 흔들리는 것처럼 보일 때도 있지만 그것은 현상적이거나 일시적이고 그 기저에서는 육체성이 강하게 지배하고 있다고 보았다. 따라서 현재 유럽의 일각에서 이루어져 조선에도 부분적으로 영향을 미치고 있는 '휴머니즘 운동'이나 '지성의 변호'도 모두 이러한 흐름에 닿아 있다고 보는 것이다. 향후 인류사에서도 이러한 도도한 흐름은 일시적 좌절이나 굴곡은 있을 수 있겠지만 계속 될 것이며 우리 모두는 여기에 희망과 대안을 가질 수밖에 없다는 것이다. 이러한 이효석의 독특한 입장이 시리즈에 동양의 정신을 대변하였던 이병기와 이태준의 입장과 큰 차이를 갖는 것은 그렇게 놀랄 일이 아니다. 이효석은 변형된 형태이기는 하였지만 동반자 시절 이후 줄곧 유럽의 정신에 기반을 두었던 이고, 이병기와 이태준은 유럽의 물결을 한층 물질적이고 속악한 것으로 보고 이를 극복할 수 있는 대안으로 조선과 동양의 정신을 설정하였던 이들이기에 그러하다. 그런데 흥미로운 것은 최재서와의 차이이다. 잘 알려져 있는 것처럼 이효석과 최재서는 경성제국대학 영문과에서 선후배로 영문학과 유럽 문학의 교양을 배웠던 이들이다. 그런데 이 시리즈에서 두 사람은 서양에 대한 기대를 가짐에도 불구하고 내부적으로 다소 다른 시각을 드러내고 있어 매우 흥미롭다. 최재서는 현재 유럽의 정신이 위기에 처해 있고 이것을 극복할 수 있는 것은 전통의 복원과 발견이라는 것이다. 이때의 전통은 르네상스 이후 놓쳤던 헬레니즘과 카톨리시즘이라는 것이다. 이 두 가지가 르네상스 이후 사라졌지만 일차대전 이후 황량하기 그지없는 이 무사상의 지대에서 기댈 수 있는 것은 개인의 자유의지를 규제할 수 있는 외부로의 원천으로서의 헬레니즘과 카톨리시즘뿐이라는 것이다. 엘리엇이 일차대전 이후 황폐한 유럽의 문학계와 사상계에서 문학에서는 헬레니즘을 사상에서는 카톨리시즘을 외치는 것은 바로 이러한 이유라는 것이다. 유럽의 육체성과 개인주의에 강한 확신을 갖고 있으면서 그 어떤 동요도 인정하지 않았던 이효석과 달리 최재서는 유럽의 위기를 강하게 느끼고 있는 것이다. 이러한 시각과 전망의 차이는 이후에 각각 다른 길을 걷게 만드는 내적 요인이었다. 유럽의 위기를 강하게 느끼면서 전통에 그 대안을 찾고자 하였던 최재서가 파리 함락을 계기로 더 이상 유럽에 얽매이지 않고 탈출하는 것과 달리 이효석이 파리 함락이란 역사적 사건을 하나의 표피적인 혹은 우연적인 것으로 받아들이는 것이 결코 갑작스럽거나 우발적인 것이 아님을 알 수 있다. 그러 점에서 이 글은 일제 말 이효석 문학을 읽는데 있어 매우 중요한 글이라 할 수 있을 것이다.

동양론 혹은 아시아주의가 고개를 내밀기 시작하던 무렵에도 구미의 개인주의에 대해 강한 확신을 갖고 있던 이효석은 이러한 시대적 흐름에 강하게 거스르는 작품 장편소설 『화분』을 1939년에 발표한다. 이 작품은 기본적으로 구미의 개인주의에 입각해 있는 것으로 등장인물 중 속물적 애욕의 세계에 젖어들지 않고 헤쳐 나가는 주인공 영훈에게서 가장 두드러지게 드러나고 있다. 작가가 희망으로 상정하고 묘사하고 있는 그의 내면은 철저하게 구미주의에 입각하여 있다.

영훈은 철저한 구라파주의자여서 그와 마주 앉으면 대개는 이야기가 그 방면으로 기울여졌다. 그는 흔히 뜰을 예로 들었다. 정원 안에는 화단도 있고 나무도 서고 풀도 우거지고 지름길도 있고 그늘도 있고 양지도 있는 것 그 전체를 세계로 보면 그 속에서 구라파의 문화라는 것은 가장 아름다운 화단에 상당하는 것이다. 색채와 그림자의 여러 폭의 부분이 합쳐서 화단을 중심으로 하고 정원 전체의 조화를 이루는 것이므로 그 부분 부분을 숭상하는 것은 어리석다는 것이다. 그의 구라파주의는 곧 세계주의로 통하는 것이어서 그 입장에서 볼 때 지방주의같이 깨지 않은 감상은 없다는 것이다.[4]

구라파라는 중심을 설정하지 않고 모든 지역의 것을 동등하게 취급하는 것은 지방주의에 지나지 않는 것이라고 보는 것이 주인공 영훈의 생각이다. 나중에 다시 보겠지만 이효석은 향토성을 매우 강조한 작가이다. 그가 상정한 향토취향이나 향토색은 지방주의와 다른 것이다. 향토색은 구라파라는 중심을 숭상하면서도 그 외 지역의 특징적인 것들을 그 자체로 인정하는 것이다. 그런 점에서 유럽중심적 세계주의와 향토색은 공존가능하다. 하지만 구라파라는 중심을 숭상하지 않으면서 모든 지역을 동등하게 취급하는 것은 향토색이나 향토성이 아니고 지방주의라고 간주하는 것이다. 이 지방주의는 세계주의를 부정하는 것이기 때문에 보편성을 인정하지 않는 잘못된 것이라는 것이 이효석의 주된 생각이다. 그렇기 때문에 이효석은 애욕의 세계를 매우 중요하게 보고 있지만 그것이 속물적인 것으로 떨어지는 것은 용납하지 않는다. 이 작품의 마지막에 영훈과 미란이 음악공부를 하기 위해 선택한 지역이 하얼빈인데 그곳이 구라파와 가장 가깝기 때문이다. "여행의 계획 속에 적힌 첫 번의 중요한 도회는 하얼빈이었다. 동경보다 하얼빈을 고른 것은

4 『새롭게 완성한 이효석 전집』 4, 창미사, 2003, 169면.

그곳에 음악의 명인들이 많고 구라파 음악의 전통이 알뜰히 살아 있다는 까닭이었다. 거기서 수법의 교정을 받고 기술을 닦아서 수업을 쌓아 가지고 구라파로 떠나자는 생각이었다"라는 데서 잘 드러나듯이 하얼빈은 구라파로 가는 관문이다. 작품의 결말에서 영훈과 미란이 하얼빈으로 가는 비행기를 기다리는 것은 이 시기 이효석이 갖고 있던 구미주의의 개인주의에 대한 찬사를 확인할 수 있는 대목이다.

이효석이 이토록 구미주의의 개인주의를 강조한 것은 바로 동아와 동양을 강조하는 당시 일본 제국의 정책 때문이다. 이 무렵에는 일본 제국이 틈만 나면 동아신질서를 외칠 때이다. 무한 삼진 함락 이후 일본은 새로운 제국의 외교정책으로 동아신질서를 강조하면서 다양한 형태의 동아 담론을 유포하고 있었다. 실제로 많은 지식인들이 동아신질서에 호응하여 다양한 동아 담론을 개발하였다. 심지어 과거의 사회주의자들이 동아협동체라는 논리를 만들어 관망할 정도로 이 동아 담론은 지식인 사회는 물론이고 사회 전반에 걸쳐 강한 영향력을 행사하고 있었다. 이효석이 보기에는 이것은 일종의 지방주의로서 세계주의가 갖는 인류의 보편성을 근본적으로 부정하는 것이다. 따라서 구미의 개인주의에 깊이 뿌리를 두고 있고 확신을 갖고 있던 이효석으로서는 이러한 지방주의를 비판하려고 했던 것으로 보인다.

이러한 것은 이어 발표된 장편소설 『벽공무한』(1940)에서도 잘 드러난다. 『화분』의 주인공이 하얼빈으로 떠난 반면 이 작품에서는 하얼빈이 구라파 문명의 일환으로 직접 등장하고 있다. 이 작품에서도 속물적 애욕의 세계에서 자의식을 갖고 살아가려고 하는 인물 일마가 하얼빈으로 가서 교향악단을 초청하려고 하는 것은 구라파의 교양과 문화를 닮아가려고 하는 욕망에서 시작된다. 하얼빈에 대한 다음의 묘사는 얼마나 당시 사람들 중 구라파주의에 물든 사람들이 선망하는 도시가 하얼빈인가 하는 점을 아주 잘 보여주고 있다. 그리고 이효석에게 있어 하얼빈이 무엇인가 하는 점을 또한 보여주고 있다.

> 추림백화점은 외국인 경영의 하얼빈서도 으뜸가는 가게였다. 점원이 전부 외국인인데다가 특히 금발 벽안의 여점원들의 응대는 그것만으로도 눈을 끌었다. 반드시 한 가지 나라 말만이 쓰이는 것이 아니요 로서아어도 들리고 영어도 들려서 이 구석 저 구석에서 언어의 혼란을 일으켜 흡사 국제백화점인 감이 있었다. 층층으로 진열된 물품에는 구라파적인 은은한 윤택과 탐탐한 맛이 드러나 보인다. 하루아침에 이루어진 것이 아니요, 천여 년을 두고 쌓아 내려온 굳건한 전통의 빛이 그 어디인지 흐르고 있다. 구라파 문명의 조그만 진열장인 셈이었다.[5]

구라파 문명의 진열장인 하얼빈을 통하여 얻고자 했던 것은 구라파 문명이 갖고 있는 개인주의이다. 이 작품에서는 개인주의에 대한 강조가 더욱 강하게 드러나고 있어 『화분』과는 다른 면모를 보여주고 있다. 이효석이 보기에 구미의 문명은 개인주의이고 이것이 조선에서는 결하고 있기 때문에 여전히 야만의 상태에서 벗어나지 못하고 있다고 보고 있다. 구미의 개인주의와 자유주의의 세례를 받을 경우 그것은 문명의 상태로 진입하는 것이고 그렇지 못할 경우 그것은 야만이라고 보는 것이다. 구라파의 개인주의에 다가가려고 노력하는 일마와 가장 대척적인 지점에 놓여 있는 만해가, 구라파의 교양에 다가서려고 노력하는 그의 아내 미려와 다투는 다음 장면은 이효석이 구파라를 통해 들여오고자 하는 것이, 하얼빈의 교향악단을 경성에 초청하여 구현하고자 하는 것이 무엇인가를 여실하고 보여주고 있다.

5 『새롭게 완성한 이효석 전집』 5, 창미사, 2003, 97~98면.

"미려가 조선에서 태어난 것이 불행이요. 구라파에서 태어났더라면 발달된 개인주의 사상과 높은 도덕문화 속에 자유롭게 살 수 있었을 것을 이 뒤떨어진 조선에 태어난 까닭으로 남자에게서 욕만 받게 된단 말이지"

만해가 목소리를 부드럽혀서 이렇게 구슬리는 것은 타협하자는 뜻이 아니었다. 가슴 속에는 불붙는 노염이 활활 피어올랐다.

"야유하는 셈이요? 왜 그럼 구라파 사람같이 교양있는 사내가 되구료. 여자들만을 책하지 말구"

"교육이 탈이야"

만해는 드디어 터지고 말았다.

"구라파니 개인주의니 반지빠르게 배워 가지구는 남녀동등이니 아내의 지위가 어떠니 철없이 해뚱거리는 꼴들이 가관이야. 몸에서는 메주와 된장 냄새를 피우면서 문명이니 문화니 하구 가제 깬 촌놈같이 날뛰는 것을"[6]

구미 개인주의가 당시 조선에서 어떤 의미를 갖는가 하는 점을 보여주는 대목이다. 이런 확신을 갖고 있던 이효석이었기에 이러한 가치를 위협하고 있는 당대의 아시아주의에 기반한 전체주의를 용납하기 어려웠던 것이다.

1940년 6월 나치가 파리를 함락하게 되면서 상황은 급변하게 시작하였다. 그동안 구미의 사상과 지성에 젖줄을 대고 있던 많은 조선의 지식인들이 이 상황을 보면서 유럽의 종말을 이야기할 정도였다. 당시 대표적인 지식인이었던 최재서는 파리 함락을 경험하면서 근대의 종말을 생각하게 되었고 이후 서구 근대에서 벗어나 급속하게 일본주의와 동아시아주의로 전환하게 된다. 앞서 보았던 것처럼 최재서는 서구의 엘리엇처럼 전통 즉 카톨리시지즘과 헬레니즘이 강하게 버텨주고 있어 이 위

6 『새롭게 완성한 이효석 전집』 5, 창미사, 2003.

기를 극복할 수 있을 것으로 내심 기대하였다. 하지만 파리가 함락하는 것을 보면서 프랑스 혁명 이후의 서구 근대를 전적으로 부정하기에 이른다. 하지만 구미의 개인주의에 그 누구보다도 강한 확신을 갖고 있었던 이효석은 파리 함락을 일시적인 혼돈 정도로 보았다. 이러한 점은 그의 단편소설 「하얼빈」에서 잘 드러난다. 「하얼빈」은 이효석이 두 번째로 만주를 방문한 이후에 쓰여진 것이다. 첫 번째 방문과 달리 두 번째 방문은 파리 함락 이후에 이루어진 것으로 보인다.[7]

이 작품이 파리 함락 이후의 세계적 현실을 염두에 두고 창작했다는 것을 보여주는 것은 다음 대목이다.

> "불란서 영사관예요"
>
> 수풀 속에 커다란 이층집이 들여다보이는 문간에 이르렀을 때 유우라는 나의 주위를 일깨웠다. 규모가 클 뿐이지 집 모양이 사택과 다를 것 없는 것이 흥미를 끈다. 민주주의 문화의 표시인 것일까.
>
> "변한 것은 키타이스카야뿐이 아니라 이 영사관두 어제와는 다르답니다"
>
> "독일과의 싸움에 졌으니까 말이지"
>
> "불국과의 연락이 끊어진 까닭에 돈두 안 오구 통신두 맥히구 해서 영사의 가족들은 요새 와선 생활조차 곤란이라나요. 자동차를 팔았느니 지니구 있는 보석까지를 넘겼느니―신문은 가지가지의 소식을 전해요"
>
> "세상은 변하라구 생긴 모양이야"[8]

파리 함락으로 인해 개인주의와 민주주의가 위기에 처했다는 것을 작가가 매우 잘 인식하고 있음을 위의 대목을 통해 어렵지 않게 이해할

---

7 이효석의 만주 관련 글은 파리 함락은 전후하여 이루어진 첫 번째 방문과 두 번째 방문 사이의 국제 정세를 염두에 두고 읽어야만 그 깊은 의미를 이해할 수 있을 것이다.

8 『새롭게 완성한 이효석 전집』 3, 창미사, 2003, 113면.

수 있다. 누구보다도 유럽의 보편주의에 깊은 관심을 갖고 있던 이효석에게 이 사건이 그냥 지나치는 것일 수는 없었을 것이다. 파리의 함락에도 불구하고 오랜 기간 유럽을 지탱해왔던 개인주의와 민주주의는 결코 사라지지 않을 것이라는 점이다. 일시적으로는 이러한 가치들이 부정당할 수 있을지 모르지만 궁극적으로는 훼손될 수 없을 것이라는 자기 확신이다. 이런 점은 당시 이효석과 마찬가지로 유럽에 젖줄을 대고 있던 최재서가 파리 함락을 계기로 일본주의로 경사되는 것과는 퍽 대조적이다. 이효석은 유럽의 가치를 결코 포기하지 않았다. 「하얼빈」이 비록 우울함으로 가득 차 있기는 하지만 결코 절망적인 색채를 띠지 않을 수 있는 것은 이러한 점 때문이다.

1942년 『춘추』에 실린 「풀잎」은 바로 이런 맥락에서 읽을 수 있을 것이다. 방공연습이라는 미국과의 전쟁 준비로 한창 바쁜 평양의 일각에서 사생활의 갖는 중요성을 일깨우는 이 작품은 이효석이 파리 함락 이후에도 유럽의 개인주의적 민주주의적 가치를 결코 포기하지 않고 있음을 아주 잘 보여준다. 파리 함락 이후 지식인 일각에서는 이 사건의 해석을 둘러싸고 보이지 않는 각축이 이루어졌다. 한편에서는 유럽의 근대가 무너졌다고 하면서 근대 이후의 다른 가치를 찾기 위해 동양을 불러오는 등의 다각적인 노력을 했다. 다른 한편에서는 유럽의 근대적 가치가 소멸되었는지는 아직 판단하기 어렵기에 유럽의 가치를 이어받았다고 자처하는 미국의 행방을 기다려야 한다는 것이었다. 이효석은 후자의 입장에 서 있었고 이러한 지향이 「풀잎」에서 휘트만과의 만남으로 이어졌다. 휘트만으로 표상되는 것은 궁극적으로 개인주의와 민주주의의 이상이라고 할 수 있는 것이다. 유럽이 아닌 미국에서 개인주의와 민주주의가 여전히 지속되고 있음을 보려고 하였던 것이다. 다음 대목은 이 어려운 환경에서도 사적인 것을 결코 포기하지 않으려고 하는 작가 이효석의 열망을 보여주고 있다.

방공연습이 시작된 지 여러 날이 거듭되어 밤이면 거리는 등화관제로 어둠 속에 닫혀졌다. 몇 날의 밤의 소요를 계속하는 두 사람은 외딴 골목을 골라 걸으면서 단원들의 고함을 들을 때 마음의 거슬리는 것이 없지 않았으나 평생의 중대한 시기에 서 있는 준보에게는 그 정도의 사생활의 특권쯤은 그다지 망발이 아니라고 생각되었다. 하물며 낮 동안에 일터에서 백성으로서의 직책과 의미를 다했다면야 그만큼의 밤의 시간은 자유로워도 좋을 법했다.[9]

망명 등으로 이 현실에서 벗어나서 살 수 없는 사람들은 전체주의적 국가주의적 통제가 판을 치는 낮 시간을 피해 사적인 것이 존재하는 밤의 소요를 선호하는 것이다. 낮에는 일터에서 짜여진 일을 수행하면서 외적 규제를 받지만 밤에는 자기 내부의 선택에 따라 행동하는 이런 상태야말로 일종의 내적 망명이라고 부를 수 있을 것이다.

3. 세계어로서의 일본어와 오리엔탈리즘적 향토색

이효석은 1939년 이후 조선어와 더불어 일본어로도 창작을 하였다. 그가 사용한 일본어도 그것을 대하는 태도에 있어 두 가지로 갈라진다. 하나는 '내선일체'의 언어적 구현으로서의 일본어이다. 조선인이 이제 내면으로부터 일본이 되기 위해서는 정신의 정화라 할 수 있는 일본어로 사용하여야 되는데 창작가들은 그런 차원에서 일본어로 사용하여야 한다고 믿는 것이다. 새 술은 새 부대에 담아야 한다고 하면서 일본어로

9 『새롭게 완성한 이효석 전집』 3, 창미사, 2003, 197면.

창작할 것을 주장한 이석훈의 말은 이런 태도를 가장 잘 대변한 것이다. 물론 이러한 입장은 이석훈의 경우처럼 일본어창작만을 하고 조선어로는 창작을 하지 않은 작가는 물론이고, 정인택을 비롯하여 많은 작가들의 경우처럼 조선어와 일본어 양 언어로 글쓰기를 하는 작가에게도 해당된다. 이처럼 '내선일체'의 언어적 구현으로서의 일본어 글쓰기는 식민주의에 대한 협력의 태도에서만 가능한 것이다. 다른 하나는 세계어로서의 일본어이다. 이것은 식민주의에 대한 협력에서 가능했던 전자와 달리 식민주의에 대한 비협력을 전제로 해서 가능한 것이다. 일본이 중국을 점령함으로써 동아시아를 일원화한 마당에서 일본어는 일본의 국어이기도 하지만 동아 나아가 세계어로서의 위상을 가질 수 있게 되었다. 따라서 세계어로서의 일본어를 활용하게 되면 조선의 상황을 세계 전체에 알릴 수 있는 기회를 만들 수 있는 것이다. 조선어로서는 조선 바깥에 나가지 못하지만 일본어로서는 동아시아는 물론이고 구미의 세계로 나아갈 수 있는 것이다. 그렇기 때문에 이미 현실이 되어버린 세계어로서의 일본어를 잘 활용하는 것이 하나의 방법일 수 있는 것이다. 이효석을 비롯하여 김사량, 한설야 등이 일본어로 창작한 것은 바로 이러한 태도에서 나온 것이라 할 수 있다. 특히 이효석은 이러한 입장에 대한 자의식을 확고하게 갖춘 경우이다. 『녹기』(1942.3)에 쓴 「일본어가 세계어로」는 이러한 인식을 아주 잘 보여준다. 대동아권역의 주 언어인 일본어가 서방세계에까지 영향을 미치고 있기 때문에 일본어로 창작을 하게 되면 세계적인 것을 획득할 수 있다고 보았다.

이효석은 '내선일체'로서의 일본어가 아니고 세계어로서의 일본어를 선택하였다. 유럽주의의 개인주의에 깊이 닻을 내리고 있었던 이효석으로는 일본어 창작이란 것이 또 다른 기회의 시작이라고 할 수 있다. 일본어로 창작하기 시작한 이효석에게 조선을 배경으로 한 작품을 일본으로 창작하게 되면 일본인은 물론이고 장차 유럽인들도 이를 통해 조선을 인식할 수 있다고 생각하였다. 특히 유럽인들의 눈과 가치를 항상 의식하고 있었던 이효석은 오리엔탈리즘에 호소하는 것이 하나의 유력한 방법이라고 보았다. 유럽인들의 삶과 소재를 다루었을 때 그 어떤 유럽인들도 주목하지 않지만 가장 조선적인 향토색을 띤 작품을 창작하게 되면 일본인은 물론이고 유럽인들도 관심을 가질 것이라는 것이다. 「일본어가 세계어로」라는 글에서도 조선적인 소재를 다루는 것이 단지 일본문학뿐만 아니라 세계문학에 기여할 것이라고 말하는 것도 바로 이러한 맥락에서 나온 것이라 할 수 있다. 오리엔탈리즘에 젖은 유럽인들에게 호소할 수 있는 것은 조선의 향토색이라고 판단하였다. 그런 점에서 이효석은 철저하게 오리엔탈리즘을 내면화하였다고 할 수 있다. 서정주와 같이 조선적인 향토색을 다루면서 동시에 서구적인 것을 타자화하는 전도된 오리엔탈리즘으로서의 옥시덴탈리즘과는 명백하게 다른 것이다.

일본어로 쓴 작품 중에서 현재 가장 이른 시기에 발표된 것은 1939년 2월 『외지평론』에 실린 「은빛송어」이다. 조선인 청년들이 일본인 여자를 사모하여 서로 다투는 데서 '내선일체'의 국가적 기획은 스며들 여지가 없다. 젊은 청춘 남녀의 경우 일본인과 조선인의 구별이란 있을 수 없는 것이다. 본인들의 개인적인 감정에 충실하면 그만인 것이지 그 이외에는 어떤 것도 이들을 강제할 수 없는 것이다. 조선 남자들의 총애를 받던 테이코가 조선을 떠나 동경으로 간 것이 과거 연정사가 있는 다른 여자를 홀에 끌어넣은 것에 연유하는 것이라든가, 테이코가 사라진 후 조선인 남자 한이 동경으로 떠난 이유 중의 하나가 과거에 알던 카페에서 일하던 일본인 여자 나나코의 질투에 의한 것이라는 점 등을 미루어 볼 때 이 작품은 청춘 남녀의 사랑 그 자체를 다룬 것이라 할 수 있다. 정인택이 내선통혼을 다룬 작품 「껍질」에서 일본인 여자와의 결혼을 거부하는 아버지에 반대하는 조선인 청년이 "내가 아버지의 말을 거역하는 것은 사랑에 살고 사랑에 죽겠다는 감상이 아니"라고 하는 것과 매우 대조적이다. 이효석은 청춘남녀가 좋아하는 것은 사랑에 살고 사랑에 죽는 청춘 시기의 열정이라고 보는 것이다. 개인의 감정과 선택을 존중하는 개인주의의 지향과 가치에 입각하여, 총독부 당국이 일본인과 조선인 사이의 결혼을 국가 정책적 차원에서 관여하는 것에 대한 우회적인 비판이라고 할 수 있다.

단편 「은빛송어」에서 보여주었던 이러한 태도는 장편소설 『푸른탑』에 이르면 더욱 확대될 뿐만 아니라 오리엔탈리즘적 향토색마저 보여주고 있다. 이 작품에서도 개인주의적 보편주의는 매우 극적으로 드러나고 있다. 안영민이 요코를 찾아 동경으로 가서 위험에 처한 요코를 건져내는 장면은 이효석이 개인주의적 보편주의에 대해서 얼마나 강한 집착을 보여주는가를 잘 말해준다. 요코의 몸 상태가 긴급수혈을 필요한 상태에서 정작 주변의 일본인들의 혈액형은 맞지 않아 도움이 되지 않는 반면, 영민은 혈액형이 맞아 요코를 살리는 데 결정적 역할을 한다. 조선인 청년 영민의 피가 일본인 여자 요코의 혈관을 통과함으로써 피의 결합을 이루어내고 있는 것이다. 당시 일본의 일각에서 내선통혼을 둘러싸고 일부에서는 '내선일체'의 시급성을 다투어 이를 독려하는 이들이 있었는가 하면, 다른 한편에서는 피의 순수성을 내세워 '내선통혼'을 반대하기도 하였다. 이효석은 안영민과 요코의 피의 결합을 통하여 식민주의적 국가 정책적 차원에서 '내선통혼'을 독려하는 쪽과 피의 순수성을 근거로 '내선통혼'을 반대하는 쪽 모두를 비판하고 있는 것이다. 남녀의 사랑은 그들의 감정에서 나온 자발적인 열정과 선택일 뿐이라는 것이다. 거기에 다른 것을 섞어 넣으면 그 자체로 타락이라고 보는 것이다. 이러한 태도는 그가 앞의 작품에서 보여주었던 개인주의적 자유주의라고 할 수 있을 것이다.

그런데 이 작품에서 새롭게 주목해야 하는 것은 오리엔탈리즘의 등장이다. 영민과의 사랑에서 실패한 소희가 영어를 배워 미국으로 가는 길에서 귀국하는 스위스 대사의 딸 엘렌과의 조우의 장면은 이를 가장 압도적으로 보여준다.

"실은 당신이 준 사진, 그것을 본국의 오빠에게 보냈더니 아름다운 모습과 의복이라고 하면서 찬미해 왔어요. 나도 이번에 한복을 입고 오라고, 그래서 만들 생각이 든 거예요."

"그래요 그런 모습의 사진을 보냈다니 부끄러워요. 좀 더 좋은 사진을 드렸으면 좋았을걸."

"욕심쟁이. 당신 참 미인이예요. 무엇을 입어도 잘 어울려요. 한복을 입고 미국에 가면 얼마나 예쁠까. 다회에서도 야회에서도 틀림없이 인기가 있을 거예요. 사교계에 치고 나가서 한국의 미를 크게 자랑하는 거예요."

"참 말도 잘하셔, 추겨 주어도 속지 않을 거예요."

"정말이예요. 나 여기 와서 오래 되었지만 당신처럼 예쁜 사람은 아직 한 번도 만난 일이 없어요. 무어라고 말하면 좋을까, 결국 동양적인—라기보다는 조선적인 미—부드럽고 품위가 있는 미 그것이 당신이예요."[10]

소희와 엘렌의 대화에서 아주 분명하게 드러나는 것은 오리엔탈리즘적 향토색의 추구이다. 한복에 대한 이러한 이상화는 자기 것에 대한 자의식보다는 구미인들의 눈에 비친 자신의 모습을 진짜의 모습으로 착각하는 오리엔탈리즘의 현현이다. 이후 이효석의 일본어 작품에서 한복이 자주 등장하는 것은 그런 점에서 결코 우연이라고 할 수 없을 것이다.

영문학을 하는 영민이나 미국을 향해 유학을 가는 소희나 모두 유럽의 가치를 이상으로 여기는 사람들이다. 한 사람은 미국이나 유럽을 가지 않고 책으로 이를 체득하는 것이고, 다른 한 사람은 그곳에 가서 직

---

10 『새롭게 완성한 이효석 전집』 4, 388~389면

접 체험하면서 체득하는 차이가 있을 뿐이다. 둘 다 모두 유럽에 기원을 둔 개인주의적 자유주의에 입각해 있지만 이처럼 오리엔탈리즘도 강한 영향을 미치고 있다. 구미를 추종하는 것과 향토적인 것의 강조가 아주 잘 결합되어 드러나는 것이다.

1940년 7월 일본 잡지 『문예』에 실린 단편소설 「은은한 빛」은 오리엔탈리즘적 향토색에 기운 작품이다. 앞서 나왔던 한복이 여전히 등장하기는 하지만 이 작품에서는 한복보다는 오래된 칼이 중요하다. 밭에서 발굴된 고구려 시대의 칼을 둘러싸고 평양박물관의 일본인 호리 관장과 조선인 욱이 서로 다투는 이 작품에서 우리는 민족주의적 시각으로 읽으려고 하는 유혹을 강하게 받는다. 조선인인 욱이 일본인 관장과 소유를 둘러싸고 실랑이를 벌이는 대목에서 그러하다. 하지만 일본인 관장이 이 칼을 박물관에 보관하여 여러 사람들이 볼 수 있도록 하려는 것이라는 점을 고려하면 그러한 독법은 작품의 실상과는 거리가 멀다. 오히려 2천년 이상의 역사를 간직하고 있어 역사의 향기를 은은하게 내뿜는 이러한 유물을 속물적인 돈의 가치로 셈하지 않는 안목을 중요하게 보아야 한다. 자기의 향토적이고 역사적인 것을 존중하는 태도가 핵심인 것이다. 그럴 때만이 향토적 특성을 이야기할 수 있기 때문이다.

1940년 10월 잡지 『조선화보』에 실린 「가을」 역시 오리엔탈리즘의 향토취향에 깊이 연루되어 있는 작품이다. 만주국의 수도였던 신경에 일하고 있는 조선인이 고향의 가을 하늘을 매개로 향토적인 것에 대한 강한 향수를 드러내는 이 작품은 당시 일본 제국이 강조하던 동아시라는 것이 얼마나 허망한가를 우회적으로 보여주는 작품이다. 조선과 이웃할 뿐만 아니라 오래 역사를 통하여 하나의 문화권 속에 놓인 것처럼 여겨왔던 중국 특히 오족협화가 강조되던 만주국에서 조선적인 것과 중국적인 것 사이의 물질적 문화적 차이를 통하여 일본 제국이 말하는 동아라는 것이 얼마나 관념적인 것인가 하는 가를 묻는 것이다. 또한 향토적인 것이 얼마나 중요한가 하는 가를 드러내고 있다. 이 작품에서는 구미의 시선이 직접적으로 드러나 있지는 않지만 기본적으로 오리엔탈리즘적 향토취향에서 파생된 것이라 할 수 있을 것이다.

「소복과 청자」는 오리엔탈리즘적 향토색이 아주 강하게 드러나는 작품으로서도 중요한 의미를 갖지만 작품의 청탁과 출판과정이 알려져 있다는 점에서 강조해야 할 작품이다. 이 작품은 이효석 일본어 작품집인 『은빛송어』[11]에 수록되어 있지 않다. 아마도 일본어 원본을 구하지 못하였기 때문인 것으로 보인다. 이 작품은 그 전인 2003년에 발간된 『새롭게 완성한 이효석 전집』(창미사, 2003)에는 게재지 미상으로 실려 있다. 이효석이 스크랩 해두었던 것을 바탕으로 번역한 것이 아닌가 한다. 실제로 이 작품은 1940년 12월 『부인화보』에 일본어로 발표되었다.[12] 당시 일본에서 『부인화보』 잡지사에서 일하고 있던 김종한이 이 잡지의 조선특집을 마련하기 위하여 서울에 나왔다가 이효석에게 일본어로 창작하여 달라고 부탁하여 나중에 실리게 된 것이다.[13] 흥미로운 것은 일본인들에게 조선의 향토성을 알려주려고 하였던 이 잡지의 기획이 이효석이 그동안 일본어로 창작한 작품에서 보여주었던 지향과 매우 닮아 있다는 점이다. 앞서 보았던 것처럼 이효석은 일본어로 통해 창작을 할 때에는 항상 재조 일본인 및 일본의 일본인을 염두에 두고 조선적 특성이 가득한 소재를 골라 창작하였던 것이며 이는 구미인들의 시선까지 염두에 둔 것이었다. 김종한의 청탁을 받으면서 그동안 자신이 추구하였던 이러한 작품의도가 폭넓은 주목을 받기 시작하는 것으로 확신하면

11 이효석, 송태욱 역, 『은빛송어』, 해토, 2005.

12 이 작품의 일본어본이 처음 소개된 것은 2005년 藤石貴代, 大村益夫, 沈元燮, 布袋敏博이 공동으로 편한 『김종한 전집』이 아닌가 생각한다. 이후 大村益夫, 布袋敏博이 공동으로 편한 『근대 조선문학 일본어 작품집』(실렉션 편)에 다시 수록되었다.

13 김종한, 「바다, 효석, 하숙」, 『춘추』, 1942.7.

서 더욱 강하게 밀고 나가려고 했던 것으로 보인다. 이 잡지의 특별호를 보면 당시 김종한이 생각한 조선문학의 세계성과 이효석의 오리엔탈리즘적 향토색이 상통하고 있음을 알 수 있다.

이 작품에서도 앞선 일본어 작품과 마찬가지로 한복이 등장하다. 특히 여기서는 하얀 한복이 시선을 끈다. 고려청자는 하얀 한복과 더불어 조선적인 특성을 대표하는 것으로 등장한다. 조선 전람회에 출품하기 위하여 청자를 옆에 둔 하얀 한복을 입은 조선 여성의 자태를 그리는 장면은 오리엔탈리즘적 향토색에 입각한 이효석의 취향이 가장 극적으로 달한 대목이라고 할 수 있을 것이다.

1941년 『주간조일』에 조선인 여러 작가들의 작품과 함께 실린 「봄옷」 역시 향토취향이다. 조선에서 살고 있는 사람들이 조선옷을 입고 생활하는 것이 얼마나 아름다운가에 대한 이야기인 이 작품은 앞의 작품 「소복과 청자」와 마찬가지로 향토에 대한 향수를 드러낸 소품이다. 오리엔탈리즘의 시각에서 벗어나려고 하는 자의식은 여전히 불충분하지만 향토색에 대한 강조가 그 자체로 매우 심화되고 있음을 알 수 있다.

1941년 11월 『국민문학』에 발표된 「엉겅퀴의 장」은 '내선통혼'에 대한 우회적인 비판을 담고 있다. 물론 이 작품에서도 아사미가 기모노나 양복 대신에 한복을 주로 입고 외출을 하는 장면을 통하여 여전히 향토색에 대한 강조를 하고 있지만 기본적으로 남녀 청춘 간의 애정에 대한 작가의 확고한 인식이 드러나고 있다. 조선인과 일본인의 사랑이 위기에 처하는 것을 보여주는 데서 민족주의적 해석을 가하고자 하는 충동을 받을 수는 있지만 이 작품 역시 남녀 간의 애정은 어디까지나 그런 것과는 무관한 개인적 선택과 열정의 문제라고 보는 것이다. 한설야의 단편소설 「피」에서 볼 수 있는 종족적 차이로 인한 사랑의 실패와 분명 다른 것이다. 한설야의 경우 그것은 종족이 다른 것으로 하여 결합이 어려운 것인 반면 이효석의 경우 집안의 반대로 인해 결혼하지 못하는 것이기 때문이다.

4. 맺음말

일제 말 이효석 문학은 조선어와 일본어의 사용에 따라 그 지향이 각각 달랐다. 조선어로 창작할 경우에는 유럽적 가치로서의 개인주의를 강조하면서 서양에 맞선 동양을 일방적으로 강조하는 전체주의라는 당대의 지배 이념에 우회적으로 저항하였다. 일본어로 창작할 경우에는 서양인들의 시선에 독특한 것으로 간주될 수 있는 조선적 향토색을 두드러지게 내세웠다. 조선적인 것을 강조하는 것이 세계적인 것이라고 생각하였기 때문이다. 사용하는 언어에 따라 이렇게 다른 지향을 보여주는 것은 비단 이효석에 국한된 것은 아니지만 이효석의 작품에서 가장 극적으로 드러난다고 할 수 있다.

이러한 두 가지의 지향은 서로 공존하기 어려운 것으로 보일 수도 있다. 유럽추종주의자로서의 이효석의 지향과 조선적 향토색을 강조하는 이효석의 지향은 서로 충돌하거나 혹은 양립 불가능한 것으로 보일 수 있다. 하지만 이효석에게는 유럽을 추종하면서 유럽적 가치를 보편적인 것으로 생각하는 것과 서구인들의 눈에 이색적인 것으로 매력을 끌 수 있는 향토적인 것을 강조하는 것은 그 기저에서 서로 아주 잘 연결되어 있다고 할 수 있다. 조선적 향토색을 동양주의나 대동아의 차원에서 볼 경우 충돌의 여지는 많지만 오리엔탈리즘에 입각한 조선적 향토색으로 볼 경우 충돌은 사라지는 것이다.

일제 말 이효석의 문학은 기본적으로 유럽중심주의에 입각하고 있다. 유럽중심주의가 갖는 한계가 점점 명백해지고 있는 현실에서 볼 때 이효석의 이러한 입장은 재고의 여지가 매우 많다. 또한 이효석의 오리엔탈리즘적 향토색 역시 그 한계를 논의할 필요가 있다. 하지만 일제 말 일본이 근대의 초극과 동양주의라는 이름으로 식민주의를 강화하면서 근대와 서구를 일방적으로 배척하던 당대의 지배 이념을 고려할 때 이효석의 이러한 태도는 비협력의 중요한 역사적 의의를 갖는다고 할 수 있다.

이효석의 국민문학론

저항과 공모의 착종 양상을 중심으로

김양선

1. 들어가는 말

일제 말기는 식민 상황에 대한 저항과 공모가 다양한 양상으로 착종된 시기이자 소위 일본어와 한국어로 동시에 글쓰기 실천을 행한 이중어 글쓰기 문제가 본격적으로 전개되었던 시기이다. 이와 같은 착종과 혼재의 양상을 단적으로 보여주는 작가가 바로 이효석이다. 이효석(1907~1942)은 1930년대 후반(1939년 경)부터 본격적으로 이중어 글쓰기를 하였다. 토속적인 강원도 영서 지방을 재현의 영역으로 끌어들인 「산협」이 1941년에 조선어로 창작되었고, 「은은한 빛」, 「소복과 청자」, 「봄의상」, 「엉겅퀴의 장」 등 '조선적인 것(美)'을 작가의 시선으로 새롭게 '발견'한 일본어 단편소설들 역시 1940년대 초에 발표되었다. 장편소설 『화분』(1939)과 『벽공무한』(1940), 그리고 일본어 장편소설인 『녹색 탑』(1940)

역시 비슷하거나 같은 시기에 발표되었다. 이처럼 이효석의 일제 말기 소설들은 조선어와 일본어를 동시에 글쓰기의 도구로 삼았고, 토착적인 세계 내지 지방성과 이국적인 세계 내지 국제성을 재현의 대상으로 삼았을 뿐만 아니라 때에 따라서는 두 세계가 한 작품에서 공존하는 양상을 보이기도 한다.

임종국은 이와 같은 1940년대 초 이효석의 행보를 두고 "지극히 비국민적 회의적 자유주의적인 국민문학론을 가지고 국민문학을 했다"고 평가하면서 그런 까닭에 "이효석의 국민문학은 본질적으로 심화가 될 수 없는", "국어(일본어)로 쓰이기는 씌어진, 알쏭달쏭하고도 이상한 문학"[1]이 되어 버렸다고 주장한다. 요컨대 이효석은 일제 말기 외부로부터 강요된 '국민문학론'을 자기 식대로 전유하면서 새로운 (비국민적인) '국민문학론'을 정초했다는 이야기가 된다. 따라서 두 국민문학론의 내포적 의미가 지닌 낙차, 언어와 민족 / 국민 사이의 관계가 상호 구속적인지 여부를 따져야만 일제 말기 이효석의 작품세계, 특히 일본어 소설의 작품세계가 지닌 의미가 규명될 것이다. 그것은 이 글의 주제인 '친일' 여부를 판가름하는 잣대가 될 수 있다.

요 몇 년 새 친일문학이 국문학 연구의 쟁점으로 부각되고 있다. 그 이유는 첫째, 친일문학을 둘러싼 쟁점들이 한국근대문학의 근대적 기획이라든가 근대성 비판과 내밀하게 연관되어 있기 때문이며, 둘째, 식민지 시기 문학의 발생 및 발전과정을 추적하다 보면 식민성의 문제가 제기될 수밖에 없고 이와 같은 식민성의 인식 및 극복이 일제 말기 친일문학의 존재와 필연적으로 맞닥뜨릴 수밖에 없기 때문이다. 민족과 국민국가를 자명한 실체로 전제하고 주체(성)는 국가나 민족에 귀속되어야 한다는 식의 논리가 또 다른 전체주의 내지 동일성의 원리에 근거한 한

1 임종국, 『친일문학론』, 민족문제연구소, 2002, 323면.

계를 노정할 수 있다는 비판은 친일문학 연구가 공통적으로 제기하고 있는 것이다. 가령 김재용은 일본어로 글을 쓰면 무조건 친일로 보는 '편협한 언어민족주의', 일제 말 사회단체의 참여 여부로 친일을 규정하는 태도, 창씨개명을 친일의 지표로 삼는 태도 등을 중일 전쟁 이후의 폭압적 상황을 단순화한 소치라 보고 친일문학의 성격 규정을 새롭게 시도했다. 그는 친일문학이란 "대동아공영권의 전쟁 동원과 내선일체의 황국신민화라는 두 가지 입장을 글에 담아내면서 선전한 문학"[2]이라고 규정한다. 이 두 가지 입장을 근거로 제시하는 이유는 전자는 태평양 전쟁 직전인 1941년 무렵부터, 후자는 중일전쟁 이후인 1938년부터 가시화되고 있으며, 이러한 시대적 정황과 일본의 식민주의 논리가 작가의 내면까지 규율하고 있기 때문이다.

따라서 우리는 일제 말기 이효석의 일본어 소설이 지닌 의미를 언어적 차원이 아닌 그 안에 담겨있는 모종의 일관성과 그 일관성이 '친일' 내지 '부일'의 성격을 띠었는지 여부를 가지고 판단해야 하며, 그가 구상한 국민문학론이 일본의 국민문학론과 어떻게 '같으면서도 다른' 모방과 차이의 전략을 구사했는지를 세심히 파악해야 할 것이다.

2. 국민문학론 속의 '국민'과 '문학'

이 시기 국민문학은 전쟁문학, 총후문학, 신체제문학, 국책문학 등 다양한 명칭으로 불리다가 『국민문학』(1941.11) 창간에 즈음하여 '국민문학'

2 김재용, 「친일문학의 성격 규명을 위한 시론」, 『실천문학』 65호, 실천문학사, 2002, 170면.

으로 통일된다. 국민문학은 "천황의 신민"이라는 신념을 가진 작가의 문학, 개인을 천황—국가에 귀속시키는 문학을 일컫는 것으로 사용되었다. 하지만 이효석은 이와 같은 당시 국민문학의 개념과는 거리를 취하고 있다.

> 메주 내나는 문학이니 버터 내나는 문학이니 하고 시비함같이 주제넘고 무례한 것이 없다. 메주를 먹는 풍토 속에 살고 있으므로 메주 내나는 문학을 낳음이 당연하듯, 한편 서구적 공감 속에 호흡하고 있는 현대인의 취향으로서 버터 내나는 문학이 우러남도 이 또한 당연한 것이 아닌가. 메주문학을 쓰던 버터문학을 쓰던 같은 구역 같은 언어의 세계에서라면 피차에 다분의 유통되는 요소가 있을 것도 또한 사실이다.
>
> 종교문학 물론 좋으며, 애욕문학 또한 좋고, 자연문학 또한 필요한 것이다. 국민문학이 나올 추세라면 그 탄생이 물론 기쁜 일이다. 건망증에 걸려 한 가지 제목에만 오물하다 문학의 다양한 품질과 향기를 힐난함은 과분한 욕심이요, 쓸데없는 명예욕이다. 문학 상호의 방향과 양식에 대해서는 관대하고 겸허함이 문학자의 진정한 태도일 듯하다. 문학의 진폭은 될 수 있는 대로 넓어야 함이로다.
>
> (「문학 진폭 옹호의 변」, 『조광』, 1940.1)[3]

위 글에서 이효석은 '메주 내 나는 문학'과 '버터 내 나는 문학'의 공존이 문학의 폭을 넓히는 길이라고 본다. '메주 내 나는 문학'이 토착성에 기댄 협소한 의미의 민족문학을 일컫는 것이라면, '버터 내 나는 문학'은 서구취향의 산물이다. 1930년대 후반 일본의 대동아공영론이 서양에 비해 동양의 우위를 주장한 데 반해 이효석은 '메주문학'과 '버터문학', 즉 동양과 서양을 위계화된 가치로 파악하지는 않는다. 그는 "같은 구

3 『새롭게 완성한 이효석 전집』 6, 창미사, 2003, 252~253면에서 재인용.

역, 같은 언어"의 권역에서 두 경향이 공존할 수 있다고 보는데 이것의 전제가 되는 것이 "문학의 다양한 품질과 향기"를 인정하는 보편성이다. 이와 같은 전제 하에 그는 '애욕문학', '자연문학'의 존재와 마찬가지로 '국민문학'의 출현을 긍정적으로 파악한다. "문학의 진폭은 될 수 있는 대로 넓어야"하기 때문이다. 그는 국민문학(론)이 "당초부터 언제든지 있어 온 것이니 오늘 이것이 새삼스럽게 운위되는 데는 반드시 그것이 필요한 까닭으로의 시대적이요, 역사적인 의의가 내재"함을 인식하고 있다. 그러면서도 그는 시국이 요구하는 바와는 다른 국민문학 개념을 구상하였다.

> (가) 국민문학의 단 하나의 표본이라는 것은 없는 것이다. 현재 각 작가가 힘쓰고 있는 문학이라면 그 모두가 일종의 국민문학이어야 한다. 시국의 움직임을 그리고 국책을 논한 문학도 좋은 것이요, 그 외 광범한 인간생활을 깊이 밝히고 옳게 파악한 문학이라면 두말없이 국민문학의 칭호에 값가는 것이다. (…중략…) 문학의 우열은 단지 그가 진지하게 생을 탐구 파악했나 못했나에 준해서 결정될 뿐이다.
>
> (「문학과 국민성－한 개의 문학적 각서」, 『매일신보』, 1942.3.3~6)[4]

> (나) 내가 말하려는 것은 작가는 각각 좌고우면 부질없이 한눈을 팔 것이 없이 자기의 발견한 길에 안심하고 신뢰하고 나아가야 한다는 것이다. 지방색을 탐구해서 지방적인 대표작을 써야겠다는 성의의 나머지 누구나가 일률로 향토적인 것, 지방적인 것 하고 눈알을 붉히는 것은 무의미하다는 것이다. 꽃신을 신고 긴 치마를 끄는 여인을 그리는 것, 물론 무관한 일이나 그가 치마 대신에 양장을 해도 역시 여인(麗人)이요, 지방적 현실이라는 것을 잊어서는 안 되고,

4 『새롭게 완성한 이효석 전집』 6, 창미사, 2003, 259면에서 재인용.

아니 장차 그가 몬뻬를 입고 게다를 신고 나서려는 것이 아닌가. 이것은 조선적 현실이 아니라고 부정하고 그 표현을 거부할 수 있단 말인가.

지방적인 것을 찾을 때 작가들은 흔히 향토로 눈을 보내 즐겨서 원시적인 것, 토속적인 것, 미속적(迷俗的)인 것을 숭상하고 샅샅이 들쳐 내왔다. 애란을 그리려는 싱그가 아란도 주민의 원시생활을 들쳐 낸 것과 같은 태도였다. 물론 그런 방면도 한번은 응당 표현을 힘입어야 할 것은 사실이나 그것을 능사로 삼음은 도리어 협착한 아량이다. 고도기(古陶器)와 무기(舞妓)와 담뱃대를 문 상투쟁이의 모양을 색판으로 박은 그림엽서가 순전히 외지에서 온 관광객의 호기심에 영합하려는 목적에서 나온 것이라면 부질없는 토속적 문학의 숭상은 외지의 편집자의 비위를 맞추려는 심산의 소치로 추단받아도 하는 수 없는 노릇이다. (…중략…)

조선의 움직임은 오히려 도회에 있다. 이 면의 숭상이 없이는 주체적인 파악은 드디어 불능한 것이다. 개화면이라고 해도 좋고 세계면이라고 해도 좋다. 세계적인 생활요소가 거기에서는 지방적인 것과 합류 융합되어 있는 까닭이다. 이 세계면의 표현이 없이는 언제까지나 향토를 원시의 미간지 속에 버려두고 박아두는 점밖에는 안 된다. (…중략…) 세계면을 그리거나 향토면을 그리거나 간에 문학의 우열은 순전히 작품의 됨됨에 따라서 결정될 것은 물론이다. 국민문학의 입장으로 보아도 이 두 면의 문학이 다 그 소성을 갖추어 있는 것도 물론이다. 더욱 한걸음 뛰어서 우수한 문학이라면 그대로 바로 세계문학으로도 편입되는 것이다.[5]

(가)에서 그는 시국과 국책을 논하는 국민문학과 작가가 생을 깊이 있게 탐구하는 국민문학을 함께 인정함으로써 일본의 국민문학 개념을 해체하고 있다. (나)에서 그는 예의 국민문학의 '협착성'을 비판하면서

5 위의 책, 264~265면.

작품의 됨됨이가 갖추어져야만 한다고 주장한다. 특히 그는 흥미롭게도 원시적인 것, 토속적인 것을 그리는 것을 '협착한 아량'이라고 비판한다. 또한 "토속적 문학의 숭상은 외지의 편집자의 비위를 맞추려는 심산의 소치"임을 간파하고 있다. 지방적인 것, 향토적인 것을 협소하게 그릴 경우 자칫하면 식민주의의 통치 이데올로기인 오리엔탈리즘과 공모할 가능성이 있음을 지적한 것이다. 따라서 그는 '세계면'과 '향토면'이 융합되어 있는 것을 '국민문학'이 갖추어야 할 요건이라고 본다. 더 나아가 그가 궁극적으로 지향한 것은 세계문학이었다. 이 세계문학의 전 단계로서의 국민문학은 세계와 향토, 도시와 향토를 동시에 그리는 것이었다. 국지적인 것, 조선적인 것의 구현을 통해 세계문학에 편입되기. 그가 기획한 것은 바로 이것이다.[6]

이와 같은 그의 '국민문학' 개념은 당시 친일논리를 내면화한 '국민문학'과는 달리 "아름다운 것에서 같은 혈연과 풍속을 느끼는" 보편적인 미적 규범을 중시한다.

> 전쟁문학도 결국 문학의 한 장르로서의 결말을 짓지 못하고 끝나버렸다.
>
> 이를테면 하나의 통속미는 발명 당초에는 좋아들 하지만 금세 질리고 만다. 약간의 진실도 말하지 못하고 더덕더덕 어마어마한 레테르만으로 사람을 현혹시킨 감이 있다. 진정한 진실은 괄태충처럼 미끈미끈 빠져나가 맛없는 형해만이 로망의 포장지 안에 그럴듯하게 들어 있다. (…중략…) 작가에게는 각자 특색이 있다. 서로 그것을 존중하고 키워주어야 한다. 역사를 쓰는 것도 좋고 시정을 그리는 것도 좋으며 서정을 노래하는 것도 좋다. 왜 다른 사람들의 비난에 골치를 썩는가. 진폭이 큰 다양성이야말로 문학의 세계에서 가장 바람직한

6 다음 장에서 상세하게 논의할 터이지만 1940년대 초반에 창작된 그의 일본어 소설들은 국민문학, 나아가 세계문학의 전범으로서의 향토, 조선적인 미를 구상한 경우라 할 수 있다.

것이 아닐까.[7]

위 글 역시 소설의 로망과 노연만두의 로망이라는 발음상의 유사성에 기대 국책에 부응하는 국민문학의 문제점을 비판하고 있다. 그는 '온갖 미사여구'와 '선전'을 늘어놓지만 '내용'이 부실한 노연만두를 두고 "수많은 글자를 사용해 세세하게 가득 써넣고 국책 운운하는 것을 앞세워도 맛없는 것은 결국 맛이 없다(175면)"라고 말한다. "하나의 통속미", "어마어마한 레테르"는 국책이라는 거대 담론에 부응하느라 작가의 개성이 상실된 국민문학에 대한 우회적인 비판이라 할 수 있다. 그는 "역사를 쓰는 것도 좋고 시정을 그리는 것도 좋으며 서정을 노래하는 것도 좋다"고 말한다. 시정의 리얼리즘으로부터 서정성, 낭만성까지를 포괄하는 예의 "진폭이 큰 다양성"을 문학의 제일 기준으로 삼음으로써 획일적이고 억압적인 일본의 국민문학론을 비판한 것이다.

하지만 사망 직전인 1942년에 발표된 아래 글은 일본의 대동아공영론에 표 나게 동조하는 내용을 담고 있다.

> 동양이 동양을 주장하고 그 권위를 세우려 함이 오늘같이 격박한 때는 없다. 전선 장병의 용기와 노력을 생각할 때 동아적인 전체 이념의 실감은 유부(懦夫)로 하여금 분기케 한다.
>
> 불건강과 태타(怠惰)의 겨울의 칩거생활에서 유부를 깨워 일터로 향하게 한다. 행동과 노력이 성과의 아름다운 이치를 실물로서 교훈한다. 행동주의 문학이 제창된 것이 수년전임을 상기하면 오늘의 기운을 이미 예상하고 묵시한 문학의 직관을 기르지 않을 수 없다. 적극적인 행동—이것만이 생활을 창조하고 인류의 전진을 재촉한다.

7 이효석, 「유도소식」, 김남극 편, 송태욱 역, 『은빛송어』, 해토, 2005, 177~178면.

추위를 무릅쓰고 아침에 자리를 차고 일어나 옷을 갈아입고 눈 고개를 넘어 직무로 나아가는 이 일상생활의 간단한 일이 얼마나 귀중하고 장한가를 다시 한 번 음미하면서 행동과 근로의 정신을 반성해 봄이 또한 총후의 한 정신적인 소득인 동시에 봉공의 소이인가 한다.

(「생활과 창조」, 『매일신보』, 1942.1.30)[8]

이 글에서는 '동아적인 전체 이념', '행동과 근로의 정신', '총후', '봉공'과 같이 일본이 유포했던 담론을 그대로 모방하고 있다. '전체'를 위해 모든 신민들이 '총후'에서 적극적으로 행동하고 일해야 한다는 것은 실제로 몇몇 친일작가들이 '총후문학'으로 형상화했던 내용이기도 하다. 더욱이 작가는 서구 문예사조에서는 반(反)파시즘적 성격을 띠었던 행동주의 문학을 자기 식대로 전유해 '적극적인 행동'과 근로정신이라는 축자적 의미로 쓴다. 이와 같은 신질서, 신체제에 대한 옹호는 「새로운 것과 낡은 것－만주 여행 단상」에서 새로움에 대한 일말의 경계심을 표출했던 것과도 거리가 있다.

새로움의 일색으로 무엇이든 부셔 버리는 것은 무의미하다. 기왕의 것은 그것을 사랑하고 입김을 불어넣어 생생하게 하지 않으면 안 된다. 간단한 의지로 망치게 하지 않고 이어가기, 오히려 이런 방향에서야말로 새로운 것을 조화해야 할 터이다.

(「새로운 것과 낡은 것－만주 여행 단상」, 『滿洲日 日新聞』, 1940.11.26~7)[9]

파괴와 신생의 이분법이 신체제론의 기본적인 인식구도라면 이효석

8 이효석, 『새롭게 완성한 이효석 전집』 7, 창미사, 2003, 344~345면에서 재인용.
9 위의 책, 319면에서 재인용.

은 새로운 것과 낡은 것의 조화를 역설하고 있다. 흥미로운 점은 이 글이 일본어로 쓰인 데 반해 위의 글은 조선어로 씌어졌다는 것이다. 우리는 여기서 일본어 창작을 곧 일본에 대한 협력 내지 동화로 보는 시각이 위험하다는 점을 다시금 확인할 수 있다. 두 글이 발표된 시기적 낙차를 고려하면 이효석이 이처럼 시국에 대해 체제내적 발언을 할 수밖에 없었던 것은 상황이 그만큼 악화되었기 때문이라고 보는 것이 온당할 것이다. 하지만 그런 행위가 자발적이었는지 여부를 섣불리 판단하기는 힘들다. 첫째, 노골적인 동조의 글이 한 편뿐이고, 둘째 작가가 1942년 사망했기에 친일행위 여부를 예단할 수는 없다. 하지만 적어도 우리가 '친일'이라고 했을 때는 이광수와 김동환의 경우처럼 지속성과 일관성이 있어야 하는데, 이효석의 경우 이와 같은 두 기준에 미치지 못한다는 점은 지적할 수 있겠다.

명시적인 친일은 아니더라도 그가 내선일체, 대동아공영론과 같은 당시 지배 담론에 대해 다른 작가들과는 구별되는, 내적 논리상으로는 친일과 비일(非日) 사이의 경계에서 끊임없이 동요하는 행보를 보였다는 점은 그의 일본어 소설에서 드러난다.

3. 조선적인 미의 발견, 이효석의 일본어 소설

지금까지 밝혀진 이효석의 일본어 소설은 「은빛 송어」, 「은은한 빛」, 「가을」, 「봄옷」, 「엉겅퀴의 장」, 「소복과 청자」, 장편 『녹색 탑』이며, 1939년에서 1942년 5월 사망 전까지 발표되었다. 작품 경향은 조선인 남성과 일본인 여성 간의 연애서사(「엉겅퀴의 장」, 「은빛 송어」, 『녹색 탑』)와 조선적인 미의 발견이라는 두 가지로 요약될 수 있는데, 경우에 따라서는 이 두 가지가 동시에 나타나기도 한다. 그만큼 내적인 일관성이 있다는 것이다.

이효석은 당시 '국민문학론'의 미적 기반이었던 '동양문화론'에 동조하고, 일선통혼이라는 내선일체의 논리를 따르는 '모방'의 전략을 취하면서도 '조선적인 것(미)'에 천착함으로써 일방적인 협조와 공모가 아닌 상대적 독립성을 추구했다. 하지만 그 일관성이 때로는 작가 자신이 그토록 경계했던 조선적인 미에 대한 '협착한' 규정에 머무르거나, 친일과 비일 / 비협력 사이의 경계 사이에서 요동하는 조짐을 보이는 것도 사실이다. 가령 연애서사의 면모를 띤 「엉겅퀴의 장」, 「은빛 송어」는 조선인 남성(들)과 일본인 여성 사이의 연애를 주 서사로 삼고 있다. 조선인 / 일본인이라는 민족적 위계와 남성 / 여성이라는 성별 위계를 전도시킴으로써 민족적 열패감을 상쇄하고자 했던 것으로 볼 수도 있다. 하지만 내선일체론이 내세우는 일선통혼의 단계로까지 가지는 못하고 이들의 연애담은 다 실패로 끝난다. 여자들은 본국인 일본으로 떠나고 남자들은 그녀를 따라 언제든지 떠날 준비가 되어 있거나 그곳을 동경한다. 게다가 「은빛 송어」의 테이코, 「엉겅퀴의 장」의 아자미는 "검은 눈동자와 하얀 이마에 갈고 닦은 이지와 근대적인 센티멘트의 결정을 보는 듯한 느낌(「은빛송어」)", "새빨간 서양 엉겅퀴의 노기를 품은 듯한 드센 생김새(「엉겅퀴의 장」)"와 같은 이미지로 도상화되는 데서 알 수 있듯 서구 근대의 미적 감각과 섹슈얼리티를 체현한 인물들로 재현된다. '한 무리의 지식인'이 제국의 수도인 동경에 대한 동경과 일본 여성에 대한 동경을 동일시하면서도 이 일본 여성을 동양적인 미로 유표화하지 않고 서양적인 미로 유표화하는 것은 이 작가의 분열적이고 착종된 내면을 보여주는 것이다.

이같은 분열은 장편 『녹색 탑』[10]에서도 드러난다. 『녹색 탑』에는 작가의 이전 작품세계 경향인 서구지향성과 1930년대 후반 이후 경향인 국민문학적 요소가 혼재 내지 공존하고 있다. 당시 내선일체와 신체제 논리에 부합하려면 '서구적인 것'은 배제되어야 하지만, 이 작품은 그렇지 않다. 소설은 주인공 영민이 처한 식민적 상황을 끊임없이 환기하면서도 이와 같은 상황을 벗어날 길이 서구학문인 영문학을 연구해서 문학부 강사가 되는 데 있음을 암암리에 드러낸다. 당시 일본의 '대동아' 이념이 서양을 '귀축(鬼畜)'으로 규정하는 배제의 논리를 펼쳤다는 점을 떠올린다면 이 소설에서 서구학문이나 문학, 조선적인 것, 일본적인 것이 공존 내지 혼종의 상태로 뒤섞여 있는 것은 이채롭다. 이 시기 친일소설들이 서양을 적으로 설정하는 배제의 정치학을 구사하고 있는 것과도 차이가 있다.[11]

이 소설은 피식민자 남성과 식민자 여성 사이의 결합을 정당화하기 위해 '일선통혼'의 '내선일체' 논리에서 사용하는 피와 피의 결합을 끌고 온다. 작품은 민족 간의 결합을 정당화하기 위해 '수혈'이라는 의학–과학의 보편적인 방식을 동원한다. 오빠 동생지간에 "같아야 할 피가 과학의 분석 앞에서는 간격이 있고 오차가 있는" 반면 같은 혈액형을 지닌 영민은 "요코의 피 속에 내 피가 섞이"게 되어 그 여자의 몸을 구하게 된다. 이 '피의 결혼'은 '관념'과 '구분'으로 지칭되는 민족 간의 차이와 위계를 극복하고 두 사람이 결합하는 데 결정적인 요소로 작용하는 것이다.

'피의 결혼'이 지닌 정당성은 민족적으로 우위에 있는 일본인 여성이 입은 한복에서 조선적인 미를 발견하고, 그것을 동화의 논리로 발전시

---

10 필자는 이미 「일제 말기 국민문학의 존재 양상–이효석의 『녹색 탑』」(『어문연구』 130호, 한국어문교육연구회, 2006)에서 이효석이 일본이 주창한 국민문학론과는 거리를 취하면서 어떻게 '피와 피의 결합'이라는 내선일체 일선통혼의 논리를 서사화하는지 지적한 바 있다. 따라서 이 글에서는 구체적인 작품분석은 피하되 특징적인 면만 밝히도록 하겠다.

11 물론 이 작품의 창작연대가 총동원체제가 전면적으로 작동하기 직전 시기라는 점도 이 같은 균열이 용인되는 점과 무관하지만은 않다.

키는 데서도 드러난다. 소설의 마지막에서 영민은 한복을 입은 요코와 비원을 거닐면서 "마치 집의 여동생과 함께 걷고 있는 듯한" 생각을 한다. 연인을 여동생으로 생각하는 것은 일종의 변형된 혈연주의이다. '단체'와 '전통'이 사회적으로 구성된 것이라면 '혈액형'이라든가 '신체'는 생래적으로 주어진 것이다. "요컨대 우리들은 서로 아무것도 다르지 않았어요. 혈액형도 같았고, 지금 신체의 모습도 같아요. 다른 것은 다만 단체뿐이예요. 전통만이 달랐어요(421면)"라는 영민의 발화는 사회적으로 구성된 국가 개념, 단체, 제도보다 생물학적인 동일성이 우선한다는 점을 강조하는 것이다. 그렇다면 이런 발언을 동화의 논리로 보아야 할까, 아니면 '단체'와 '전통'으로 의미화 되는 집단적 정체성, 즉 제국 일본의 전체주의적 국가주의에 대한 거부의 논리로 보아야 할까. 여기서 이효석의 일본어 소설이 지닌 양가성을 읽어낼 수 있다. 피의 논리에 기초한 '일선통혼'의 논리를 따르는 듯하면서도 전체주의 논리로 귀속되지 않으려는 내밀한 심리가 그것이다. 서구적인 것, 일본적인 것, 조선적인 것이 뒤섞인 혼종성 역시 양가성의 일단으로 해석될 수 있다.

피식민자 남성이 민족적으로 우위에 있는 일본여성이 입은 한복에서 아름다움을 발견하고, 그 발견의 시선을 통해 역으로 '조선적인 것'의 우월성을 확인하는 모티프는 「엉겅퀴의 장」, 「봄 의상」에서도 반복적으로 나타난다. 「엉겅퀴의 장」에서 한복을 입은 아자미를 모습을 보고 현은 "아자미가 기모노를 입었을 때와는 딴사람이 된 듯한—근처를 오가는 같은 옷을 입은 여자들과 같은 핏줄의 한 사람인 것처럼 생각"한다. '한복'을 매개로 해서 펼쳐지는 '같은 핏줄'이라는 동화의 논리는 『녹색탑』의 그것과 일치한다. 『반도작가 신인집』(『조일신문』, 1941.5.18)에 실린 「봄 의상」에서도 화가 도재욱은 일본 여성 미호코가 입은 향토의상(=한복)에서 '이상한 아름다움'을 발견한다. 더욱이 일본인인 줄 알았던 미호코가 실은 조선인 어머니와 일본인 아버지 사이에서 태어났다는 사실이 밝혀진다. 내선일체 논리의 이면에는 '조선적인 것'에 대한 향수가 작동하고 있는 것이다. 문제는 '조선적인 것'이 지향하는 바이다.

이효석의 일본어 소설에서 '조선적인 미의 발견'은 한복 외에도 몇 가지 시각적, 미각적 이미지로 반복 재현된다. 도자기, 고도(古刀), 커피를 대체할 수정과나 식혜와 같은 음식이 그것이다. 가령 「봄 의상」에서 서양식 소다수 대신 내온 화채의 연분홍색 색감, 「은은한 빛」에서의 도자기와 고도, 「소복과 청자」에서 청자와 수정과, 식혜 등이 감각적으로 재현된 조선미의 목록들이다.

그렇다면 '한복'이나 '골동품' 등 이제껏 식민자의 시선으로만 포착되었던 조선적인 미가 피식민자의 시선에 의해 발견된다는 것은 어떤 의미를 지니는가. 조선적인 미의 발견이라는 일종의 전도된 오리엔탈리즘은 일본의 동양문화론에 내밀하게 동조하는 행위인가, 아니면 일본의 국민문학론과 거리를 취함으로써 적극적인 협력의 몸짓에서 벗어나려는 작가의 전략인가.

이효석의 일본어 소설 중에 「은은한 빛」과 「소복과 청자」는 앞서 변형된 연애서사들과는 달리 '조선적인 미' 자체를 서사의 핵심 주제로 삼고 있기에 작가의 의도를 비교적 명확하게 파악할 수 있다.

「은은한 빛」에는 "어떤 전문 정도의 교육을 받은 (조선)청년이 서양사람 집에 놀러 갔다가 객실에 장식해 놓은 낡은 조선 목갑과 놋그릇을 보구 비로소 그 아름다움을 깨닫고 집에 돌아와서 곧 그것을 애용하기 시작했다"는 소위 '역수입'의 삽화가 나온다. 이 역수입은 이효석에게도 그대로 적용된다. 그의 일본어 소설들은 새로움을 찾아 바깥/서구를 응시하던 시선이 그대로 안/조선으로 투사된 양상을 띠기 때문이다.

(가) 먹는 것뿐만 아니라 격이라는 말이 났으니 말이지 건축이나 복색두 그 모양이라 언덕배기에다 양관 세울 것은 꿈꾸어두 기와나 통나무로 지어진 멋

진 조선식 건축은 깨끗이 잊어버리고 있는가 하면, 괴상한 양장보다는 헐거운 조선옥이 얼마나 고상하구 좋은지 모르겠는데 덮어놓구 고래의 물건을 멸시하구 외래의 물건에만 눈이 벌개지고 있는 형편이거든.[12]

(나) 딴 건 고사하구 노래가락만 하더라두 시체 기생들은 유행가가 고작이지 옛 노래는 하나두 모른단 말야 시조나 수심갈 못 부른다면 허다못해 잡가나 단가 한 구절쯤은 부르지 못해선 될 말인가. 예전 기생은 노래가락을 잘할 뿐만 아니라 무고(舞鼓)에 통한 데다가 서화를 잘했구 시를 읊는가 하면 사서를 죽 죽 내리읽었거든. 지금의 기생은 쇠통 무재주란 말야. (75면)

예문 (가), (나)의 발화주체는 박물관 관장인 일본인 호리이다. 고상한 조선옷, 무고, 시, 서화, 사서에 능한 기생은 식민자가 피식민지, 피식민인에 대해 가지고 있는 이국적 판타지, 그것도 여성화된 식민지에 대한 판타지의 산물들이다. 하지만 주인공인 욱은 친구 백빙서가 "우리의 장점을 발견해 준 건 솔직히 말해서 그들(일본인)"이라는 주장에 대해 반발한다. 그는 조선적인 것에 대한 관심이 '체질의 문제, 풍토의 문제'라고 본다. 그런데 "눈을 멀리 한곳에 집중시키고 신변의 현상에 대해서는 냉담"한 그의 생활방식은 민족 관념과는 별 관련이 없다. 오히려 세속적인 질서나 교환가치와는 동떨어진 곳에서 찾아낸 미적 자율성에 기반한 관념의 일부로 보는 것이 타당할 듯싶다.

조선적인 미를 발견하는 주체는 일본인이거나 지식인, 중심부에 근거를 둔 인물들이다. 가령 「소복과 청자」에서 지방에 내려와 조선미를 발견하는 주체는 서울출신 여성인 은실이다. "조상 적부터의 향토나 유물을 사무치게 사랑하지 않고서는 못 배기겠다는 투"로 행동하는 은실은 "좋은 것은 덮어놓고 외국에만 있는 줄 생각하지만 (이는) 어림도 없는

12 이효석, 「은은한 빛」, 『새롭게 완성한 이효석 전집』 3, 창미사, 2003, 74면.

원시인"이라고 말한다. 피식민자가 근대성을 선취한 외국을 동경하면서 열등감을 느꼈다면 이제 정반대로 우리 것을 알지 못하면 '원시인'이라는 식의 전도가 생긴다. 하지만 은실의 옷차림, 발화, 태도에는 서울/지역이라는 또 다른 위계질서가 숨겨져 있다. "서울에서 태어나 서울에서 자라난 그 여자의 또렷또렷한 서울 말씨는 지방 사람들에게 이국적인 것으로조차 느껴지며 일종의 그리움조차 곁들게" 한다는 구절에서 알 수 있듯 서울은 '이국'과 동의어로 인지된다. 그런가 하면 그녀가 커피나 소다수 대신 내놓은 식혜나 수단자는 "주로 서울지방의 음료였기 때문에 지방 사람들은 새삼 우리네가 독특하게 지녀오고 있는 그 진미에 찬사를 늘어놓"는다. 그녀가 유포하는 지방적인 것, 향토적인 것에 대한 선호는 민족 관념과는 별 상관이 없고, '이국적' 혹은 '독특한 진미'로 지칭되는 새로운 것의 발견과 같은 맥락에 놓여 있다. 요컨대 이 작품에서는 식민지 토착민이라 하더라도 조선적인 미를 발견할 자질을 가진 서울출신과 그렇지 않은 지방출신이라는 이항대립을 통해 중심을 향한 동경을 암암리에 드러내고 있는 것이다.

「은은한 빛」, 「소복과 청자」는 서구적인 것들을 배제하는 전략을 취한다. 「은은한 빛」에서 양관, 양장, 유행가, 신여성의 짧은 치마는 천박한 서구문화의 기표들이다. 「소복과 청자」에서는 변화가 많은 다채로운 옷을 입는 외국여자 : 은실의 소복차림, 서양춤 : 고전적이고 우아한 한국춤, 커피와 소다수 : 화채, 커피 : 수정과, 홍차 : 식혜, 피아노 : 가야금과 같은 대립항들이 텍스트 곳곳에 산포되어 후자의 우월성을 과시하고 있다. 하지만 지리적으로나 인식론적으로 중심에 있는 자의 발견에 의해, 즉 역수입에 의해 구성된 조선적인 미와 서구적인 문물 간의 이항대립적 위계는 애초 이효석이 비판했던 국민문학의 '협착한 아량'을 벗어나지 못했다. 오히려 작품에 드러난 것만 놓고 보면 외지 편집자의 비위를 맞추기 위한 토속적 문학의 숭상에 가깝다.

4. 나가며

윤대석은 이효석을 비롯한 1930년대 말기 조선문학의 조선에 대한 관심은 민족적인 것을 절대적인 것으로 상정하지 않고 차이의 기표로 사용했다고 보고, 그 기원이 1930년대 후반 내선일체론의 두 가지 방향 중 하나인 '평행제휴론'에 있다고 주장한다. 그는 이효석 역시 조선적인 것을 유지한 채 내선일체를 이루는 노선을 취했다고 파악한다. 개별 민족의 차이를 인정하고, 그 근거를 (미적) 보편성에서 찾는 이효석의 논리를 적극적인 내선일체론이나 '친일'과는 구별해야 한다는 입장이다.[13] 이상옥 역시 이효석의 작품이 시국이 요청하는 국민문학의 수준에는 미치지 못하며, 오히려 몇몇 일어작품에서 민족의식을 키우고 있었는지도 모른다고 주장한다. 특히 「은은한 빛」, 「소복과 청자」를 예로 들면서 예전 이국취향과는 정반대로 강한 민족의식을 드러낸다고 보았다.[14]

두 저자 모두 이효석의 일제 말기 일본어 소설들이 친일문학의 범주에 들어가지 않는다고 본다. 필자 역시 이런 견해에 동의하는 바이나 그렇다고 이상옥의 견해처럼 오히려 이효석이 일제 말기에 민족의식을 꽃피웠다고 보는 것은 무리가 있다.

조선미의 발견으로 요약되는 전도된 오리엔탈리즘과 세계주의의 공존은 일제 말기 이효석의 소설들이 보여주는 공통적인 경향이라 할 수 있다. 그리고 그것은 이효석이 일본식의 '국민문학'의 범주를 벗어나기 위해 기획했던 독자적인 국민문학의 미래이기도 하다. 다시 말해 이효

13 윤대석, 「소수문학으로서의 이효석 일본어 소설」, 『이효석 문학의 새로운 지평』, 이효석 문학 선양위원회, 2007, 60~61면.

14 이상옥, 「이효석의 '친일' 문학」, 『이효석 문학의 새로운 지평』, 이효석 문학 선양위원회, 2007, 182~183면.

석은 자기 식의 국민문학 기획을 통해 세계문학에 편입되기를 욕망했으며, 그럼으로써 일본의 식민주의 담론이 강제한 국민문학을 넘어서려 했다. 하지만 이런 그의 시도는 작품에서 그가 그토록 경계했던 '협착한 아량'의 범주를 벗어나지 못했기에 또 다른 동일성의 논리를 낳았다. 적극적인 협력은 아니지만 그렇다고 세계문학의 단계로까지 나아가지 못한 채 일본의 신체제론이나 동양문화론과 어느 정도 비슷한 노선을 취하는 듯한 포즈에서 우리는 공모와 저항 사이의 경계에서 유동하는 식민지 지식인의 불안한 내면을 읽을 수 있다.